中国金融四十人论坛
CHINA FINANCE 40 FORUM

致力于夯实中国金融学术基础，探究金融领域前沿课题，引领金融理念突破与创新，推动中国金融改革与发展。

中国金融改革路线图

构建现代金融体系

《径山报告》课题组 / 著

中信出版集团 | 北京

图书在版编目（CIP）数据

中国金融改革路线图：构建现代金融体系 /《径山报告》课题组著. -- 北京：中信出版社, 2019.5（2020.5 重印）
ISBN 978-7-5217-0149-4

Ⅰ. ①中⋯ Ⅱ. ①径⋯ Ⅲ. ①金融改革—研究—中国 ②金融体系—研究—中国 Ⅳ. ①F832.1

中国版本图书馆 CIP 数据核字 (2019) 第 038946 号

中国金融改革路线图：构建现代金融体系
著　　者：《径山报告》课题组
出版发行：中信出版集团股份有限公司
　　　　　（北京市朝阳区惠新东街甲 4 号富盛大厦 2 座　邮编　100029）
承　印　者：北京通州皇家印刷厂

开　　本：787mm×1092mm　1/16　　印　张：21.75　　字　数：350 千字
版　　次：2019 年 5 月第 1 版　　　　印　次：2020 年 5 月第 3 次印刷
广告经营许可证：京朝工商广字第 8087 号
书　　号：ISBN 978-7-5217-0149-4
定　　价：68.00 元

版权所有·侵权必究
如有印刷、装订问题，本公司负责调换。
服务热线：400-600-8099
投稿邮箱：author@citicpub.com

中国金融四十人论坛书系
CHINA FINANCE 40 FORUM BOOKS

"中国金融四十人论坛书系"专注于宏观经济和金融领域，着力金融政策研究，力图引领金融理念突破与创新，打造高端、权威、兼具学术品质与政策价值的智库书系品牌。

中国金融四十人论坛是中国最具影响力的非官方、非营利性金融专业智库平台，专注于经济金融领域的政策研究与交流。论坛正式成员由40位40岁上下的金融精锐组成。论坛致力于以前瞻视野和探索精神，夯实中国金融学术基础，研究金融领域前沿课题，推动中国金融业改革与发展。

自2009年以来，"中国金融四十人论坛书系"及旗下"新金融书系"已出版100余本专著。凭借深入、严谨、前沿的研究成果，该书系已经在金融业内积累了良好口碑，并形成了广泛的影响力。

中国金融四十人论坛《径山报告》项目介绍

中国金融四十人论坛于2017年初正式启动《径山报告》项目，每年针对经济金融领域的重大议题，邀请学界、政界与业界专家进行研究、辩论，提出相应的政策和建议。此项目由中国金融四十人论坛学术委员会主席、北京大学国家发展研究院副院长黄益平牵头，由项目协调小组确定年度研究主题并邀请学术素养深厚、专业经验丰富的专家承担课题研究工作。项目协调小组成员包括：黄益平、管涛、刘晓春、王海明、徐忠、张斌。

《2018·径山报告》的主题是"强化市场机制，构建现代金融体系"，由浙商银行独家支持。此报告于2018年11月交付出版，并根据报告主题，将书名定为《中国金融改革路线图》。

径山，位于杭州城西北，以山明、水秀、茶佳闻名于世。《径山报告》项目选择以"径山"命名，寓意"品茶论道悟开放"，让中国金融实践走向世界。

中国金融四十人论坛《2018·径山报告》课题组

课题组成员：

综合报告：黄益平

分报告一：殷剑峰

分报告二：张　斌　　张佳佳　　邹静娴　　邱　晗

分报告三：徐　忠　　牛慕鸿　　徐　昕　　唐晓雪

分报告四：纪志宏　　陈　鹏　　江会芬　　张越艳　　陆晨希

分报告五：孙国峰　　栾　稀

分报告六：洪　磊　　程　莘　　张宣传　　韩　冰　　梁　爽
　　　　　　费文颖　　李中立　　林雨晨　　靳珂语

目 录

序言 ·XI

摘要 ·XVII

01 中国金融改革的大方向

重规模、轻机制 ·003

旧模式、新挑战 ·009

三个方面的短板 ·018

融资结构、配置机制 ·029

改革的方向 ·037

02 国际视野中的中国现代金融体系建设

比较金融体系的两种视角 ·046

两种金融体系辨析 ·050

中国现代金融体系建设的方向 ·062

03

深化金融供给侧改革

实体经济转型与金融服务新需求 ・087
供求失衡与金融服务绕道 ・101
金融供给侧改革 ・106

04

构建新时代的金融体系

完善金融法律体系 ・115
构建金融调控体系 ・118
健全金融监管体系 ・125
改革金融机构体系 ・131
建设现代金融市场体系 ・140

05

构建适应创新驱动发展模式的金融市场体系

经济发展模式的转变 ・153

目 录

直接融资更适于支持创新驱动发展模式 ・158

与要素驱动发展模式相适应的金融市场体系 ・176

创新驱动发展模式需要新型的金融市场体系 ・194

如何构建适应创新驱动发展模式的金融市场体系 ・205

06

构建适应现代金融体系的货币政策框架

金融体系与货币政策 ・220

市场导向型金融体系的货币政策框架未必适合中国 ・225

当前中国金融体系对货币政策的影响 ・237

构建符合中国金融体系的货币政策框架 ・241

相关政策建议 ・248

07

推进资本市场改革

创新资本形成能力是现代金融体系的基石 ・255

发展以资本市场为主的现代金融体系 ・259

我国资本市场的现状与问题 ・264

建设现代资本市场的政策建议 ・278

附录　专家点评　·289

参考文献　·313

后记　·319

序　言

中国金融体系改革要明确顶层设计、具体目标和实施路径

姜建清

《中国金融改革路线图》是一部深入、全面论述中国现代金融体系建设的著作。习近平总书记在党的十九大报告中提出"建设现代化经济体系"这一战略目标，而现代金融体系是现代化经济体系的一个重要的、核心的组成部分。在改革开放40周年这个具有重要历史意义的时间节点，对"构建现代金融体系"进行系统研究是非常必要的，具有理论意义和现实意义。

发展中国家的金融体系需要理论和实践层面的深入研究

发展中国家的金融体系，无论在理论还是实践层面，都有待深入研究，这也是全世界金融体系研究的短板。作为一个经济、金融体量如此庞大的发展中国家，我国的金融体系改革在全世界范围内是少有经验可供借鉴的。

中国金融改革路线图：构建现代金融体系

很多比较金融体系的研究，常将中国对标发达国家。但应该看到，中国与很多发达国家金融体系中的一些技术性指标，例如基础金融工具等方面差异已不是很大，主要的、比较大的差异体现在不同国家的政治体制、社会阶段、历史发展、信用文化、公司治理等方面，金融体系的差别实际上也植根于此。

西方国家的金融体系经历了数百年的发展，经历了许多次的危机，才逐步发展到今天。中国与西方国家金融体系的发展历程存在很大的不同。新中国成立前，中国是一个半殖民地半封建社会，民族金融发展比较落后。改革开放以前，我们走的实际上是苏联式的金融道路。苏联走的是计划经济道路，"前期漠视金融规律，后期漠视金融风险"，曾造成了巨大的金融风险。改革开放40年间，中国经济发展取得了非常大的进步，走上了社会主义市场经济道路，但其间经历了多起重大的金融风险事件。1995年以前，我国就经历过三次较严重的通货膨胀。为治理通货膨胀，中国出台了包括《中国人民银行法》在内的一系列法规、政策。从20世纪90年代中期到现在，我国在宏观金融方面对通货膨胀管控得很不错，但在20世纪90年代早期到21世纪初期长达10多年的时间里，我国金融体系中的微观主体——银行出现了重大问题，按照五级分类标准，银行不良贷款率一度高达40%甚至50%左右，其实很多银行在技术上已经破产了。关键时刻，我们的社会制度发挥了重要的作用，金融改革突破难关，化解了重大不良贷款风险。同时，没有造成社会危机、政治危机，没有出现1997年东南亚金融危机中许多国家出现的问题。

序 言

我国的金融体系经过多年的改革，取得了非常大的进步。回顾改革初期，如果没有财政和金融体系的分离，没有人民生活的改善及金融市场发展带来的资金，没有信贷的快速增长，中国经济不会有如此快速的发展。当然，这也导致宏观、微观层面的一些失控。微观层面，最主要的失控就是软约束问题，国有企业和银行都存在软约束问题。之后通过金融改革，完善金融制度，我国解决了银行机构一度存在的巨额不良资产问题，一些金融和实体企业也实现了改制上市，建立了初步的公司治理机制，但仍存在很多问题。宏观层面，虽然我们过去若干年很好地控制了通货膨胀，但金融部门、实体部门、政府部门杠杆上升的速度过快。此外在市场化改革、完善风险管理和监管方面都还存在许多问题。

在总结40年经验教训的基础上，要深入地研究中国金融体系的未来该如何改进。本书对技术层面的创新着墨较多，但改革开放40年以来，金融改革不仅仅是一系列的技术创新，很大程度上是制度创新。尽管技术层面的创新非常重要，但立足于制度的创新意义更为重大。

金融体系研究需要坚持问题导向

针对上述情况，金融体系的研究一定要坚持问题导向，重视在实践中具有可操作性的方案。在资源配置方面，中国金融体系以商业银行为主导的状况在短期内难以改变，优化直接融资、间接融资的比重仍要有具体的时间表，仍要改变金融结构扭曲和存

中国金融改革路线图：构建现代金融体系

在潜在风险的状况。在我国以商业银行为主导的金融体系中，政府股权占了很大的比重，政府对金融机构的影响力很大。中央文件多次提到要减少政府干预，发挥市场在资源配置中的决定性作用。在改革开放40周年这个时间点上展望未来，要想实现微观金融体系的长期发展，应该有更加明确的顶层设计、具体目标和实施路径。

在微观金融领域，对于如何发挥金融的本质属性，贯彻银行"三性"原则，提高资金的配置效率，将金融政策、宏观调控与市场化运行有机统一起来，仍然需要进行深入研究。例如，中小企业融资难的问题是存在的，我们应该设法找到一种具体的解决方法。事实上，中小企业的融资难和融资贵有时候可能是两个问题。如果市场上的资金能够按照真实的风险水平进行定价，一定程度上有可能促进融资难问题的解决。用行政手段，要求银行降低利率，设定银行向中小企业贷款的比例，这是可行的权宜之计，但不可持续。商业银行是否可以利用中小企业业务利润的上缴部分，建立中小企业担保基金，由财政部门总体统筹统管，商业银行向中小企业贷款发生的损失由金融机构和担保基金共同承担？实际上，国外已经有很多类似的成熟做法。

经过40年的改革开放，中国金融体系需要解决的问题仍十分复杂，如现在讨论比较多的金融监管问题，涉及P2P（个人对个人网络借款）、互联网金融及表外金融业务的风险问题，都与我们的监管体制有一定关系。当前的监管正在从机构监管走向功能监管，从准入性监管走向持续性监管，但在这个过程中还有很多不适应的地方，包括监管机构的设立、人员配备、数量、质量、专业水平及科技水平等。如果让地方金融监管机构负责监管，有些机构可能还不具备这个能力，也不具备相应的机制体制、激励措施等，因此只能把监管重点放在准入这一环节，持续性的监管难以做到。如果不能做到专业性、持续性（24小时）的监管，上述金融风险的产生、爆发就是难以避免的。此外，一般的政策研究报告有一个通病，就是要么过于空泛，要么面面俱到，对具体问题的剖析不够深入。本书在很大程度上克服了这一通病，从理论上或通过与国际经验对比，提出了金融改革与发展过程中的种种不足，并提出了富有建设性的政策建议，但仍然存在改进的空间。比如，如果能有技术上可行的方案提交给有关部门，供其参考，那么可能会发挥更为重要的作用。

中国的金融体系研究需要紧扣现实逻辑

针对中国金融体系的相关研究要紧扣中国的现实逻辑。近一段时期以来，中国强调防范金融风险。但过去的金融风险与当前的金融风险并不是一回事。过去我国的金融体量比较小，20世纪90年代末期，虽然商业银行的不良贷款率高达40%甚至50%以上，但银行规模很小。例如，中国工商银行当时的信贷规模只有3万亿元，但发展至今，中国工商银行信贷规模已经高达28万亿元以上，中国银行业金融机构资产规模2017年已达252万亿元，每年的信贷增量较大。2018年以来，尽管表外业务有所下降，社

中国金融改革路线图：构建现代金融体系

会融资总额有所降低，但表内业务仍上升很快，杠杆率不降反升。

对于上述问题，很多专家学者都在讨论，但尚未找到解决问题的好办法。我认为，想解决好信贷的问题，要从现在的信贷增量管理走向信贷流量管理。不能只强调每年新增的十几万亿元信贷增量，金融机构及地方争夺和比较的也都是信贷增量。2017年年底，中国的信贷存量已达到129万亿元，每年收回再贷的周转比例已经很高，每1元钱的信贷增量，差不多对应2元钱的存量收回移位再贷信贷，而这部分资金与信贷增量没有任何区别。金融机构应当逐步加强信贷流量管理。信贷流量管理对于提高商业银行的流动性、降低杠杆率、处置"僵尸企业"、提高资金效率都会起到很大的作用。随着商业银行的信贷存量越来越大，从增量管理逐步发展到增量、存量管理并举，最终发展到以流量为主、减少增量的金融宏观管理一定是未来发展趋势，这样一来，杠杆率也会逐步下降。

总体来说，本书围绕"如何构建现代金融体系"，基于翔实的数据、有力的论证，通过国内外横向、纵向的比较，一针见血地提出了现存的问题，观点鲜明地进行了历史总结，指出了未来改革的方向，为政府的决策提供了很多有价值的建议，值得肯定。

是为序。

摘 要

中国 40 年金融改革与发展的历程具有鲜明的"重规模、轻机制"的特点,一方面,金融机构数量繁多、资产规模庞大。中国的四大国有商业银行每年都跻身全球 10 强,而股市市值和债市市值已经分列全球第 2 位和第 3 位。另一方面,市场机制在金融资源配置中的作用还相对有限,政策干预包括限定存贷款基准利率、引导资金分配、调控汇率、管理跨境资本流动和控股大型金融机构等。2015 年,中国的金融抑制程度在有数据的 130 个经济体中排第 14 位。

"重规模、轻机制"的金融模式的一个成因是,双轨制的经济改革策略在保证国有企业继续生存的同时,为非国有企业的发展创造了更加宽松的环境。为了支持双轨制改革,政府实施了"不对称的市场化",即产品市场全部放开,而要素市场普遍扭曲。保持要素市场扭曲的目的是通过人为地压低要素价格和引导资金配置,变相补贴国有企业,而金融抑制就是要素市场扭曲的一个具体体现。

在改革开放前 30 年,这个金融改革策略不但帮助中国维持了金融稳定,还创造了经济增长奇迹。实证分析也表明,在改革开放前期,金融抑制对经济增长有正面影响,只是到后来才变成了负面影响。实际上,抑制性金融政策对经济增长的影响并不是

中国金融改革路线图：构建现代金融体系

简单线性的，可能同时存在两个效应，一是麦金农（Mckinnon）效应，即金融抑制降低金融效率、遏制金融发展，从而遏制经济增长；二是斯蒂格利茨（Stiglitz）效应，即金融抑制有助于快速实现从储蓄到投资的转换，支持金融稳定，从而助力经济增长。由此可以推测，过去的中国经济以斯蒂格利茨效应为主导，现在则变成以麦金农效应为主导。

尤其令人担心的是，近年来ICOR（增量资本产出率）直线上升，表明中国的资本或金融效率不断降低。过去，中国是唯一一个没有发生过重大金融危机的主要新兴市场经济体，现在防范系统性金融风险则成了政府的三大攻坚战之一。金融效率下降而金融风险上升，这确实是一个值得高度警惕的新现象。

导致这个变化的一个直接触发因素可能是中国已经成为中等偏上收入国家，因此不得不直面"中等收入陷阱"的挑战。过去在低成本基础上建立的大量的劳动密集型、低附加值的制造业企业都丧失了竞争力，中国需要培育和发展一批新的在高成本基础上建立的有竞争力的产业支持下一个阶段的经济增长。如果过去中国经济增长主要是由要素驱动，那么现在就需要转向由创新驱动。过去成功地支持了要素驱动型经济增长的金融体系，现在迫切地需要转型。

当前中国的金融体系确实存在不少问题，无法适应新阶段经济发展的需要，以下三个方面的问题尤其突出。一是金融体系无法满足实体经济的新需求。储蓄率下降而消费率上升，这会增强家庭对资产性收入的追求。产业服务业化和制造业升级同时发生，

摘 要

企业对金融服务的需求也日益多样化。而金融体系在这些方面的能力十分薄弱。二是政府与市场的边界不清楚。财政风险金融化的现象很普遍，进而迫使政府为金融机构兜底。政府经常干预甚至取代市场，市场机制无法有效进行风险定价并合理配置资金。政府不尊重金融规律、好心办坏事的情形也不少。三是金融监管没能控制住风险。过去金融稳定主要靠政府兜底，长期来看，这造成了严重的道德风险问题，因此难以为继。现行的监管框架强调机构监管、分业监管，监管空白与重复监管的问题都很突出，一些监管政策之间也缺乏有效的协调，造成了许多金融风险。

世界各国和各地区的金融体系五花八门，各有特点，对这些复杂的金融体系可以通过两种视角进行比较。第一种视角是金融结构，据此金融体系可以分为商业银行导向型和资本市场导向型，前者的典型是德国、日本的金融体系，后者的典型是美国、英国的金融体系。第二种视角是资金配置，据此金融体系又可以分为市场机制型与政府干预型，前者的典型是中国香港、新加坡的金融体系，后者的典型是中国、印度的金融体系。但这两个视角其实是可以合而为一的，跨国数据显示，通常银行资产比例高的国家，其金融抑制程度也高，德国、日本的银行资产比例和金融抑制指数都要高于美国、英国，而中国的这两个数据又都高于德国和日本。

当然，很难绝对地说哪种金融体系更好，美国、英国、德国、日本的金融体系各有差异，但它们都是成功的发达经济体。这也说明，不同的金融体系都能有效地支持经济发展。不过从经济发

中国金融改革路线图：构建现代金融体系

展的角度看，资本市场通常与分散决策和市场规则相匹配，也就更能适应新兴技术革命，因而资本市场导向型的金融体系常常为技术领先国家的标配。而商业银行因为更加擅长动员大量、廉价的资金，所以更能适应成熟技术的大规模推广与传播，因而商业银行导向型的金融体系常常是技术后发国家赶超领先国家的秘诀。

中国的银行资产比例和金融抑制指数均居世界高位，说明中国的金融体系不仅高度依赖银行体系，而且政府对金融体系的干预很多。中国金融体系的这个定位是符合其历史、文化传承以及经济、制度现实的。一方面，中国文化中自由主义的思想传统并不深厚，历史上市场经济也不发达。新中国成立后又实施了二十几年的计划经济制度，政府对干预经济的各种做法得心应手。中国资本市场虽然已经走过了二十几年，但依然很不成熟。另一方面，刚刚开始改革开放的时候，中国还是一个穷国，穷国发展经济需要赶超。银行不但能调动大量的资金，还能很好地贯彻政府的政策意图，无论是补贴亏损的国企、投资基础设施项目，还是支持战略性产业的发展、提供普惠金融服务。

现在政府提出要"构建现代金融体系"，把它作为现代化经济体系的一个重要组成部分。金融体系的"现代性"应该主要反映在市场机制的作用上，具体而言可能包括三个方面的内容。一是提高资本市场在金融交易中的比重，即"发展多层次资本市场"；二是增强市场机制在资源配置中的作用，即"使市场在资源配置中起决定性作用"，而市场机制的关键之一是实现市场化的资金定价，充分反映风险偏好和市场供求，形成各类期限的金

摘 要

融市场基准收益率曲线；三是维护金融稳定，即"守住不发生系统性金融风险的底线"。

特别要指出的是，不能因为美国、欧洲发生了重大金融危机就否定中国金融改革的市场化方向。欧美金融体系确实一度出现过度自由化的问题，这个倾向值得警惕，但欧美金融危机更重要的教训是，在金融创新的同时没有及时构建有效的监管体系。另外，也不能简单地将中国影子银行、互联网金融领域的乱象视为金融市场化的后果，表外资产膨胀更多地反映了表内外交易监管标准不统一，甚至正规部门管制（比如利率管制）过度的问题。无论从哪个角度看，今天中国金融体系的主要问题都不是市场化过度，而是市场化不足。当然，金融体系的市场化改革必须与有效金融监管框架的构建相结合。

在进一步推进金融体系市场化改革的时候，需要考虑几个方面的制度与市场约束。第一，国家掌控金融体系的要求。当然，理想的做法是政府通过宏观调控或股东权益来加强对经济与金融的领导，而不是在微观层面干预金融机构与金融市场。第二，一些经济主体的非市场行为可能将长期存在。虽然政府一再强调国企与民企要公平竞争，但在现实中很难真正做到。因此，应该考虑设置一些局部和额外的规则（比如数量限制）来约束非市场行为，控制风险。第三，在可以预见的未来，银行仍将在中国的金融体系中占主导地位。发展多层次的资本市场将是一个缓慢的过程，无法一蹴而就。商业银行也应该通过进一步的改革和转型，更好地满足实体经济的新的金融需求。总而言之，金融改革的方

中国金融改革路线图：构建现代金融体系

向应该是进一步市场化，但它不会是一个放任自流的市场化过程。

政府可以考虑从以下几个方面入手，构建现代化、市场化、适应创新要求的金融体系。

第一，真正实现让市场机制在金融资源配置中发挥决定性的作用。把金融决策权留给市场，同时建立金融机构准入与退出规则，打破刚性兑付，减少直至消除资金定价与投资行为的扭曲，完善资金的定价机制与配置机制。把政府的功能限制在宏观调控、维持秩序、支持稳定和弥补市场失灵等方面。

第二，进一步推进银行的商业化改造。改善银行的公司治理结构，在银行内部形成有效的制衡机制，建立新型银企关系，提升商业银行的风险定价能力，真正实现借贷利率的市场化。完善商业银行的规范化准入与退出机制，以存款保险制度为基础建立商业银行风险处置机制和市场退出机制。

第三，围绕信义义务，发展功能健全的资本市场。遵循卖者尽责、买者自负的原则，实现金融资产公平、合理定价。改革资本市场税制，鼓励更多资本通过长期投资承担风险、获取收益，为创新发展提供优质资本金，消除短期投机行为和监管套利动机。丰富金融产品市场，完善价格发现和风险管理的功能。

第四，建立支持创新与产业升级的金融政策。政府应该把支持创新的金融决策权留给市场，合理发挥自己在产业政策方面的作用，同时统一决策的权利与责任，减少"政绩工程"，包括各种名不副实的基金小镇和产业引导基金。通过"改革试点"，尝试"监管沙盒"的做法，平衡创新与风险之间的关系。

摘　要

　　第五，金融监管部门要守住不发生系统性金融风险的底线。实现金融监管全覆盖，做到机构监管与功能监管并重、行为监管与审慎监管共举，同时增强监管政策的协调性。既要增加金融监管的资源（包括编制与经费），又要更合理地配置监管资源，适应规模不断扩大、复杂性不断增加的金融体系，提高监管的有效性。

　　第六，货币政策要从数量型向价格型框架转变。确立央行政策利率以锚定与引导预期。稳定央行流动性操作机制，稳定市场预期。通过调整央行资产负债表结构，提高调控市场利率的有效性。疏通利率传导渠道。完善货币政策的决策机制和操作机制，建立健全货币政策决策信息公开制度。

　　第七，完善现代金融的法律体系。统一金融立法，改变过去分业立法、机构立法的模式。及时更新一些内容明显滞后的现行法律，同时增强金融立法的前瞻性。强化法制执行，在法律层面规范市场退出机制和风险处置机制。继续强化社会信用体系建设，约束失信行为和建立个人破产制度。

01

中国金融改革的大方向[1]

---

[1] 《2018·径山报告》课题组成员包括殷剑锋、徐忠、纪志宏、洪磊、孙国峰、张斌和黄益平,所有成员均以个人身份参与课题研究。综合报告执笔人为黄益平,主要综合了6个分报告的分析与结论,各位课题组成员以及张晓朴、张斌和管涛等也对综合报告的草稿提供了书面或口头的修改建议。但综合报告中的一些观点并不一定代表每一位分报告作者的立场。感谢王勋帮助测算本报告中的几个指数。任何差异或者错误均由执笔人承担责任。

01
中国金融改革的大方向

重规模、轻机制

1978年年底党的十一届三中全会召开的时候,中国的金融行业几乎不存在,全国只有一家正规的金融机构,即中国人民银行。当时它既是中央银行,又是商业银行,隶属于财政部,一家机构的资产占了全国金融资产的93%。但在20世纪上半叶,中国的金融体系曾经相当发达,上海是主要的国际金融中心之一,当然,战争期间上海的金融活动也受到了冲击。1949年,中华人民共和国成立。1952年,金融机构国有化。1956年,社会主义改造运动开始,大多数金融机构关门了。在计划经济体制下,几乎所有的资金调配都是由中央计划、安排与落实的,社会对金融中介的需求很小。

十一届三中全会决定把工作重心从阶级斗争转向经济建设,中国经济开始从中央计划向市场经济转型。在之后的40年间,中国相当于重建了一个金融体系,从商业银行到资本市场,从货币政策到监管框架。不过这个新的金融体系具有一个非常明显的特征,就是"重规模、轻机制":一方面,金融机构种类齐全、数量繁多,金融市场资产规模庞大,无论用哪个数量指标来衡量,中国金融业都已经居于世界前列;另一方面,市场机制在金融资源的配置中发挥的作用还非常有限,政府部门对金融行业的政策

中国金融改革路线图：构建现代金融体系

干预仍然很频繁，金融抑制的程度很高。[①]

反映金融资产相对规模的一个指标是 M2（广义货币发行量）与 GDP（国内生产总值）之比，2017 年年底，中国的 M2 与 GDP 之比达到 210%，居全球第 3 位，仅次于黎巴嫩和日本。同期，中国的银行总资产达到 252 万亿元，相当于 GDP 的 304.7%，居全球领先地位。而日本的银行资产与 GDP 之比为 165.5%，德国为 96.6%，英国为 134.7%，美国为 60.2%。近年来，中国的四大国有商业银行一直位列全球 10 大银行，其他金融机构也已经应有尽有。中国的股票市场与债券市场不算太发达，但它们的市值已经分别在全球排到第 2 位和第 3 位。目前中国金融市场的主要短板可能在金融衍生品市场。

但政府那只"看得见的手"一直很活跃。央行一直在制定存贷款基准利率；政府部门经常性地干预并引导资金配置与融资决策；央行通过多重手段影响汇率水平并对跨境资本流动实施各种管理；国家还对绝大多数大型金融机构进行控股。根据世界银行的数据测算出的金融抑制指数表明，中国的金融抑制指数从 1980 年的 1 下降到 2015 年的 0.6（见图 1.1），这说明中国金融体系的市场化进程一直在推进。但在 2015 年有数据的 130 个经济体中，中国的金融抑制指数排在第 14 位，远远高于其他中等收入国家甚至低收入国家的平均水平。

[①] Huang, Y., X. Wang, B. Wang and N. Lin, "Financial reform in China: progresses and challenges", in Yung Chul Park and Hugh Patrick (eds.), *How Finance Is Shaping the Economies of China, Japan and Korea*, Columbia University Press, 2013.

01
中国金融改革的大方向

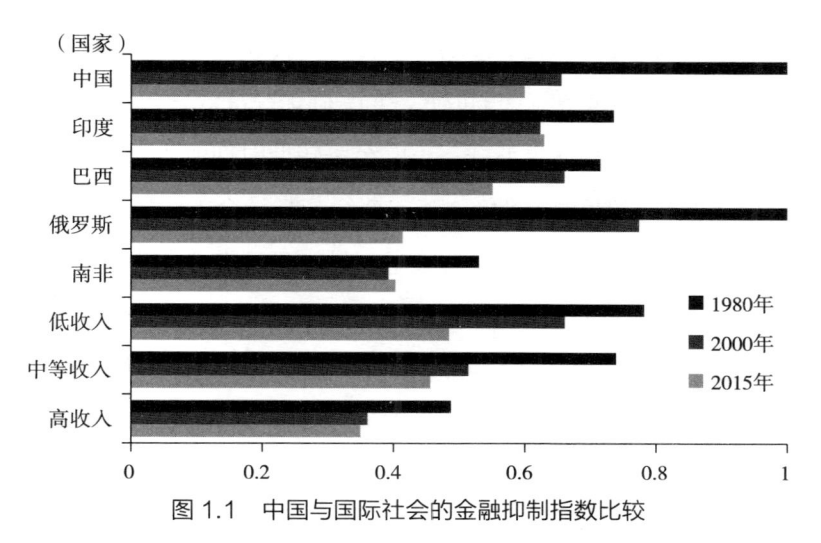

图 1.1 中国与国际社会的金融抑制指数比较

注：金融抑制指数由对银行所有权、利率管制、信贷干预和资本管制等指标综合测算获得。指数区间为 [0，1]，0 表示无金融抑制。全样本包括 155 个国家或地区，其中 41 个高收入经济体、88 个中等收入经济体和 26 个低收入经济体。

资料来源：王勋根据世界银行数据测算。

既然要走社会主义市场经济的道路，政府为什么还要保留对金融体系如此普遍而深度的干预？这个独特现象的背后，可能有文化的因素，因为之前日本和韩国的金融体系也或多或少地具有"重规模、轻机制"的特点，1980 年日本和韩国的金融抑制指数分别为 0.5 和 0.7。当然也可能有路径依赖的因素，毕竟中国刚刚从计划经济走过来，虽然重建金融体系几乎是白手起家，但计划经济的体制性印记仍然非常清晰。

不过中国的"重规模、轻机制"金融模式的直接诱因应该是政府采取的双轨制的改革策略（见图 1.2）。双轨制改革的基本含

中国金融改革路线图：构建现代金融体系

义是：一方面支持国有企业继续运行，保证经济稳定；另一方面为非国有部门创造更宽松的成长空间，确保经济效率大幅度提高。双轨制改革策略有别于苏联、东欧经济转型时期所采取的"休克疗法"，其优势是可以避免改革初期经济与社会的大震荡，特别是大规模的失业和严重的经济衰退，缺点是国有企业通常效率比较低，需要外部支持才能够持续生存。政府支持国有企业最简单的方式应该是财政补贴。可惜的是，在改革期间，特别是前20年间，财政状况不断恶化。这是因为在计划经济年代，财政收入主要来自国有企业。改革开始后，国有企业的利润率持续下降，不但其贡献的财政收入越来越少，所需要的财政补贴也日益增长。与此同时，外资企业和民营企业扩张的速度很快，但它们贡献的税收收入一直很少，这可能是因为多数外企都享有税收优惠政策，而民企的"避税"手段很多。这样，财政收入占GDP的比重从1978年的36%下降到了1996年的11%，很多地方政府连"吃饭财政"都保证不了。

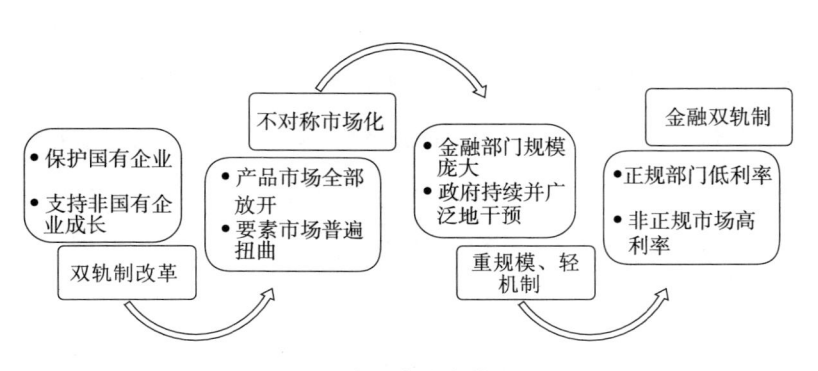

图 1.2　中国金融改革的逻辑

01
中国金融改革的大方向

财政捉襟见肘，但还得支持国有企业，政府只好通过扭曲生产要素市场，变相地补贴国有企业。通过扭曲要素市场变相补贴企业的做法，在计划经济年代就有，粮食统购统销就是这样一种制度。国家粮食部门垄断粮食购销环节，同时压低农村的收购价和城市的销售价，这样就可以压低工业的原材料成本和劳动工资，等于农民变相地补贴了城市工业。① 当然，从时间顺序上看，并非因为需要支持国企，政府才转而干预要素市场，实际上是政府延缓了生产要素的市场化进程。因此，要素市场扭曲其实是需要在进一步的市场化改革中消除的问题。要素市场扭曲具体体现在两个方面，一是人为压低要素的价格，降低生产成本，二是干预要素配置决策，把大量的生产资源分配给国有企业以及其他大企业。

这样，双轨制的改革策略就催生了产品与要素"不对称的市场化"。② 一方面，产品市场全面放开，农业、制造业或者服务业的产品全部接受自由市场的调节。另一方面，要素市场存在普遍的政策扭曲，政府对劳动力、资金、土地、能源等市场保留了各种管制措施。"不对称的市场化"在金融部门的具体体现就是"重规模、轻机制"，经济从中央计划向市场机制转型，金融部门的地位上升。而为了支持国有企业，抑制性的金融政策又必不可少。具体的体现就是实际利率偏低，大量的信贷资金流向国有企业，

---

① 黄益平：《从统购统销到金融抑制》，财新网，2015年10月19日。http://opinion.caixin.com/2015-10-19/100864346.html。

② Huang, Y., "Dissecting the China puzzle: Asymmetric liberalization and cost distortion", *Asian Economic Policy Review*, 2010, 5（2）：281-295.

中国金融改革路线图：构建现代金融体系

在包括信贷和非金融企业债券在内的整个债务融资市场中，国有企业占75%左右，并且股票市场成立的初衷就是为了替国企脱困。显然，这种资金配置方式并非完全以效率为导向，20个世纪90年代还出现过政府要求银行向资不抵债的"僵尸国企"发放"安定团结贷款"的现象。

而金融发展"重规模、轻机制"的一个直接结果是促成了"金融双轨制"。[1] 正规金融部门资金成本偏低、资金配置偏好国有企业或者其他大企业，这导致对资金的过度需求。所以，虽然中国金融部门的规模非常大，但金融服务供给不足的现象仍然非常普遍，对小微企业与低收入人群而言尤其如此。很多经济主体的融资需求无法从正规金融部门得到满足，于是只好转向非正规部门。这样就形成了"利率双轨制"，正规部门的利率被压得越低，非正规部门的利率就被推得越高，两者之间其实存在逻辑关系。[2] 当前商业银行一年期贷款基准利率大概是5%，但民间借贷利率高达20%左右。近10年来中国的影子银行、互联网金融十分活跃，当然是因为这些领域没有受到监管，从而形成了监管套利的机会。但从根源上看，还是因为正规部门管制过度（包括利率管制），很多合理的金融服务需求没有被很好地满足。其实影子银行和互联网金融的发展也是变相的利率市场化的过程。

---

[1] Huang, Y. and X. Wang, "Building an efficient financial system in China: A need for stronger market disciplines", *Asian Economic Policy Review*, 2017, 12（2）: 188-205.

[2] 纪洋、谭语嫣与黄益平：《金融双轨制与利率市场化》，《经济研究》，2016年第6期。

01
中国金融改革的大方向

旧模式、新挑战

可见，从"双轨制"到"重规模、轻机制"，实际上是以一个不彻底的改革策略支持另一个不彻底的改革策略。要保护低效率的国有企业，就需要抑制性的金融政策。按说这样的金融政策所提供的是次优解，会造成效率损失。但从中国经济的表现看，实际效果相当不错。1978—2017年，中国的实际GDP年均增长9%左右，人均GDP从198美元增加到8 836美元，占全球GDP的比重则从2.25%上升到14.81%，中国也由最贫穷的国家之一跃成为全球第二大经济体。中国也是近40年唯一没有发生过系统性金融危机的主要新兴市场经济体。因此，把中国经济在改革期间的表现称为"奇迹"并不为过。中国内地是继日本和"亚洲四小龙"之后的又一个经济明星，事实上，中国内地的经济模式与其他成功的亚洲经济体也有不少相似之处，包括出口导向与"一定程度的"金融抑制等。

从表面上看，抑制性金融政策与经济奇迹是两种背道而驰的现象。但在现实生活中，两者的关系并不是单一的，有时候为正相关，有时候为负相关，有时候还会在正相关与负相关之间转换。理解这种复杂关系的关键在于区分金融抑制对经济增长的两

中国金融改革路线图：构建现代金融体系

种不同的效应，即麦金农效应与斯蒂格利茨效应。[1] 麦金农和肖（Mckinnon and Shaw，1973）是金融抑制概念的提出者，其基本观点是政府对金融体系的干预会降低金融资源的利用效率并遏制金融发展，因此会对经济增长产生负面的影响。[2] 斯蒂格利茨则发现，自金融全球化开始以来，新兴市场发生金融危机的频率越来越高。在金融体系不发达、监管框架不成熟的国家贸然放开市场，其实并不利于经济增长与金融稳定。对于这些国家，"适度"的金融约束或者金融抑制可能是更为恰当的政策安排。[3] 在一个经济体中，麦金农效应和斯蒂格利茨效应可能同时存在，只是有时候前者占主导，有时候后者占主导。

对中国改革历程的实证分析表明，改革前期，抑制性金融政策可以促进经济增长，而之后则变成遏制经济增长。[4] 通常而言，金融抑制会导致效率损失，比如大量的金融资源源源不断地流向

---

[1] Huang, Y., X. Wang, B. Wang, and N. Lin, "Financial reform in China: Progress and challenges", in Park, Y. and Patrick, H. (editors), *How Finance in Shaping Economies of China, Japan and Korea*, Columbia University Press, New York. 2013, pp.44-142.

[2] McKinnon, R. I., *Money and Capital in Economic Development*. The Brookings Institution, Washington DC, 1973.

[3] Stiglitz, J. E., "The role of the state in financial markets", in Bruno, M. and Pleskovic, B. (eds.), *Proceeding of the World Bank Annual Conference on Development Economics, 1993: Supplement to the World Bank Economic Review and the World Bank Research Observer*, World Bank, Washington, DC. 1994, pp.19-61.

[4] Huang, Y., and Wang, X., "Does financial repression inhibit or facilitate economic growth? A case study of Chinese reform experience", *Oxford Bulletin of Economics and Statistics*, 2011, 73 (6): 833-855.

01
中国金融改革的大方向

效率相对较低的国有企业。但它也可能从三个方面促进经济增长。第一，一个受管制的以银行为主的金融体系可以快速地将分散的储蓄转化为成规模化的投资，促进经济增长。第二，人为压低资金成本，相当于居民向企业提供变相的补贴，提高了对生产者、出口商和投资者的经济激励。第三，政府介入金融体系，起码在短期内有助于金融稳定。这样的金融机制，加上完全放开的产品市场引导生产决策与资源配置，再加上非国有企业部门的经济比重持续上升，这三方面的因素形成合力，促成了中国的经济奇迹。

但抑制性的金融政策肯定是有成本的，这一点在20世纪90年代就已经有所暴露。随着竞争压力的提高，国有企业的效率不断下降，最后变成了全行业亏损。虽然国有企业在经济中的比重显著下降，但它们对宏观经济的拖累反而更加严重。除了财政几近破产，1997年东亚金融危机爆发的时候，很多商业银行处于技术性破产的状态，坏账率高达30%~40%。[1]只不过因为它们都是国有商业银行，有政府兜底，因此没有发生挤兑。可见，说中国没有发生过严重的金融危机，还要看如何定义"金融危机"。后来四大资产管理公司按账面值从四大国有商业银行购买的1.4万亿元不良资产，也是通过发行由财政部担保发行的特别国债筹集的资金。与此同时，政府采取了一些果断的改革措施。对国有企业实行"抓大放小"的改革策略，通过兼并、转让甚至关闭等

---

[1] Bonin, John and Huang, Yiping, "Dealing with the bad loans of the Chinese banks", *Journal of Asian Economics*, 2001, 12: 197-214.

中国金融改革路线图：构建现代金融体系

手段让绝大部分亏损的中小型国有企业退出了市场。对商业银行则采取了转移或注销坏账、注入新的国家资本、引入国际战略投资者及到国内外股票市场上市等一系列改造措施。这些措施在短期内确实改善了国有企业与商业银行的财务状况，但并未从根本上解决国有企业效率较低、金融部门受管制的基本矛盾。旧的金融模式对经济发展的制约效应，在2008年全球金融危机以后表现得更加明显。

以2008年为界，中国经济的表现在此前后发生了180度的大逆转：2008年之前经济增速持续高涨，之后却连年下跌，无法确定近期的底部在什么位置；2008年之前经济结构失衡的矛盾十分突出，特别是投资率过高、经常项目顺差太大等矛盾非常突出；现在经济基本上已经实现了再平衡，投资率和出口依存度下降，而消费已经成为支持经济增长的主要力量；2008年之前虽然隐性的金融风险不小，但金融体系一直比较稳定；最近几年金融风险频发，防范系统性金融风险已经成为政府的三大攻坚战之一。

那么究竟发生了什么变化？变化有很多，其中一个可以观察到的变化是个人收入水平或者经济发展水平。2007年，中国人均GDP是2 695美元。2017年，中国人均GDP已经上升到8 836美元，这意味着中国国民收入已经从中等偏下收入水平提高到中等偏上收入水平，要想进入高收入经济体行列，就需要跨越所谓的"中等收入陷阱"。"中等收入陷阱"不是一个精确的科学概念，而是一个一般性的观察。世界银行曾经发现，1960年，全球有101个中等收入经济体。到2008年，其中的13个经济体步入了

01
中国金融改革的大方向

高收入行列,而剩下的 88 个经济体在将近 50 年内一直落在中等收入的"陷阱"之中。① 成为中等收入经济体前后的发展模式有什么不同？在低收入阶段,可以利用低成本优势,依靠增加要素投入推动经济增长,比如剩余劳动力源源不断地从农村流向城市。但在达到中等收入尤其是达到中等偏上收入水平之后,成本优势丧失,此时就需要通过产业升级来支持经济增长。所有陷在"陷阱"里的经济体的一个共同问题就是无法通过创新和技术进步实现产业更新换代。

这也正是中国的金融体系所面临的新挑战。中国经济有"三驾马车"：出口、投资和消费。2008 年以前,经济增长主要依靠的是前两者,消费一直比较疲软。支持出口和投资增长的是庞大的制造业,一端是东南沿海的劳动密集型制造业生产出口产品,另一端是东北和西北地区的资源型重工业生产投资产品。这两种产业的高速扩张不但创造了经济奇迹,还成就了中国"世界工厂"的美名。但在 2008 年之后,这两种产业都很快失去了竞争力,劳动密集型制造业随着国际市场的疲软和国内劳动工资的迅速上涨而进入萧条,而资源型重工业则因为投资趋缓而陷入产能过剩的泥潭。这两种产业已经难以为继,想要支持下一阶段中国经济的扩张,唯有通过培育、发展新的有竞争力的产业。所以,2008 年之后 GDP 增长速度持续回落,其最重要的原因既不是周期性的波动,也不是趋势性的变化,而是需要实现新旧产业的更替（见

---

① 世界银行和中国国务院发展研究中心：《2030 年的中国》,中国财政经济出版社,2013。

图 1.3）。借用迈克尔·波特（Michael Porter）关于国家竞争优势的分析框架，一个国家的发展可以分成四个不同的阶段：要素驱动、投资驱动、创新驱动和财富驱动。[①] 目前中国经济正快速地从要素驱动与投资驱动走向创新驱动，其金融体系是否还行之有效，就要看它支持创新的能力。

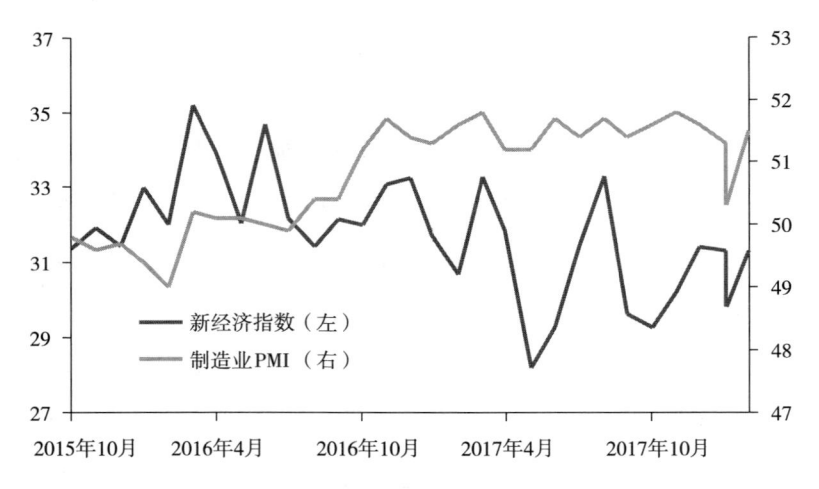

图 1.3　中国新经济指数与制造业 PMI（采购经理指数）

资料来源：国家统计局和财新智库。

2008 年全球金融危机以来最值得担心的可能不是经济增速放缓，而是总要素生产率持续下降[②]，这表明中国的经济效率一直在下降（见图 1.4）。而 ICOR 则可以更直接地反映金

---

① Michael, E. Porter, *The Competitive Advantage of Nations*, McMillan Press, 1990.
② 白重恩、张琼：《中国经济减速的生产率解释》，《比较》，2014 年第 73 期。伍晓鹰：《测算和解读中国工业的全要素生产率》，《比较》，2013 年第 69 期。

01

中国金融改革的大方向

融或资本投入的效率。ICOR 衡量的是每生产一个新的单位的 GDP 需要几个新的单位的资本投入，这个数值越大，就表明资本效率越低。中国的 ICOR 在 2007 年是 3.5，到 2017 年已经上升到 6.3（见图 1.5），这已经是改革期间的最高值。它表明：第一，资本效率确实在大幅下降；第二，通过增加投资保增长的难度已经越来越大；第三，投资回报已经进入下行通道。如果 ICOR 不能扭转持续上升的趋势，中国经济最终就会陷入停滞状态。

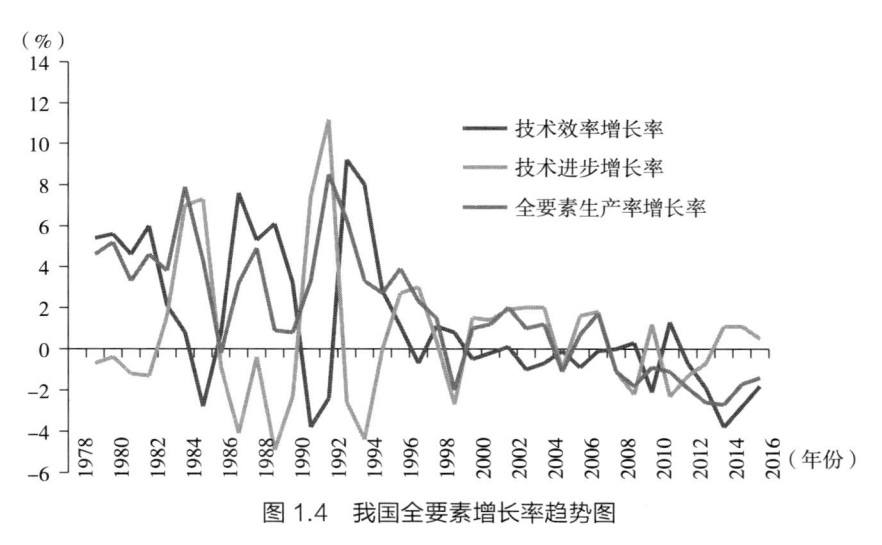

图 1.4　我国全要素增长率趋势图

资料来源：纪志宏等（《2018·径山报告》分报告）。

比效率下降更加紧迫的问题是系统性风险陡然上升（见图 1.6）。最近一段时期，金融风险不停地在不同的领域之间游走。首先，引发普遍关注的是高杠杆率。中国经济的杠杆率很高，其中有一些原因比较容易理解，比如以银行为主导的金融体系。但

中国金融改革路线图：构建现代金融体系

自2008年以来，杠杆率增长的速度举世罕见，更加令人担心。其次，一些金融市场接二连三地出现大的震荡，从股票市场到理财产品，从房地产市场到跨境资本流动，而且往往是按下葫芦浮起瓢。最后，一些新兴金融领域在经历了令人振奋的高速增长之后，很快变成了金融风险的源头。

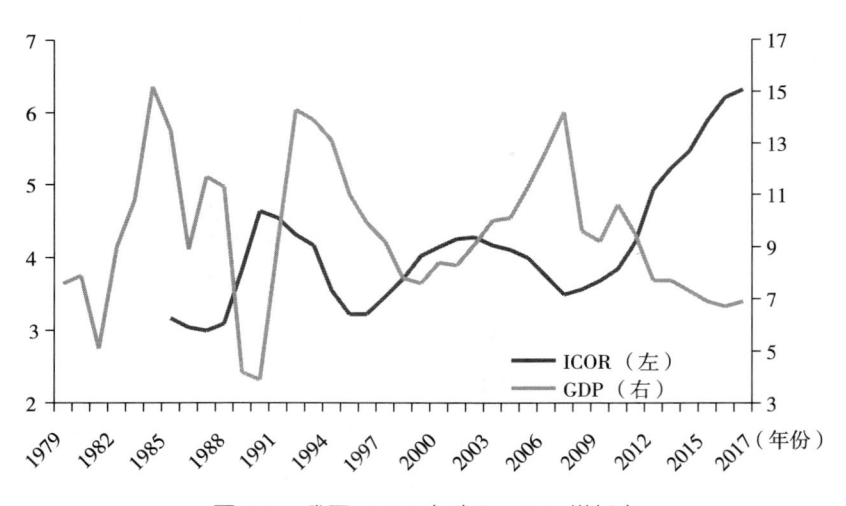

图 1.5 我国 ICOR 与实际 GDP 增长率

注：ICOR 为 5 年平均数。

资料来源：根据国家统计局数据测算。

金融效率下降而金融风险上升，不得不让人怀疑曾经创造了中国经济奇迹的"重规模、轻机制"的金融模式是否还能持续。

01
中国金融改革的大方向

图 1.6　中国系统性金融风险指数

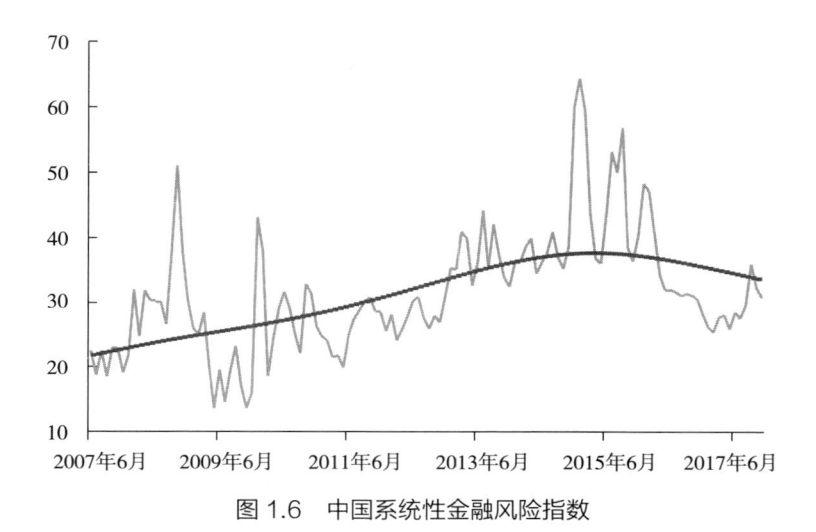

注：中国的系统性金融风险指数以 202 家金融、房地产上市公司的股票收益率为基础，分别采用条件风险价值（CoVaR）、边际期望损失（MES）、系统性风险法（SRISK）等三种方法计算系统性风险，并对三个指标进行标准化与加权平均。

资料来源：根据 Wind（一家金融数据和分析工具服务商）数据测算。

中国金融改革路线图：构建现代金融体系

三个方面的短板

如果说在改革开放的前 30 年，中国的金融体系较好地发挥了支持经济增长、保持金融稳定的作用，那么如今这个体系已经面临许多难以应对的挑战。有些挑战其实早已存在，只是以前不突出，现在则变得非常严重，比如，长期来看，政府兜底反而会增加系统性金融风险。还有些挑战是随着经济转型产生的，以前没有，现在出现了，比如，之前金融体系的任务是支持要素驱动型的经济增长，现在则需要支持创新驱动型的经济增长。总结起来，当前的金融体系至少存在如下三个方面的问题：金融不能满足实体经济的合理需求，政府与市场的边界不清楚，金融监管无法控制金融风险。

一、金融难以满足实体经济的新需求

过去"重规模、轻机制"的金融模式较好地发挥了政府强大的资源动员能力，有力地支持了实体经济的发展。但过去的经济模式具有"高储蓄、高投资"的特点，大量的储蓄都以存款的形式集中在银行部门，然后又以大额贷款的形式投向制造业企业，政府则主要通过显性和隐性的税收获取财政收入并辅之以规模庞大的"土地财政"。但现在，中国的经济模式已经在发生改变：随着老龄化时代的到来，中国的储蓄率与投资率已经在 2010 年见

01
中国金融改革的大方向

顶并开始呈下降趋势，这就意味着人口红利时期动员储蓄、推动大规模投资的任务已经完成；而随着中国经济达到中等偏上收入水平，2010—2012年跨过了工业化的高峰期，经济结构服务业化，很可能会呈现"轻资产化"的现象；从近年三大总需求对经济增长的贡献来看，消费的贡献超过了投资和出口，中国已经成为消费驱动型的经济体；"中等收入陷阱"的挑战表明，唯有创新和产业升级才能支持中国经济的可持续增长并使其最终迈入高收入经济体的行列。可惜的是，过去"重规模、轻机制"的金融模式无法满足实体经济对金融服务的合理需求。

第一，家庭的资产性收入很难增长。储蓄率下降和消费率上升需要一个基本的金融条件支持，即家庭资产性收入显著增长，而这又要求家庭配置到金融市场的资产的比例不断上升。中国居民部门的金融财富从2006年的24.6万亿元增加到2016年的118.6万亿元，年均增长17%。在2014年，中国超过日本成为全球家庭金融财富第二大国。但中国家庭不得不共同面对的一个尴尬现实是，在金融资产配置方面没有多少选择。2016年，居民部门的金融资产中有69%是银行存款、20%是证券类资产、11%是养老和保险类资产。这么多的钱存在银行，虽然安全，但回报率太低，完全无法满足获取资产性收入的要求。与国际情况相比，中国金融资产结构的主要短板在于养老和保险类资产的比例太低且增长过于缓慢（从2006年的9%上升到2016年的11%，见图1.7）。[1]

---

[1] 张斌、张佳佳、邱晗和邹静娴：《金融供求失衡，乱象与补短板》，中国金融四十人论坛内部委托课题报告，2018。

中国金融改革路线图：构建现代金融体系

国际经验表明，随着收入水平的提高，居民部门金融资产占 GDP 的比重将迅速提升，目前全球平均是 2 倍，日本、韩国、中国台湾则分别为 3.5 倍、2.1 倍、5.1 倍，中国是 1.6 倍。可见居民部门金融资产配置的矛盾可能会变得更加突出。

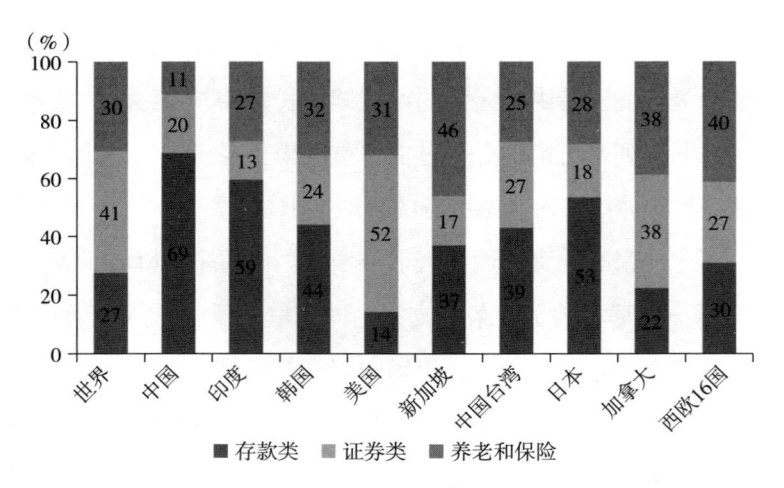

国家/地区	存款类	证券类	养老和保险
世界	27	41	30
中国	69	20	11
印度	59	13	27
韩国	44	24	32
美国	14	52	31
新加坡	37	17	46
中国台湾	39	27	25
日本	53	18	28
加拿大	22	38	38
西欧16国	30	27	40

图 1.7　中国和国际社会金融资产配置比例比较

资料来源：张斌等（2018）。

第二，非金融企业日益多样化的金融需求更加难以满足。2016 年，非金融企业融资渠道中贷款占 70%、影子银行占 15%、证券市场和其他渠道占 15%。但经济发展新阶段的两大变化是产业服务业化和制造业升级，随着这些变化，企业可能的变化是规模越来越小、资产越来越轻、风险越来越难辨识。但目前这些企业的外部融资还有 2/3 以上来自银行，而银行发放贷款时主要是看历史数据和抵押资产，因此其主要服务成规模的企业，并不擅长支持不确定性高、企业规模小、缺乏抵押资产的创新型企业。非金融企业所需要的金融服务的供、求不匹配,这可能解释了为什么政府下了很大的功夫,但发展普惠金融的矛盾不但没有缓解,反而日益加重。与其他国家和地区的情况相比,中国非金融企业融资结构中的主要短板是股权类工具,2016年,中国股权类融资只占非金融企业融资规模的4%,而日本、韩国、中国台湾的比例多在20%左右。

第三,政府的融资渠道还有待完善。一方面,工业化高峰期过去以后,政府收入的增速正在不断放缓,2016年公共财政收入的增速只有4.8%,是近30年来的最低增速。与此同时,国有资本收益和社保基金收入的增速也在放缓。另一方面,政府仍然面临较大支出压力和大规模融资需求。根据国际经验,在工业化高峰期过去以后,政府性公共服务开支将持续增加,而我国的城市化进程也尚未完成,基础设施投资的需求依然十分庞大。更重要的是,过去各地政府所依靠的"土地财政"基本已经走到尽头,未来政府潜在的收支缺口只能通过市场化融资来弥补。2016年,中国政府广义债务与GDP之比为62%,其中国债和地方债占24%,这个比例远低于欧洲(64%)、美国(74%)、日本(86%)的水平。

由于金融体系很难充分满足各经济主体(包括家庭、企业和政府)的金融服务新需求,就出现了一些独特的金融现象。因为金融资产性收入很少,所以中国家庭把80%左右的资产配置到了房地产上。影子银行的快速扩张,既是家庭追求资产性收入的结果，也在一定程度上提供了非金融企业在正规金融市场很难获得的融资服务。各级政府缺乏规范的市场化融资渠道，只能想方设法满足自己的资金需求，其中就包括盛行不衰的"土地财政"以及各种各样的地方政府融资平台。

二、政府与市场的边界不清楚

"政府干预"或者"金融抑制"本来就是改革期间金融政策的重要特征，当然，改革期间金融体系也一直在市场化的道路上前行，只是速度比较缓慢。作为对比，俄罗斯的金融抑制指数从1990年的1.0下降到2015年的0.42，其市场化进程显然要快得多，当然，俄罗斯的改革并没有中国成功。2013年年底，党的十八届三中全会已经提出让"市场在资源配置中起决定性作用"、让有效市场与有为政府有机结合。这个决定受到了普遍的欢迎，只是随后的落实十分缓慢，2013年、2014年和2015年的金融抑制指数一直保持在0.60，没什么变化，2015年之后，金融市场化改革的进程可能略有加速。但政府干预甚至替代市场功能的现象，仍然十分普遍。

第一，财政风险金融化。改革初期政府重建银行部门与资本市场，一个重要的使命就是帮助政府与国有企业融资。政府把金融部门当作准财政资源的做法一直没有停止，2008年国务院宣布实施的4万亿刺激政策，大部分开支都是由金融机构埋单。政府对国有部门兜底，使用的往往也是金融手段，以至于货币供应量形成了一个内生的加速机制：经济形势好的时候，货币供应量需要加速增长,以满足经济活动扩张的需求;经济形势不好的时候,货币供应量也需要加速增长,以满足稳经济、稳市场的需要。最近10年来,地方政府通过明股实债的PPP(公私合营模式)项目融资、政府引导基金和专项建设基金等方式规避中央对地方融资平台的限制。这些做法导致了财政风险金融化,反过来又让政府不得不继续为金融机构兜底。

第二,金融机构没有真正建立现代企业制度。党的十五届四中全会以来,金融机构逐步形成了以"三会一层"(股东大会、董事会、监事会和高级管理层)为核心的公司治理框架,但在实践中,形似而神不至的问题非常突出。国有出资人常常以管理部门自居,通过考核、行政命令等方式直接干预金融机构的日常经营活动。对企业而言,上级部门的指令往往比股东利益还重要。另外,董事长"一长独大",缺乏制衡机制。高管的激励和责任完全不对等。公司治理结构的矛盾在农村信用社系统的表现尤其突出,完全没有股权关系或行政隶属关系的农信社省联社提名甚至任命各县联社及各农商行的高管,却不承担相应的责任。

第三,政府干预以致资本市场无法有效发挥其功能。各金融市场之间缺乏联动、融合,规则不一、价格信号传导受阻。证券发行仍然由行政主导,市场机制不足。"核准制"本来赋予了市场推荐和选择的权利,但监管部门保留了合规性和适销性的实质性审查,同时控制证券发行的数量、节奏和新股发行价,客观上助长了市场主体与监管部门之间的博弈,弱化了市场功能。上市公司和中介机构均以国有产权为主,所有者缺位和代理人风险问

中国金融改革路线图：构建现代金融体系

题突出。普遍存在的刚性兑付扭曲了风险溢价，推升了股票投资者对预期收益的要求，强化了投机性质。另外，严格的市场准入抑制了衍生品市场、外汇市场的发展，严重影响了金融市场发挥价格发现、货币政策传导及风险管理的功能。

第四，缺乏严格的市场纪律。金融机构没有市场化的退出机制，政府曾经几次大规模地处置金融风险，但基本上都是行政主导。存款保险制度已经建立和运行了3年多，但还没有处置过一家金融机构的问题，说明事实上各级政府还在兜底。同样，在金融市场，即便是影子银行和互联网金融等领域，刚性兑付仍然很普遍，这也扭曲了投资者的预期。政府兜底和刚性兑付令道德风险进一步放大，使风险定价无从做起，严重影响了市场参与者有效配置金融资源并合理管理金融风险的能力。

第五，政策经常违反金融规律，好心办坏事。各地政府响应"大众创新、万众创业"的号召，建立了许多产业引导基金，试图撬动社会资金，支持新兴产业发展。但大多数基金要么投资了传统产业，要么闲置着投不出去。另外，为了缓解小微企业融资贵、融资难的问题，国家既采取了定向宽松的货币政策，向服务小微企业的银行提供更多的流动性，也要求商业银行执行"三个不低于"的监管要求，即每年对小微企业贷款的比例必须上升，同时查处银行的各种乱收费行为，以降低小微企业的融资成本。殊不知，小微企业融资难主要是因为获客难、信用评估难做并且贷款利率不够灵活，以上政策虽然是出于好心，但因为没有抓住矛盾的本质，所以这几年小微企业融资难、融资贵的问题并没有得到缓解。

三、金融监管无法控制金融风险

不该管的事情管了许多，该管的又没有管好。改革开放前30年我国金融体系相对稳定，主要得益于两大因素的支持：一是经济持续高速增长，在发展中解决了金融风险问题；二是政府兜底，即便出现了金融风险，只要政府有能力化解，就不会影响金融稳定。但这几年系统性金融风险成了政府的三大攻坚战之首，这首先是因为之前支持金融稳定的两大因素都发生了逆转。2010年之后，GDP增速连年下降，微观层面资产负债表的恶化就可想而知，而产业更新换代又意味着许多旧的企业必须被淘汰，这自然就增加了短期的金融风险。政府兜底变得越来越困难，无论是财政政策，还是货币政策，政府的政策空间收窄，继续支持金融稳定的能力下降。除此以外，监管框架中一些与现实不太适应的设置也促使系统性金融风险大幅上升。

第一，隐性兜底和宽松的货币政策大幅度拉升了杠杆率。中国的杠杆率高，有多方面的原因，比如银行在金融体系中的比重很高，几乎所有的金融交易都要通过负债反映。但政府隐性兜底的做法从两个方面推高了综合杠杆率，一方面是杠杆率高、效益差的"僵尸企业"不能及时出清，抬高了杠杆率，降低了杠杆效率；另一方面是为了稳经济、稳金融而长期实施宽松的货币政策。2008年以后，随着4万亿刺激政策的实施，中国的杠杆率迅速飙升，成为国内外普遍关注的金融风险点。

第二，机构监管而非功能监管的做法造成了许多监管空白。机构监管的通行理念是"谁发牌照谁监管"，而许多金融创新业务，比如互联网金融，因为监管部门没有发牌照，于是变成了"三不管"地带。2004年支付宝上线，2010年央行才开始考虑支付牌照的事情。2007年拍拍贷开业，2015年银监会才开始设计个体网络借贷的监管办法。同样，很多互联网资管业务平台一直都是"无证上岗"。这种缺乏资质要求的"野蛮生长"状况在一些领域，比如P2P行业造成了很大的混乱，将近6 000家平台中绝大部分都是问题平台。监管部门在介入之后也存在明显的"不想管"和"不知怎么管"并存的现象。

第三，分业监管的政策框架不适应交叉业务和混业经营的普遍现状。"一行两会"（及原先的"一行三会"）各管一摊，在很长时期内相安无事。但随着影子银行交易的日益活跃，交叉销售、通道业务等变得很常见，很多大的互联网金融平台基本上都是实质性的混业经营。但由于监管部门之间缺乏有效的协调机制，一些新的风险很难在短期内得到有效的管理。[①] 国家也曾试图设立一些协调机制，比如"一行三会"之间的"部际联席会议"和监管政策的"会签制"，但执行效果并不好。直到2017年国务院金融稳定发展委员会成立，政策协调效果才有所改善。

---

① 已经有研究表明，2015年A股市场崩盘主要是由投资者场外加杠杆所触发。如：Bian, Jiangze, He, Zhiguo, Shue, Kelly and Zhou, Hao, "Leverage-Induced Fire Sales and Stock Market Crashes（October 3, 2017）". Available at SSRN：https：//ssrn.com/abstract=3047460 or http：//dx.doi.org/10.2139/ssrn.3047460。

01
中国金融改革的大方向

第四，监管部门缺乏独立性。金融监管政策的目标很清晰，就是要维持金融体系的秩序和稳定。通常而言，相对独立的监管框架可以更专注、更专业地追求这样的目标。但中国的监管部门不独立，这是政体所致。不独立有好处也有坏处，好处是在国务院的统一领导下，监管政策可以与其他政策协调，坏处是监管政策的执行容易受到其他政策目标的冲击。比如，监管部门有时候会根据宏观经济的需要而调整诸如股票市场印花税率及商业银行存款准备金率等。再比如，金融监管部门兼具监管与发展的职能，二者存在内在冲突。推动本部门快速发展是政治责任，而促进金融机构依法稳健经营、防范系统性金融风险则是市场责任。但政治责任的波动性比较大，影响市场责任的稳定性和一致性，从而带来监管套利空间，加剧了市场投机行为。

第五，对市场经济周期性和金融周期性波动认识不足以及金融风险处置能力的建设滞后。市场经济具有周期性的理念还没有得到充分的认识，对金融市场风险事件容忍度低和处置风险违约机制建设滞后是制约金融市场深化发展的重要因素。宏观上，习惯于通过"宏观调控"来调节"市场周期波动"，没有建立调控的边界和范围，至于未来是划定上限、下限的防范线，还是把"宏观调控"变成频繁的"微调"，以深入干预市场的微观行为，这些问题尚未得到有效的解决。

上述因素最终导致最近几年中国金融监管政策的有效性有所回落（见图1.8），而监管有效性的回落最终反映为系统性风险的持续上升。

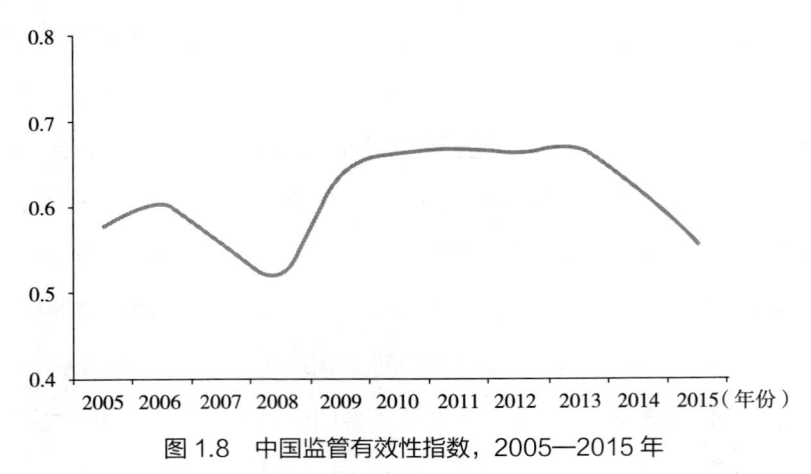

图 1.8　中国监管有效性指数，2005—2015 年

资料来源：王勋编制。

01
中国金融改革的大方向

融资结构、配置机制

既然中国目前的金融体系存在这么多缺陷，那么进一步推动金融改革应该就是顺理成章的。政府提出了"构建现代金融体系"的政策任务，但这个新体系的特点是什么？尤其是其"现代性"究竟应该体现在什么地方？

金融体系是一个复杂的系统，由金融机构、金融市场、金融工具以及一系列显性或者隐性规章制度安排构成。金融体系的形式千差万别，但其基本功能万变不离其宗，就是资金融通和资金跨期配置。[①] 复杂的金融体系可以从两个不同的维度去观察、比较。第一个视角是金融交易的结构，从这一视角出发，金融体系可以分为商业银行导向型和资本市场导向型两大类，前者主要由银行承担资金跨期配置的功能，典型例子是德国和日本；后者则主要依靠资本市场尤其是股票市场，典型例子是美国和英国。第二个视角是资源配置的机制，从这一视角出发，金融体系又可以分为市场机制和政府干预两大类，前者主要靠自由市场包括价格实现跨期资金配置，而后者则主要由政府通过对金融机构、金融业务和金融价格的直接管制或间接影响，将储蓄引导到政府意向的经济部门和行业中。

---

① Merton, R., B. Crane, K. A. Froot, Z. Bodie, S. P. Mason, E. R. Sirri, A. Perold and P. Tufano, *The Global Financial System*, Harvard Business School Press, Boston, 1995.

中国金融改革路线图：构建现代金融体系

比较不同的金融体系，可以得到一些有意思的发现。

第一，今天各国不同的金融体系，是政治、经济等因素长期互相作用的结果。资本市场导向型金融体系的鼻祖是英国，其形成的一个基础是17世纪光荣革命和金融革命，前者使资产阶级崛起为抗衡封建君王的利益集团，后者则促成了统一有序的政府债券市场，而这又为随后的工业革命奠定了基础。[1] 另一个基础是公司制的发明，1844年，英国颁发了第一部现代公司法《合股公司法》(Joint Stock Companies Act)。商业银行导向型金融体系的鼻祖是法国，法国金融市场落后于英国，一是因为封建君王不受约束的借款和征税行为，二是因为法国在1720年密西西比泡沫之后限制股份制公司的成立。由于资本市场受限制，法国19世纪出现的"运河热"和"铁路热"大多由银行提供资本。1852年成立的动产抵押信贷银行，则标志着现代银行导向型金融体系的诞生。在19世纪后期陆续崛起的强国中，美国继承了英国的传统，德国则继承了法国的传统。日本在明治维新后，既学英国，又学德国，因此兼具商业银行导向和资本市场导向的特点。[2]

第二，不同的金融体系折射出不同的经济思想理念，从而决定了不同的基本经济模式。资本市场导向型金融体系所秉持的是英国古典学派的自由理念：一切应该由市场来决定，政府只应该扮演"守夜人"的角色，公司治理中股东利益至高无上。而商业银行导

---

[1] Kingdleberger, C. P., *A Financial History of Western Europe*, George Allen & Unwin Publishers, 1984.

[2] 殷剑锋：《金融结构与经济增长》，人民出版社，2006年。

01
中国金融改革的大方向

向型金融体系所秉持的是李斯特（List）强调的集中统一和共同利益的思想：对于后发国家，政府应该实施干预，通过立法、保护贸易、投资基础设施等措施加快推动工业化。在这种金融体系中，仍然存在以德国为代表的"社会市场经济模式"和以日本为代表的"法人资本主义模式"，在这两种模式中，政府都不只是扮演"守夜人"的角色，都是"善意地"对市场进行干预，但干预的手段和程度不同。"社会市场经济模式"强调经济的活力应该建立在市场基础上，市场应该享有充分的运转自由，但市场机制不是支配整个社会关系的唯一机制，社会运行需要考虑不同利益群体的平衡和制约。"法人资本主义模式"的基本特点是企业本位和政府主导。企业本位的核心是生产至上，公司股东的利益不被看重，其三大法宝为终身雇佣制、年功序列制和企业组织工会。政府主导不仅仅是指政府通过经济计划、经济政策、行政指导等手段干预企业活动。

第三，关于金融体系的两个维度，即金融交易的结构与资源配置的机制视角，其实是可以相互统一的。商业银行导向型的金融体系通常具有更加强烈的政府干预的倾向，而资本市场导向型的金融体系则更加倾向于市场自由主义。一方面，只有高度崇尚自由主义但又遵守公共规范的社会才可能孕育和发展出分散决策、充分竞争的资本市场。另一方面，政府的干预通过相对集中的银行才更容易落地。[1] 甚至还有人提出了落后国家金融发展的

---

[1] 这同时也决定了不同金融体系中银行业竞争度的差异：资本市场导向型金融体系中的银行业往往是高度竞争的，而商业银行导向型金融体系中的银行业往往具有很高的垄断性。

中国金融改革路线图：构建现代金融体系

理论：一个国家的工业化进程越落后，其金融体系对商业银行的依赖度就越高。

客观地说，不同的金融体系之间并不存在绝对的优劣之分，在这个问题上，学术界一直有争论。[①] 但从经济发展的角度看，资本市场导向型的金融体系更能适应新兴技术革命，因而资本市场导向型的金融体系常常是技术领先国家的标配，而商业银行导向型的金融体系则更能适应成熟技术的大规模推广与传播，因而商业银行导向型的金融体系常常是技术后发国家赶超领先国家的秘诀。无论如何，从技术由新兴到成熟的演进过程和经济发展的长周期看，最优的金融体系应当满足两个标准：其一，应该具有完备的金融功能，以适应经济发展中复杂多样的生产技术；其二，应该是高度竞争、富于弹性的，能够适应经济结构性变化提出的要求，并实现金融体系的结构性调整。

中国目前的金融体系框架是在 20 世纪 90 年代确立的。这个体系具有比较明显的银行导向和政府干预的色彩。第一，在金融资产的构成中，资本市场的占比相对较低（见图 1.9）。第二，近年来债券市场有较大的发展，但债券市场中占主导地位的银行间市场，仍然具有较强的间接融资的特性。第三，虽然商业银行的数量十分庞大，四大国有商业银行的比重也在不断下降，但绝大部分银行中的国家持股甚至控股影响了市场竞争的形式。第四，政府对中国金融体系的干预几乎无所不在。

[①] Levin, R., "Bank-based or market-based financial system: Which is better?", *Journal of Financial Intermediation*, 2002, 11 (4): 398-428.

01
中国金融改革的大方向

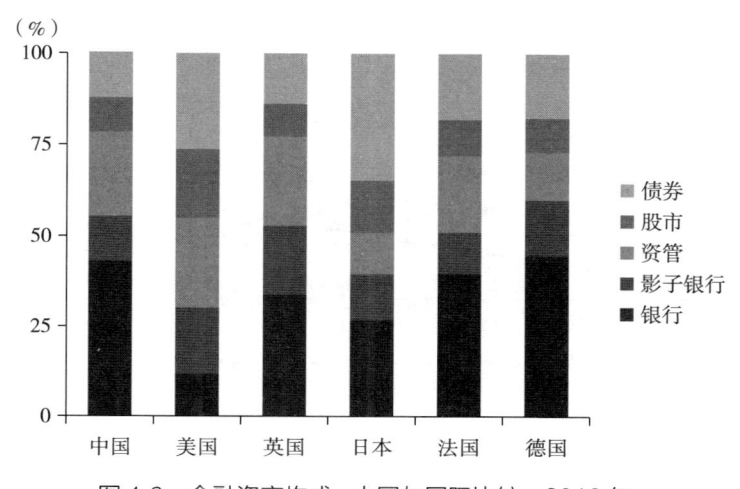

图 1.9　金融资产构成：中国与国际比较，2016 年

资料来源：根据国际货币基金组织（IMF）数据测算。

把中国的金融体系放到代表融资结构和配置机制两个维度的坐标系中并进行国际比较，就可以比较清晰地了解中国金融体系的相对定位（见图1.10）。在这个坐标系中，横轴是银行资产与金融总资产之比，数值越大，表明银行在金融体系中的地位越重要。纵轴是金融抑制指数，数值越大，表明政府对金融的干预程度越高。这个坐标图揭示了许多有意思的信息。

第一，国际经验证实了银行占比与金融抑制之间的正向关系。利用各个国家的数据所做的简单回归分析（即图中的黑线）表明，银行在金融体系中的比重越高，政府干预金融体系的程度也就越高。这也证实了商业银行比资本市场更容易传递政策信息的猜想。

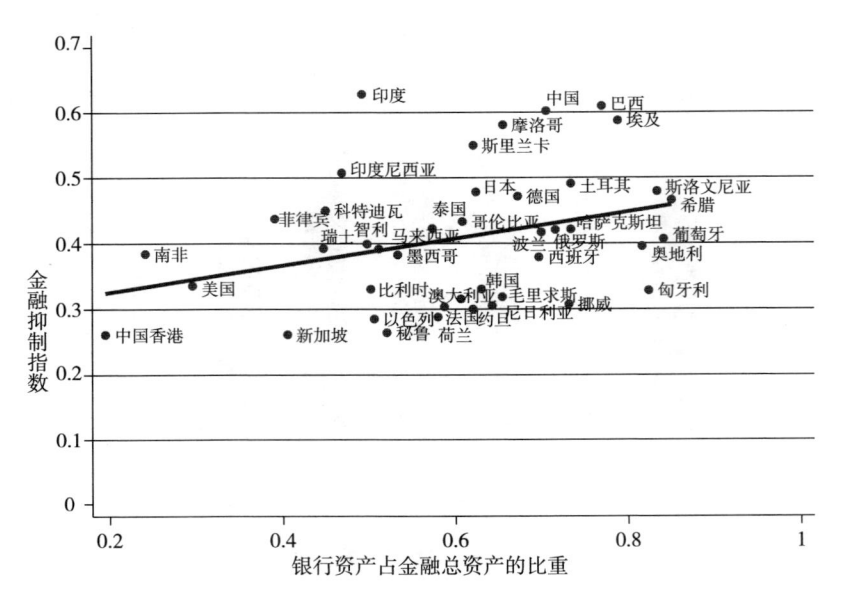

中国金融改革路线图：构建现代金融体系

图 1.10　各国和地区金融体系的金融抑制指数与银行资产占金融总资产的比重

资料来源：王勋根据 EFW Dataset，Global Financial Development Dataset（GFDD）制作。

第二，美国、日本和德国都处在拟合的直线附近，但美国位于直线的左下方，日本、德国位于直线的右上方。这和人们通常对美国、日本、德国金融模式的认识是一致的。相比较而言，美国的市场化程度比较高，而日本、德国对银行和政策的依赖度更高一些。另外，中国香港和新加坡同为政府干预最少的金融体系，但相对而言，新加坡的融资结构更加倚重银行。

第三，进入 21 世纪以来，全球金融体系在这个坐标系中的位置一直在变化。将全球的平均值画在这个坐标系中，就会发

01
中国金融改革的大方向

现从 2001 年起，全球的金融体系一直在朝着资本市场比重上升、抑制性金融政策减少的方向移动，2006 年到达左下角（见图 1.11）。2008 年全球金融危机爆发以后，银行资产在金融总资产中的比重先升后降。但总体而言，金融抑制的程度普遍有所提升，这应该是反映了各国政府为了应对金融危机所采取的一些政策措施，包括入股金融机构等。以美国为例，2007 年金融抑制指数为 0.28，2015 年上升到 0.34，同期英国的金融抑制指数也从 0.23 上升到 0.38。

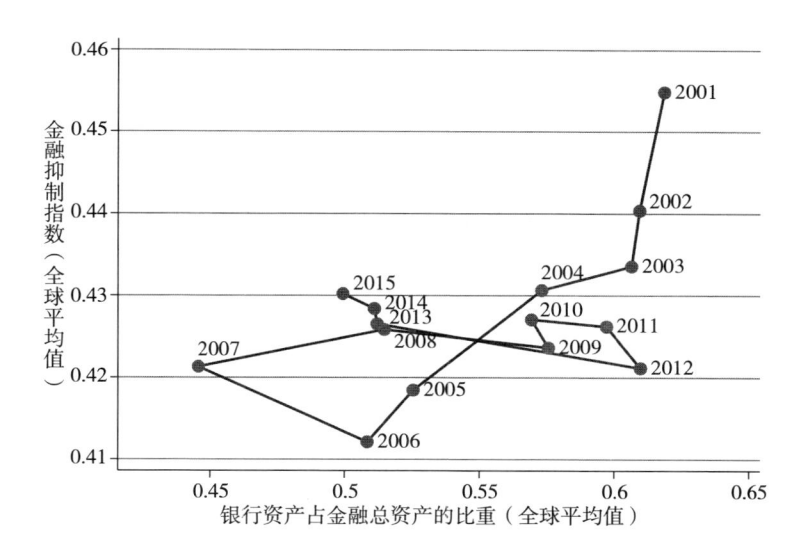

图 1.11 全球金融体系的金融抑制指数与银行资产占金融总资产的比重

资料来源：王勋根据 EFW Dataset，Global Financial Development Dataset（GFDD）制作。

第四，中国处在这个坐标系的右上方（见图 1.10）。在有数

中国金融改革路线图：构建现代金融体系

据的国家和地区中，中国的金融抑制程度属于最高水平，基本上跟印度、巴西、埃及相似，只是其银行资产占比远高于印度，与巴西和埃及差不多。整体来看，中国金融体系具有银行资产占比高、金融抑制严重的特征。

中国的这一定位是与其历史、文化传承以及经济、制度现实相吻合的。一方面，中国文化中自由主义的思想传统并不深厚，历史上市场经济也不发达。新中国成立后又经历了二十几年的计划经济体制，政府对干预经济的各种做法得心应手。中国资本市场已经走过了二十几年，但依然很不成熟。另一方面，刚刚开始实施改革开放政策的时候，中国还是一个穷国，穷国发展经济就需要赶超。银行不但能动员大量的资金，还能帮助贯彻政府的政策意图，无论是补贴亏损的国企、投资基础设施项目，还是支持战略产业的发展、提供普惠金融服务，银行都发挥了很重要的作用。

01
中国金融改革的大方向

改革的方向

为了适应中国经济发展新阶段的需要，中央提出要把构建现代金融体系作为建设现代化经济体系的重要组成部分。现代金融体系的宗旨应该是满足经济创新、维护金融稳定的要求，支持经济长期可持续的增长。反映"现代性"的关键词应该是"市场机制"，而"市场机制"应该包括三个方面的内容：一是提高资本市场在金融交易中的比重，即"发展多层次资本市场"；二是增强市场机制的作用，即让"市场在资源配置中起决定性作用"；三是维护金融稳定，即"守住不发生系统性金融风险的底线"。在这三条中，第一条是金融发展的必然过程。后进国家的金融体系通常都是以银行为主，随着经济发展水平的提高，资本市场的重要性会逐步上升。第二条是体制转型的应有选择。毕竟中国仍然处在从计划经济向市场经济的转型过程中，经济与金融体制应进一步向市场机制过渡。第三条是构建现代金融体系的新任务，过去由政府独立承担维护金融稳定的责任，未来需要转向市场化的金融监管框架。

需要特别指出的是，不能因为美国、欧洲发生了重大金融危机，就否定中国金融改革的市场化方向。欧美金融体系确实曾一度出现过度自由化的现象，这个倾向值得警惕，但更重要的教训是，在金融创新的同时没有及时构建有效的监管体系。同时，不

中国金融改革路线图：构建现代金融体系

能简单地将中国影子银行、互联网金融领域的乱象视为金融市场化的结果，表外资产膨胀更多地反映了表内外交易监管标准不统一，甚至正规部门管制过度的问题。无论从哪个角度看，今天中国金融体系的主要矛盾都不是市场化过度，而是市场化严重不足。当然，金融体系的市场化改革必须与有效金融监管框架的构建密切配合。

在图 1.10 的坐标系中，构建现代金融体系就意味着中国的定位可能会逐步向左下方移动，银行资产占比和金融抑制双双下降，但最根本的变化应该是抑制性金融政策减少，市场机制发挥越来越大的作用。最终会移到什么位置，可能得由多方面的因素动态决定。但在思考中国金融体系未来方向的时候，需要记住几个方面的重要约束和原则。一是国家掌控金融体系的要求。基于这一原则，我国的金融体系不可能走彻底而放任的市场化、自由化的道路。比较理想的做法是，政府对金融体系的掌控主要通过宏观调控和股东权益来实现，而不是直接干预微观层面的定价机制和资源配置。另外，在一些可能发生市场失灵的领域，政府也可以发挥积极的作用，特别要防止重犯美英"过度市场化"和"轻视监管"的错误。二是一些非市场化的经济主体如国有企业将长期存在。虽然政府一直强调让国企与民企公平竞争，但在当前的体制背景下，真正的公平竞争恐怕很难实现。当然，不公平竞争、缺乏市场纪律的现象，也不仅限于国有企业，一些大型民营企业同样存在这些问题。如果客观上一些经济主体的非市场行为很难彻底消除，那么在推进市场化的时候，就需要考虑设置适当机制约束这些经济主体的行为,防范新的风险。三是银行仍然将是中国金融中介的主体。虽然政府一直致力于发展多层次的资本市场,但老百姓的钱从银行出来,并没有进资本市场,反而流入了影子银行。这当然有监管套利的因素,但资本市场的机制不够完善也是客观事实。在可预见的将来,非金融企业的融资恐怕主要还得靠银行。

建议从以下几个方面入手,构建中国现代化、市场化并能适应创新要求的金融体系。

第一,真正实现让市场机制在金融资源配置中发挥决定性的作用。市场机制是现代金融体系的基础制度,核心包括如下两个方面:机构的准入与退出,资金的定价与配置。政府应该遵守公司治理的基本原则并尊重市场经济的基本规律,将资源配置的主动权留给市场,减少金融定价的扭曲,不应以宏观经济管理或微观金融监管的名义直接干预金融市场运行与金融机构经营,更不应以监管之名行保护之实,歧视非国有金融、经济主体。彻底打破刚性兑付,形成市场化的退出机制,无论是对金融部门还是对实体经济,都需要建立市场化的风险处置机制。而"有为政府"的功能应该限于维持秩序、监管风险并弥补市场失灵。

第二,进一步推进银行的商业化改造。银行在未来的金融体系中依然举足轻重,因此,需要适应以银行为主导的现实,推动银行的市场化派生机制改革,提高其资本市场参与度。商业银行规模巨大但竞争力不强的现状迫切需要改变,银行类金融机构自身的准入与退出机制需要改革,存款保险制度已经运行 3 年多,建议从中央银行独立出来运行，真正发挥支持市场化退出的作用。要完善银行的公司治理结构，内部要形成有效的制衡机制，改变董事长"一长独大"的现状。建立新型的银企关系，国家同时指挥国有商业银行与国有企业的现象不应再持续，银行可以尝试有市场约束的"关系融资"。要提升商业银行的风险定价能力，真正实现借贷利率的市场化，关键还是要消除信贷市场的机制扭曲，让银行能够合理地在效率与风险之间取得平衡。

第三，围绕信义义务发展功能健全的资本市场。金融创新演变为金融乱象的根源是金融活动缺少信义义务约束。法律和监管规则应做出必要调整，围绕信义义务构建资本市场风险定价能力和公平交易秩序。实施举证责任倒置，强化投资者集体诉讼制度以保护投资者利益。要在金融机构层面构建统一的信义义务规范，将信义义务落实到每一项金融服务活动中，通过卖者尽责、买者自负，实现金融资产的公平、合理定价，使投资者彻底摆脱对股东信用、原始权益人信用的过度依赖。要改革资本市场税制，鼓励更多资本通过长期投资承担风险、获取收益，为创新发展提供优质资本金，消除短期投机和监管套利动机。要打破市场分隔，做到有效统筹，减少监管套利，特别是银行间和交易所债券市场要尽快统一规则。打破刚性兑付，消除特定的价格扭曲与投资者不合理的回报预期，既要落实投资者适当性原则，又要加强投资者教育。丰富金融产品，完善价格发现和风险管理的功能。

第四，建立支持创新与产业升级的金融政策。经济与金融创新需要良好的政策环境。政府应该通过政策激励和投资者教育等，

01
中国金融改革的大方向

鼓励更多有耐心的长期资本投资于技术进步，减少投资者挣快钱、搞投机的心理。特别要重视发挥养老金的作用，使它既可以为居民部门创造资产性收入，又可以支持企业的长期创新。支持创新的金融决策权应该留给市场，对于各地方政府的一些金融"政绩工程"，包括耗费公共资金广泛地建立创新孵化器和成立大量产业引导基金等，要实行追责制度，做得不好的金融"政绩工程"不仅浪费国家资源，而且扰乱市场秩序，完全是弊大于利。政府也可以考虑尝试"监管沙盒"的做法，对有利于经济创新但突破现行监管政策的业务发放有限牌照，有针对性、有管控地尝试金融创新，平衡创新与风险之间的关系。最后，政府也可以帮助建立现代、开放的金融信息基础设施，包括支付体系、信用环境等，政府也可以在不侵犯个人隐私的前提下，向金融机构开放政府拥有的一些个人或企业的信息。

第五，金融监管要守住不发生系统性金融风险的底线。最近政府已经采取了一些措施来改革监管体系，包括成立国务院金融稳定发展委员会，合并银监会和保监会，等等。但还有许多更为实质的改革需要推进，要尽可能地做到机构监管与功能监管并重、行为监管与审慎监管共举。过去只强调机构监管，导致监管套利行为，加剧了金融风险的积累。监管部门应该把行业发展的责任移交出去，专注维护金融稳定之责。要消除"分业监管"的框架与"综合经营"的现实并存的矛盾，目前监管机构尚不具备混业监管的能力，应该坚持分业监管的原则，但可以尝试进行"综合经营""混业监管"的试验。另外，需要大幅度增加我国的金融

中国金融改革路线图：构建现代金融体系

监管资源，当然也应该同时改善监管资源的配置，减少"该管的不管、不该管的管了不少"的现象。金融资产规模不断翻番，复杂性不断提高，监管力量却没有相应增加，这是很危险的。另外，政府现在鼓励放权，但这一条不适用于金融监管，对金融领域就应该实行牌照制，做到监管全覆盖。

第六，货币政策要从数量型向价格型框架转型。在转型过程中，必须提高政策利率调控的有效性，理顺政策利率的传导机制，完善市场化利率的调控和传导机制。一要确立央行的政策利率以锚定与引导预期；二要稳定央行流动性操作机制，推进创新工具常态化，提高操作的规律性，稳定市场预期；三要促进央行资产负债表从被动管理向主动管理转型，通过调整央行资产负债表结构，进一步提高调控市场利率的有效性；四要进一步疏通利率传导渠道；五要完善货币政策的决策机制和操作机制，建立健全货币政策决策信息公开制度，增加央行信息透明度。

第七，完善现代金融法律体系。金融服务的质量是由法律体系决定的，市场规则、行为准则、准入与退出都应该由法律来明确地规范，以减少过度依赖行政性手段相机抉择的现象。要统一金融立法，改变过去分业立法、机构立法的模式。立法也要与时俱进。现行的一些法律如《商业银行法》和《证券法》等内容明显滞后，难以适应金融业的快速发展和金融改革的持续深化。要加强金融法治建设，强化相关法律对金融债券的保护。继续强化社会信用体系建设，约束失信行为和建立个人破产制度。

02

国际视野中的中国现代金融体系建设

02
国际视野中的中国现代金融体系建设

比较各国金融体系可以发现，银行导向型的金融体系通常具有更加强烈的政府干预倾向，而在（资本）市场导向型的金融体系中，金融资源的配置主要依靠市场机制。银行导向型和市场导向型的金融体系各有优缺点，前者通常是后发国家实现赶超的工具，而后者则是全球领先国家的根本特征。中国的金融体系具有极端的银行导向型特征，同时，政府而不是市场在金融资源的配置发挥着决定性的作用。中国的金融体系客观上满足了人口红利时期动员储蓄、推动大规模投资的需求，但是，由于中国经济正在面临结构性变化，因此必须改革这种体系。改革的基本方向是建立开放的市场导向型金融体系，要让市场在金融资源配置中发挥决定性作用，要发展强大的资本市场以及与资本市场密切相关的机构投资者，要改革人民币的发行机制，推动人民币成为关键储备货币。

中国金融改革路线图：构建现代金融体系

比较金融体系的两种视角

作为经济体系的一个子系统，金融体系是由金融机构、金融市场、金融工具以及一系列显性或者隐性规章制度安排构成的复杂系统。由于社会经济发展过程中的各种复杂甚至是意外的因素，各国金融体系千差万别，并且在发生持续的变化，不过，金融体系的基本功能是不变的。金融体系的基本功能就是跨期配置资源，依据默顿（Merton，1995）等人的金融功能观，以上功能又可以分为支付结算、集聚资源和分割股份、在时间和空间上转移资源、风险管理、提供信息、处理激励问题等六类子功能。比较金融体系理论研究的焦点问题是，各国不同的金融体系在发挥金融功能，进而促进经济稳定高速发展方面究竟存在何种差别？不同金融体系的比较优势和劣势是什么？

金融体系是一个复杂系统，可以从许多维度去观察比较，但本书提供了两种最为基本的视角。第一种视角是金融体系的结构，或简称金融结构。比较金融体系理论将各国金融结构简单地分为银行导向型和市场导向型两大类。顾名思义，在银行导向型的金融体系中，跨期配置资源主要依靠银行，其典型案例是德国和日本；而在市场导向型的金融体系中，资本市场（尤其是股票市场）扮演着更加重要的角色，其典型案例是美国和英国。

在比较金融体系的时候，首先需要注意的是，无论是银行导向型，还是市场导向型，都是在比较的基础上而非绝对意义上而言的。例如，横向比较，日本的金融体系相对于美国的金融体系是银行导向型的；纵向比较，资本市场在现在日本的金融体系中扮演着比以往重要得多的角色。事实上，从金融发展的角度看，任何一个金融体系起初都是由银行扮演重要甚至是绝对主导的角色，随着经济发展和人均收入水平的提高，资本市场的地位将越来越重要。早在20世纪60年代，戈德史密斯（Goldsmith, 1960）就指出了金融结构与金融发展之间的这种关系：在金融发展的初级阶段，如18世纪和19世纪中叶的欧洲和北美，商业银行在金融机构中占统治地位，债权凭证超过了股权凭证；在金融发展的中间阶段，如20世纪上半叶的大多数非工业化国家，银行依然占据主导，不过，与初级阶段相比，反映金融发展水平的金融相关率大幅度提高；在金融发展的高级阶段，如20世纪初期以来的工业化国家，金融机构日益多样化，商业银行地位下降，股权凭证相对于债权凭证的比例上升。

比较金融体系的第二种视角是金融资源的配置机制。按照这一视角，可以将金融体系分为市场化体制和政府干预体制。在市场化体制中，市场[①]在资源跨期配置中发挥决定性的作用，金融机构的业务自由化，价格（各种利率和金融资产价格）自由化，资本项目通常也是开放的。在政府干预体制中，政府通过对金融机构、金融业务、价格的直接管制或间接影响，将储蓄资源引导

[①] 这里的"市场"与市场导向型金融体系中的"市场"含义不同，后者指的是资本市场，而前者是经济学中相对于"政府"干预的广义的"市场"机制。

中国金融改革路线图：构建现代金融体系

到政府意向的经济部门和行业中，政府在跨期资源配置中发挥更加重要的作用。

当然，这里也不存在绝对的市场化体制和政府干预体制。由于金融体系的运转具有强烈的外部性，各国政府都对金融体系实施着严格的监管，而且，在不同时期，政府对市场的干预程度也不同。例如，从20世纪30年代一直到80年代金融自由化之前，美国一直对银行存款利率实施上限管制；而在2008年次贷危机爆发后，美国政府又对商业性金融机构的业务采取了限制性措施（沃尔克规则），甚至讨论过要对两家从事证券化业务的政府发起机构进行国有化。

政府干预体制的极端表现是金融抑制。所谓金融抑制，是指发展中国家的政府人为地将利率压低到通货膨胀率以下，并通过高额准备金率等手段实施人为的信贷配给，以支持政府优先发展的项目或者为政府的财政赤字融资。但是，这种做法产生了两个相互激化的负面效应：第一，既定的储蓄被分配到了低效率的项目上，从而阻碍了经济增长；第二，低利率压制了储蓄意愿，从而限制了储蓄和资本的积累以及经济增长。为此，有人主张回归到"看不见的手"的调控之下，通过大刀阔斧的金融自由化改革，放弃利率管制、外汇管制和对金融部门的管制。

如果说金融抑制产生了完全的负面效应，那么，金融约束就是好的政府干预体制了。在金融约束体制中，政府通过限制竞争和实施相关产业政策，克服竞争性市场的缺陷，创造"租金"，从而诱导民间部门增加在纯粹竞争市场中可能供给不足的商品和

02
国际视野中的中国现代金融体系建设

服务的供应量。金融约束有三个不同于金融抑制的地方：第一，在金融约束环境下，政府在民间部门创造租金，而非自身获得租金；第二，金融约束虽然也实施利率管制，但是，利率水平大体保持在通货膨胀率之上，从而使实际利率为正，有助于激励储蓄；第三，以麦金农定义的指标——M2 与 GDP 之比来描述金融深化，金融约束促进而非阻碍了金融深化。虽然金融约束促进了金融深化和经济发展，但该理论的作者也认为，随着经济的发展，政府的干预应该逐步淡出。

传统的比较金融体系理论主要研究的是发达经济体的金融体系，因此，其观察视角聚焦于金融结构，即银行导向型金融体系和市场导向型金融体系的优劣。相反，麦金农和肖开创的金融发展理论则秉持了发展经济学的脉络，主要关注第二种视角，即政府和市场在配置金融资源中的作用。本文认为，这两种视角是完全可以合二为一的。简单地说，银行导向型的金融体系通常具有更加强烈的政府干预倾向，而市场导向型的金融体系则更加倾向于市场自由主义。事实上，政府干预之手也只能作用于银行机构，一个分散决策、自由竞争的资本市场与政府干预是格格不入的。从历史上看，在第一次工业革命以来的金融发展历程中，之所以会产生银行导向型和市场导向型的分野，其中存在偶然因素，但根本原因还是在当时各国社会经济发展过程中，政府（或者封建君王）扮演的角色不同。

中国金融改革路线图：构建现代金融体系

两种金融体系辨析

从银行导向型和市场导向型金融体系的历史看，银行导向型金融体系与政府干预体制是天然配对的，而市场导向型金融体系的前提和基础是市场化体制。比较各国金融结构与经济发展水平可以发现，市场导向型金融体系往往是领先国家的金融体系的特征，而后发国家选择的都是银行导向型金融体系。这意味着，简单地在某个时间点上比较银行导向型金融体系和市场导向型金融体系是没有太大意义的，需要从经济发展的历史来研究两者的优劣。此外，更为关键的是，金融体系是整个社会经济系统的一个子系统，金融结构无法脱离社会经济的基本发展模式。

一、市场导向型金融体系和银行导向型金融体系的渊源

在比较金融理论研究中，市场导向型金融体系的典型就是英国和美国，这两个国家的经济金融发展模式被称作盎格鲁－撒克逊模式。银行导向型金融体系的鼻祖是法国，但典型是德国，其经济金融发展模式被称作欧洲大陆模式。日本在二战后也继承了银行导向型金融体系的基本特点，但日本的体制与德国又有很大不同。在18世纪以前，整个西欧的金融发展路径是一样的：银行的业务就是吸收存款、汇兑和通过贴现提供短期流动性融资，提供长期资本的是资本市场。市场导向型金融体系和银行导向型金

02
国际视野中的中国现代金融体系建设

融体系的分野始于 1720 年同时发生的两次危机：南海泡沫事件和密西西比泡沫事件。

作为市场导向型金融体系的鼻祖，英国的市场导向型金融体系形成的一个基础是 17 世纪的光荣革命和金融革命，前者使资产阶级崛起为抗衡封建君王的利益集团，后者则促成了统一有序的政府债券市场，从而结束了封建君王的无节制征税和无信用可言的借款，政府筹资转向了受到约束、有偿还保证的政府债券，资本市场也因政府债务流动性的增强而迅速发展，并为随后的工业革命奠定了基础。

市场导向型金融体系形成的另一个基础是公司制的发明，这导致金融工具和金融市场的种类和规模大幅度增加，出现了股票市场、公司债券市场和基于这两种原生金融工具的衍生品市场。在 1720 年的南海泡沫事件中，英国曾颁布《泡沫法》（English Bubble Act）以阻止新的公司成立，但在第一次工业革命中，《泡沫法》未能阻止非正式资本市场中股份公司的成立。1824 年，《泡沫法》被取消，1844 年，英国又颁布了第一部现代公司法《合股公司法》，从法律上认可了私人公司可以采取有限责任的形式。至此，公司的设立开始由以往皇家唱主角的"特许设立主义"逐步让位于在法律规制下的"准则设立主义"或"核准设立主义"。公司的自由设立是伦敦股票交易所和地方交易所繁荣的前提，并促进了"铁路热"的兴起。当资本市场为铁路而狂热时，银行家却令人惊奇地袖手旁观。这被认为是"有钱人都想守住既得利益，而任何变革都有风险，都令人烦心。只有那些想获得地位的新人

中国金融改革路线图：构建现代金融体系

才深知变化就是机会"。

19世纪末20世纪初紧接着发生了第二次工业革命。在"铁路热"的带动下，19世纪后30年，第二次工业革命的主要产业钢铁、棉花、海运、采煤、化工以及电气都得到了资本市场的融资支持。通常，小企业先在伦敦以外的股票市场上市，成长起来后再转到伦敦股票交易所。不过，有学者认为，当时融资额在10万英镑以下的企业可以在外省上市，融资额在50万英镑以上的企业可以在伦敦上市，可是，融资额在10万~50万英镑的企业既无法支付在伦敦上市的费用，也不愿意受制于地方交易所的局限性，因此就出现了资本市场融资的一个缺口，被称作麦克米伦缺口（Macmillan Gap）。

银行导向型金融体系的鼻祖是法国。在金融发展方面，法国被认为落后于英国100年。法国落后的原因有二：其一，封建君王不受约束的借款和征税行为，法国君王经常违约，一向声誉不佳，因此，法国政府的债券市场以及整个资本市场天生存在缺陷；其二，1720年密西西比泡沫事件后，法国开始限制股份公司的成立，这直接导致股票市场的萎缩。而且，同英国不一样的是，法国的新闻媒体更容易受金钱左右以至于常常散布假消息。为了弥补这些缺陷，法国政府于1808年开始允许两合公司的设立，希望借此将人合公司的凝聚力和资合公司的集资能力结合起来。但事实证明，这样的公司不具有生命力，因为其中负无限责任的股东利益小、风险大，而负有限责任的股东正好相反。两合公司而不是股份有限公司在19世纪中期前的盛行消除了股票交易及与此相伴的投机行为，但资本市场的发展也就此停顿下来。

由于资本市场受到限制，与英国工业革命不同的是，法国19世纪出现的"运河热"和"铁路热"在很大程度上是由银行提供资本的。特别是1852年成立的动产抵押信贷银行，这家银行不仅从事存款和贴现等传统银行业务，还从事当时欧洲银行史上从未有过的业务——帮助企业发行股票、债券，甚至直接为企业提供长期信用。在现代经济史学家金德尔伯格（Kindleberger，1984）看来，作为一大金融创新，动产抵押银行的成立标志着连续演化的欧洲金融系统出现了一个重大的跳跃。有经济学家甚至据此创立了落后国家金融发展的理论：一个国家工业化进程越慢，就越依赖银行。此后，德国、意大利、匈牙利等国都以动产抵押银行为样板发展了本国的银行业和金融系统。从这个意义上说，1852年标志着现代银行导向型金融体系的诞生。

在19世纪后期陆续崛起的强国中，美国继承了英国的传统。由于对中央集权的恐惧，美国的银行业是高度分散的单一银行体系，银行难以为大规模尤其是跨州的投资项目提供长期融资，美国在工业革命时期的投资完全依靠资本市场。德国则继承了法国的传统，1853年第一家效仿法国的动产抵押银行成立，1870年后更是掀起了创设股份制银行的浪潮，这些银行与公司相互持股，全能银行既提供短期流动性融资，又为公司提供长期投资的资本。至于日本，在明治维新后，既学英国，又学德国，其金融体系兼具银行导向型金融体系和市场导向型金融体系的特点，是个"杂交体"（殷剑峰，2006）。

二、与市场导向型金融体系和银行导向型金融体系相对应的基本经济模式

从 18 世纪市场导向型金融体系和银行导向型金融体系确立以来，市场导向型金融体系一直强调分散竞争、自由决策，在经济思想上秉持英国古典学派的自由放任理念：一切应该由市场来决定，政府只应该扮演"守夜人"的角色。银行导向型金融体系强调集中统一和共同利益，其经济思想以德国历史学派的李斯特为代表：对于后发国家，政府应该实施干预，通过立法、贸易保护、基础设施投资来加快推动工业化。市场导向型金融体系和银行导向型金融体系所代表的不同经济理念决定了资本市场和银行的相对重要性——因为银行肯定比资本市场更有利于传达政策意图，而且，也决定了在不同金融体系中银行业的竞争水平——市场导向型金融体系中的银行业是高度竞争的，银行导向型金融体系中的银行业则是垄断性的。

不同的经济理念决定了两种截然不同的经济发展模式。在拥有市场导向型金融体系的英国、美国，其经济发展模式是所谓的盎格鲁－撒克逊模式，或者，按照后来法国经济学家米歇尔·阿尔贝（Michel Albert，1991）的说法，这是"新美国模式"。新美国模式源自 20 世纪 80 年代美国里根总统推行的供应学派改革。在经历了二战后长达二三十年的凯恩斯主义的政府干预之后，供应学派改革再次掀起了对古典自由主义的复辟，即所谓"新自由主义"。新美国模式的基本特点是：强调个人主义和市场的充分自

由竞争，市场机制是配置资源的决定性力量，企业分散决策取代政府行政指令，公司治理中股东利益至高无上。在这种经济模式中，资本市场的"距离融资"占据主导地位。因此，这种模式又被称作"股票资本主义"：对股东来说，公司是谋取利润使其资本增值的工具；对公司雇员来说，企业不是福利机构，优胜劣汰决定了晋升和聘用与否；对整个国家来说，股票市值是衡量公司业绩乃至经济增长的核心指标，股票市值的最大化意味着全社会福利的最大化。

在拥有银行导向型金融体系的国家中，政府干预决定了银行的"关系融资"居于主导地位。不过，政府干预也有两种差异很大的模式：以德国为代表的莱茵模式和以日本为代表的法人资本主义模式。在这两种模式中，政府都不只是扮演"守夜人"的角色，都是"善意地"对市场进行干预，但干预的手段和程度存在很大差异。

莱茵模式又被称作社会市场经济模式，它强调经济的活力应该建立在市场基础上，市场应该享有充分的运转自由；但是，市场机制不是支配整个社会生活的唯一机制，社会运行需要考虑不同利益群体的平衡和制约。因此，在莱茵模式中，政府要发挥作用：第一，政府通过立法为营造一个公平的竞争环境提供保证，保护私人经济活动的自由，限制大企业的卡特尔协定；第二，强调利益公平，集体利益通常优先于严格意义上的个人利益，雇员与雇主一起进入企业决策层，使企业成为一个真正的利益共同体，雇主联合会和工会负责协商劳资双方的利益；第三，政府提供一个安全的社会保障体系，突出表现之一是高额税收支撑起来的待遇丰厚的养老保障体系。在莱茵模式中，德国的金融体系不仅表现出银行导向型金融体系的特征，而且，政府主导、社会合作的银行是德国银行业的主要成分，真正意义上的商业银行实际上是相对次要的成分。德国银行业由三大支柱构成（国际货币基金组织，2011）：第一大支柱是储蓄银行部门，包括储蓄银行和州立银行，由城市、县城或州政府拥有，资产接近银行总资产的30%；第二大支柱是实施合作制的合作银行部门，包括区域合作银行和地方合作银行，资产接近银行总资产的约12%；第三大支柱才是真正意义上的商业银行，包括大型银行、地区银行和银行的国外分支机构，资产不到银行总资产的30%。除了这三大支柱外，资产占银行总资产28%左右的其他银行主要是抵押银行、建筑贷款协会以及联邦政府和州政府拥有的发展银行，这些银行要么具有合作互助性质，要么是政府的政策性银行。

日本形成于二战后的法人资本主义模式，其基本特点就是企业本位和政府主导。企业本位又称"公司中心主义"，其核心就是"生产至上"——用永不停顿的生产推动公司发展。公司股东的利益不被看重，公司财产是"组织"的财产，这种组织与政府官僚机构没有差异。日本企业经营依靠"三大法宝"：其一，终身雇佣制。如果雇员没有犯不可容忍的错误，如果企业没有发生重大危机，则雇员将被雇用直至退休；其二，年功序列制。工龄越长，级别越高，工资越高；其三，企业组织工会。工会隶属企业，而不是雇员的工会，因此，工会需要考虑企业长远利益。虽然日本的企业制度与德国存在相同之处，例如，对雇员就业的保障以及雇员参与企业经营决策的内部共同决策机制，但是，日本和德国有一个根本的差异：德国对共同利益的强调是因为在德国，阶级依然很重要，这种制度"是一种阶级妥协，是处心积虑的结果，目的是避免重复20世纪20年代和30年代早期的阶级冲突"。为了避免这种冲突，德国用法律形式将共同利益、共同协商的理念确立下来了。相反，日本是"一个长期承诺的社会"，企业与雇员的关系、银行与企业的关系，甚至是政府与银行和企业的关系都是非正式承诺的结果。社会经济的制度安排是基于法律，还是基于非正式的承诺，是两国的根本差异。一个数据可以验证这种差异：在德国，劳务仲裁案件每年有47万件，而在日本，每年仅为3 000件。

法人资本主义模式的另一个特征就是政府主导。一方面，政府通过经济计划、经济政策、行政指导等手段干预企业活动；另一方面，日本企业界通过所谓的"财界"（各种企业间联合会、研究会等）参与政府宏观调控。这里，日本与德国又表现出根本的差异，德国的政府干预主要是通过正式的法律和依靠社会组织采取的间接手段，而日本的政府干预则是政府直接实施指导性的经济计划和行政性的产业政策。在企业主导和政府主导下，日本的银行业与企业结成了长期的密切关系，银行的职责是为企业保驾护航。当然，这些都是非正式的承诺，一旦环境发生变化，这些承诺都会改变。例如，20世纪80年代末，随着资本项目的开放和资本市场的发展，日本的大企业开始摆脱银行，寻求其他更为廉价的融资，这种"脱媒"迫使银行贷款转向了资质差的中小企业甚至是房地产企业，并最终造成了20世纪90年代的泡沫危机和漫长的经济萧条。

在三种经济发展模式中，新美国模式通过市场自由竞争规则，极大地调动了微观经济主体的创新动力，为重大技术创新奠定了基础。同时，新美国模式通过吸引全球的人力资本和金融资本，在全球享有技术领先和货币特权优势。但是，新美国模式的一个缺陷是过分强调市场规则和限制国家权力，从而导致收入分配差距拉大。莱茵模式创造了一个平等、公正、安全的社会经济发展环境，较好地结合了社会公正与市场竞争原则。但是，由于对集体利益和福利的过分强调，莱茵模式在提升科技创新和国际竞争力方面落后于新美国模式，而且，在人口老龄化的过程中，莱茵模式容易造成政府财政的过重负担和过高的税收成本，进一步抑制经济的创新活力。日本的法人资本主义模式是日本的经济迅速赶超并成为发达国家的秘诀。然而，由于强化的企业和社会制度，特别是愈发失灵的政府主导倾向，加上宏观经济政策的一连串重大失误，这种法人资本主义模式主导下的经济自1990年泡沫危机以后就陷入长期停滞。

三、银行导向型金融体系和市场导向型金融体系的优劣之争

作为经济系统的一个子系统，金融体系的优劣实际上已经由经济基本发展模式所决定，只不过由于金融体系具有不同于其他经济子系统的特殊功能，其表现形式有所差异。在比较金融体系

的研究中，有关银行导向型金融体系和市场导向型金融体系的优劣之争主要集中在20世纪90年代至21世纪初期。莱文（Levin，2000）对这种争议做了一个总结，结合其他文献，我们可以将争议分为三种观点。

第一种是推崇银行导向型金融体系的观点，莱文称之为主银行的支持者（Banketeers）。这一观点认为，银行导向型金融体系具有显著的优势。其一，在信息生产和激励约束方面，市场导向型金融体系存在重复生产信息和"搭便车"的问题，公司治理容易被内部人控制，而恶意收购总体上有碍社会福利。相反，银行生产的信息是不公开的，银行可以与企业保持密切的关系，即所谓的"关系融资"，进而帮助企业成长。其二，在风险管理方面，市场只能分散跨部门风险，但跨期风险是市场无法分散的。相反，稳健经营的银行可以在一个很长的时间段中平滑跨期风险。这方面的典型例子就是市场导向的国家（如美国）经常会发生股市动荡甚至危机。其三，在推动经济增长方面，通过金融约束，即政府"善意地"实施利率管制、限制竞争，进而引导租金向民间转移，银行导向型金融体系可以迅速地动员储蓄，进行大规模投资。相反，在市场导向型金融体系中，金融机构之间以及金融机构与资本市场之间的竞争会耗散租金。

第二种是推崇市场导向型金融体系的观点，莱文称之为主市场的支持者（Marketeers）。这一观点认为，市场导向型金融体系具有显著的优势。其一，在信息生产和激励约束方面，运转良好的资本市场可以促进信息的获取和扩散，有助于强化公司治理结

中国金融改革路线图：构建现代金融体系

构。尤其重要的是，在重大技术变革面前，市场可以很好地处理意见差异，进而推动技术革命。相反，在银行导向型金融体系中，银行获得企业内部信息乃至租金，加之银行的避险文化，新兴技术和企业难以成长。其二，在风险管理方面，资本市场可以很好地分散跨部门风险，虽然总有危机爆发，但没有长期停滞的风险。相反，在银行导向型金融体系中，典型的如日本，由于银行与企业关系密切，"僵尸企业"会拖累银行，使其成为"僵尸银行"，进而导致经济陷入几十年的长期停滞。其三，在推动经济增长方面，市场导向型金融体系往往是重大技术革命的领导者，而且，通过实施有效的会计标准、信息披露机制，以及严格的兼并重组、破产退出制度，资本市场也可以有力地动员储蓄、推动投资。

第三种观点是金融结构中性论，即金融结构并无绝对优劣之分。这种观点包括莱文自己提出的金融服务观和法律观。在前者看来，金融体系的功能在于提供各种服务，同样的功能既可以由资本市场来承担，也可以由银行来承担，关键在于服务的质量而非金融结构。在后者看来，关于银行导向型金融体系和市场导向型金融体系的争议没有任何意义，因为法律系统的健全程度和效率决定了金融服务的水平和质量，而衡量法律系统的主要指标包括股东权利、贷款人权利、法律执行、政府信用、会计准则等。

由上述观点可以看到，银行导向型金融体系和市场导向型金融体系至少在学理上并不存在绝对的优劣之分。从经济发展的角度看（殷剑峰，2006），市场导向型金融体系更能适应新兴技术革命，因而市场导向型金融体系常常是技术领先国家的特征；而银行导向型金融体系更能适应成熟技术的大规模推广传播，因而银行导向型金融体系常常是技术后发国家"蛙跳"赶超领先国家的秘诀。从技术由新兴到成熟的演进过程和经济发展的长周期看，最优的金融体系应当满足两个标准：其一，应该具有完备的金融功能，以适应经济发展中复杂多样的生产技术，单纯、绝对的银行导向型金融体系和市场导向型金融体系都不符合这种标准；其二，应该是高度竞争、富于弹性的金融体系，能够满足经济结构性变化提出的要求，在不发生大范围系统性金融危机的前提下实现金融体系的结构性调整。事实上，自20世纪90年代以来，银行导向型金融体系和市场导向型金融体系出现了融合的趋势：在银行导向型金融体系中，由于金融自由化，资本市场得到较快的发展；在市场导向型金融体系中，通过资产证券化，银行获得了重生。

中国金融改革路线图：构建现代金融体系

中国现代金融体系建设的方向

银行导向型金融体系和市场导向型金融体系演化至今，虽然依然存在诸多差异，但三个因素正在使两类金融体系呈现趋同的现象：20世纪90年代后各国纷纷推出的金融自由化政策，金融全球化趋势，人口老龄化。中国金融体系是一个以银行为绝对主导的体系，而且，政府干预无处不在。随着中国经济结构正在发生的重大变化，中国需要建设一个开放的市场导向型金融体系。

一、银行导向型金融体系和市场导向型金融体系：主要经济体金融结构比较

银行导向型金融体系和市场导向型金融体系的第一个重要差异表现在银行和资本市场尤其是股票市场的关系上。图2.1显示了主要发达经济体和新兴经济体银行信用与股市之间的关系，在传统的拥有市场导向型金融体系的国家（即美国和英国），银行信用只相当于股市市值的1.6倍左右，远远低于传统的拥有银行导向型金融体系的德国和日本，后两者银行信用与股市市值之比都超过了3。在新兴经济体中，中国的金融体系是典型的银行导向型，中国的银行信用与股市市值之比介于德国和日本之间，远远高于印度尼西亚、印度、马来西亚、韩国、泰国、墨西哥等新兴经济体。如果将这一指标与各国经济表现做简单对比，可以看

02
国际视野中的中国现代金融体系建设

到,在前4大经济体中,只有美国的金融体系是市场导向型,而在新兴经济体中,拥有银行导向型金融体系的中国无疑在经济发展速度上远远超过了拥有市场导向型金融体系的印度等国。

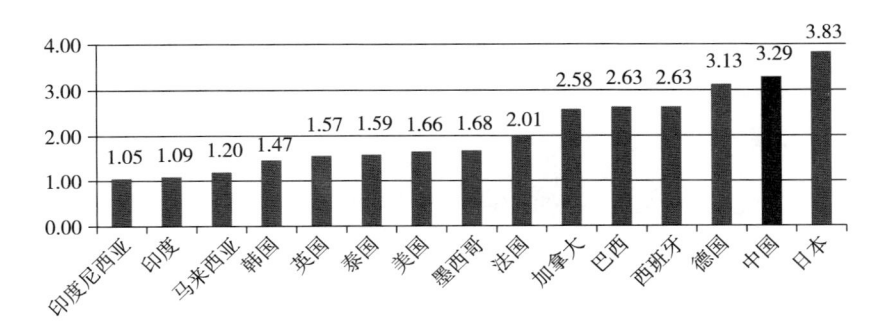

图 2.1 银行部门提供的国内信用与股市市值之比

资料来源:世界银行。多数国家数据是2017年,部分国家数据是2016年。

印度尼西亚 1.05、印度 1.09、马来西亚 1.20、韩国 1.47、英国 1.57、泰国 1.59、美国 1.66、墨西哥 1.68、法国 2.01、加拿大 2.58、巴西 2.63、西班牙 2.63、德国 3.13、中国 3.29、日本 3.83

进一步比较中国和其他4个发达经济体的股市指标,如图2.2所示,日本和德国的资本化率水平远低于英国和美国,但前两者的市场波动性也小于英国和美国。中国的资本化率水平只是稍高于德国,比日本低20个百分点,但中国股市的波动性不仅高于日本、德国,也高于英国和美国。换言之,中国股市发展水平低,但风险更高。

银行导向型金融体系和市场导向型金融体系的第二个重要差异在于金融机构的相对规模(见图2.3)。我们将各国金融机构分为三大类:存款性金融机构(主要是银行)、保险和养老金以及其他金融机构。就存款性机构在全部金融机构资产中的份额而言,拥有银行导向型金融体系的日本和德国高于拥有市场导向型金融

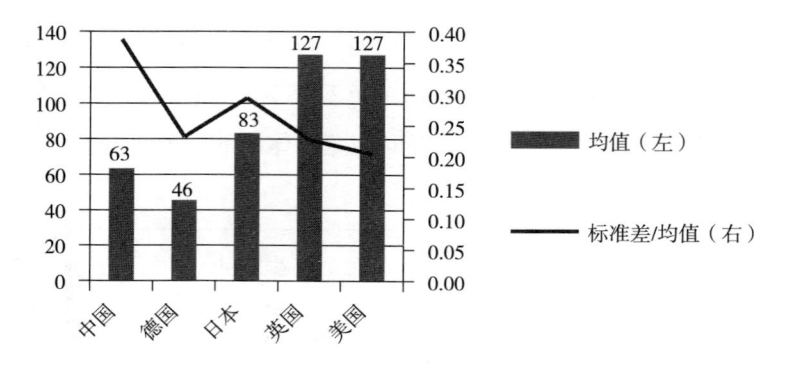

中国金融改革路线图：构建现代金融体系

图 2.2　2007—2017 年各国资本化率均值和市场波动性

资料来源：根据世界银行数据计算。

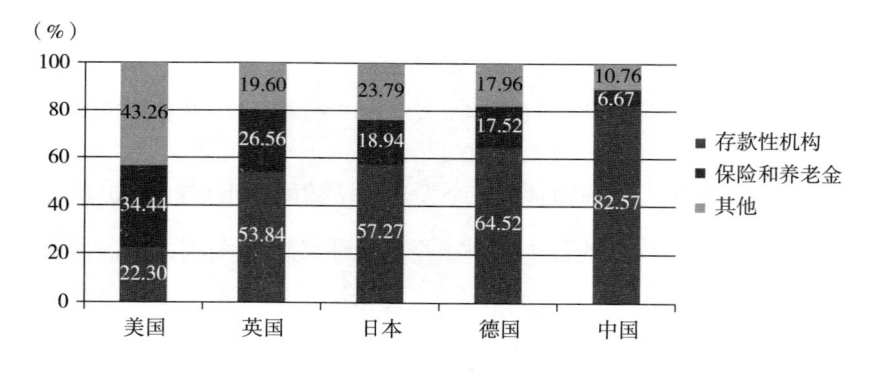

图 2.3　金融机构资产的结构

资料来源：根据 2017 年 CEIC（一家提供经济数据的公司）和 Wind 数据计算。图 2.4、图 2.5、图 2.6 同。

体系的英国和美国——美国存款性金融机构的资产份额仅有 22%，这与 20 世纪 80 年代美国金融结构发生的两个重大变化有关：金融自由化和影子银行崛起。由于共同基金和资产证券化非常发达，美国的其他金融机构占金融机构总资产规模的比重显著

02
国际视野中的中国现代金融体系建设

高于其他 3 个国家。同时,由于美国和英国的私人养老金自 20 世纪 80 年代就逐步发展起来,两国的保险和养老金比重超过了德国和日本。与 4 个发达经济体相比,中国金融机构的结构呈现"异常"特征:存款性机构的资产份额非常大,高达 83%;包括共同基金、证券公司、信托等在内的其他金融机构的资产份额较小,尤其是保险和养老金份额异常小。

银行导向型金融体系和市场导向型金融体系的第三个重要差异是居民的金融资产结构(见图 2.4)。在市场导向型金融体系中,居民持有的存款占比远远低于银行导向型金融体系,例如,在拥有市场导向型金融体系的美国,居民存款只占全部金融资产的 14.55%,而拥有银行导向型金融体系的日本则高达 52.23%;美国居民直接持有的公司股权(占全部金融资产的 22.1%)也远远高于日本和德国。不过,市场导向型金融体系和银行导向型金融体系也存在两个共同点:其一,保险和养老金在居民资产组合中都是最重要的资产;其二,无论是市场导向型金融体系,还是银行导向型金融体系,居民主要是间接地持有金融机构的资产,包括银行的存款和非银行金融机构的共同基金份额、保险、养老金等,而直接持有的非金融部门发行的证券都不占多数。例如,在日本和德国,居民直接持有的公司股权、非公司股权和债券只占全部金融资产的 10% 多一点;即使是市场导向型特征更突出的美国,居民直接持有的公司股权、非公司股权和债券也只占全部金融资产的 40%。与 4 个发达经济体相比,中国居民资产组合表现出几个不同特点:其一,存款的比重非常高;其二,保险和养老金的

中国金融改革路线图：构建现代金融体系

份额异常小；其三，"其他"类的份额非常大，而"其他"类主要是以银行理财为代表的各种理财产品——这反映了中国资本市场的落后。另外，中国居民持有的公司股权份额虽然远小于美国，但大于市场导向型特征明显的英国和银行导向型特征明显的德国、日本。

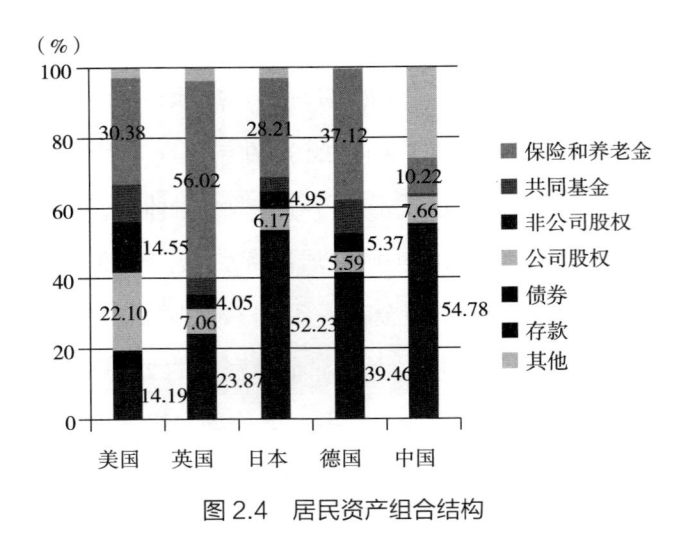

图 2.4　居民资产组合结构

由于保险和养老金在两种金融体系的居民资产组合中都占有重要地位，我们进一步来看一下保险和养老金的资产组合。从图2.5 中可以看到，银行导向型金融体系和市场导向型金融体系的共同点远大于不同点：无论是银行导向型特征明显的日本和德国，还是市场导向型特征明显的美国和英国，股权、基金和债券都占全部资产组合的 60% 左右。也就是说，保险和养老金是各国资本市场的主要投资者。在日本，如果将境外证券算上，则保险和养老金的资产组合中接近 80% 投向了境内外资本市场。与 4 个发达经济体相比，中国的保险和养老金投资于股权、基金和债券的份额不到 50%，其中投资于股权和基金的份额（12%）更是远小于日本之外的其他 3 个发达经济体，而"其他"类高达 40%——由于中国缺乏发达的资本市场，这部分中投资于同业和非标资产的份额非常大。

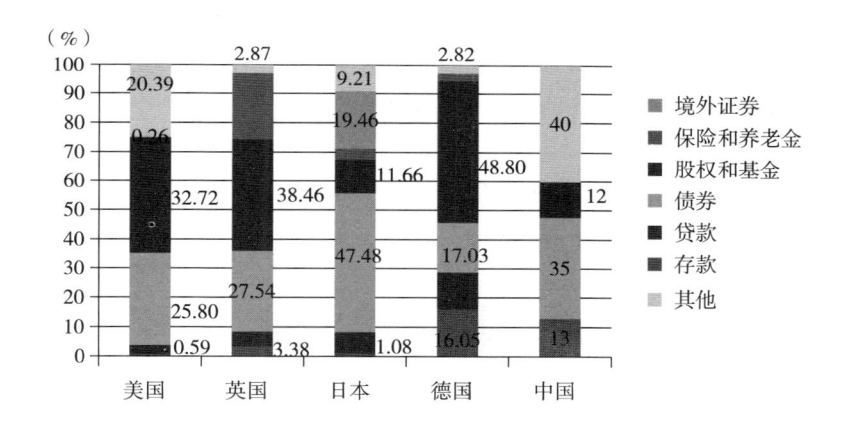

图 2.5　保险和养老金资产组合

银行导向型金融体系和市场导向型金融体系的第四个重要差异是公司资本结构。图 2.6 统计了非金融公司的股权、债券和贷款的相对份额，在市场导向型特征明显的美国，公司股权的份额显著大于银行导向型特征明显的日本和德国；扣除公司股权，只看债务融资的结构，则美国非金融公司主要依靠的是债券——债券的规模相当于贷款的近两倍，而日本和德国主要依靠的是银行贷款；在公司资本结构方面，英国更接近日本和德国。由于这里仅仅比较了公司股权、债券和贷款 3 种工具，因此，图 2.6 并非完

中国金融改革路线图：构建现代金融体系

整的资本结构。例如，除了日本之外，其他3个发达经济体的公司都依赖于内部融资。此外，从流量来看，公司股权并不是上市公司的主要融资渠道。例如，在美国，由于公司回购股票和失败公司的退市，自1980年以来，股票净融资额要么为零，要么为负值。中国的情况再次不同于4个发达经济体：其一，中国公司股权的规模不仅远远小于市场导向型特征明显的美国和英国，也小于银行导向型特征明显的日本和德国；其二，中国银行贷款的比重非常高，在债务融资中，贷款是债券的6倍以上。

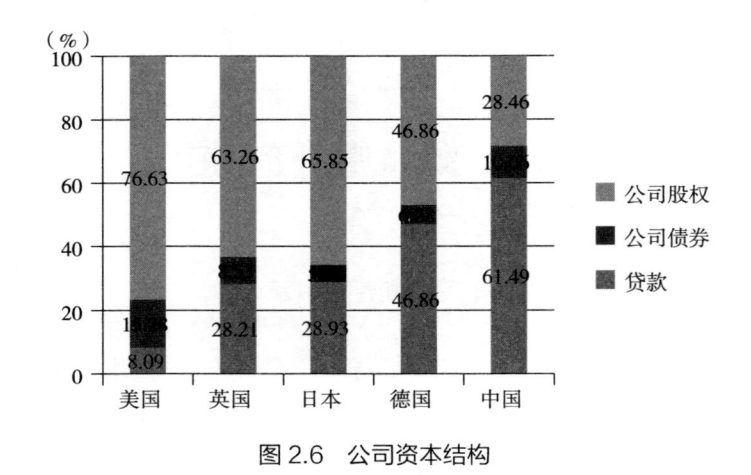

图2.6 公司资本结构

总结一下银行导向型金融体系和市场导向型金融体系的特征。两者的不同点是：第一，各个资本市场（股票市场和非金融公司债券市场）发展程度不同，这导致银行导向型金融体系的居民资产结构和公司资本结构更加倾向于银行存款和贷款，而市场导向型金融体系的居民资产结构和公司资本结构更加倾向于股票和债券；第二，金融机构的资产规模和结构不同，在银行导向型金融体系中，银行的份额更大，而在市场导向型金融体系中，以共同基金、保险和养老金为主的非银行金融机构更加重要。不过，两者也存在共同之处：第一，居民直接持有的非金融部门证券（股票、债券等）都不是资产组合的主体；第二，保险和养老金在居民资产组合以及全部金融机构的资产中都占重要地位，并且，保险和养老金的投资方向以资本市场为主。

银行导向型金融体系和市场导向型金融体系的共同点意味着将所谓"直接融资"和"间接融资"截然分开的传统观点是错误的。格利和肖（Gurly and Shaw，1959）曾经对"直接金融"和"间接金融"进行了界定：前者指的是非金融部门之间的相互融资行为，如居民购买企业债券；后者指的是非金融部门通过金融机构（银行或者非银行）购买其他部门发行的证券的行为。按照这种界定，市场导向型金融体系和银行导向型金融体系事实上都是间接金融体系，只不过前者是以非银行金融机构为主导的间接金融体系，后者是以银行为主导的间接金融体系。米什金（Mishikin）在其《货币金融学》（*The Economics of Money, Banking and Financial Markets*）中也肯定了美国金融体系是间接金融体系。

与4个发达经济体相比，从金融机构的资产结构、居民资产组合和公司资本结构看，中国金融体系表现出极端的银行导向型特征，而保险和养老金（以及共同基金）的份额异常小。除了银行绝对主导之外，中国金融体系的另一个关键特点就是政府绝对主导，其表现有三：其一，主要的金融机构，例如商业银行，均为政府完全控制或者控股，政府对金融机构的经营具有强大的影响力；其二，主要的金融资源配置于国企，例如，除了股市之外，在整个债务融资市场上，2017年国企的负债占非金融企业负债的74%，国企的贷款占非金融企业贷款的54%，在新兴的非金融企业债券市场上，仅城投债就占34%；其三，金融资源的定价不是由市场决定的，例如利率尚未市场化，股票发行依然是核准制，缺乏真正的退市制度，股票市场存在表现为"壳资源"的严重刚性兑付问题。此外，由于我国资本金融账户远未完全开放，中国金融体系也是一个相对封闭的体系。

二、中国经济的结构变化与当前金融体系不相适应

中国以银行为绝对主导的封闭金融体系形成于人口红利和经济赶超时期，在客观上满足了这一时期动员储蓄、推动大规模投资的要求（殷剑峰，2014）。但是，随着人口结构的变化，随着中国正在逐步从中等收入国家迈入高收入国家行列，特别是随着中国经济在全球地位的迅速抬升，目前的金融体系已经难以满足经济结构转型的要求，甚至在很大程度上，目前的金融体系已经成为中国经济转型发展的巨大障碍。

中国经济面临的第一个结构性问题是人口结构的转变。自2010年起，中国劳动年龄人口占比达到顶峰，并呈趋势性下降，与此同时，老龄人口占比迅速上升。与人口结构转变相伴的是，中国的储蓄率和投资率自2010年同样见顶并开始趋势性下降。

储蓄率的下降是描述微观个体储蓄行为的"生命周期理论"在宏观上的整体体现：劳动年龄人口占比的下降意味着工作并储蓄的人口占比下降，而消费以往储蓄的老龄人口占比上升。投资率的下降也是人口结构转变的自然结果：由于资本只有与劳动力结合才能进入生产函数，在资本与劳动比值不变的情况下，劳动力的减少也意味着不再需要那么多与之配合的资本。

储蓄率和投资率的同时下降首先意味着人口红利时期动员储蓄、推动大规模投资的任务已经完成，金融体系需要发挥新的功能，银行导向型金融体系应该改变。同时，这种变化还给银行导向型金融体系带来了两个严峻的挑战。第一个挑战是，随着储蓄率的下降，居民部门的存款增速乃至 M2 的增速自 2010 年以来也呈现趋势性下降，银行负债业务中最为稳定的居民存款占比不断下降，负债端越来越短期化，越来越不稳定。第二个挑战是，随着投资率的下降，容易识别、回报稳定的资产业务越来越少，习惯于抵押融资模式的银行业在过去 10 年中愈发依赖基建房地产行业，越来越集中在"土地金融"上，资产端越来越长期化。资产和负债业务受到的双重挤压意味着银行业愈发脆弱，意味着以银行为绝对主导的金融体系愈发脆弱。

中国经济面临的第二个结构性问题是产业结构的转变。产业结构演变的基本规律是，随着人均 GDP 的提高，第一产业的份额持续减小，第二产业的份额持续增大，经济发展进入工业化进程；随着低收入水平的农业国转变为中等收入水平的工业化国家，经济进入服务业化的进程——从其他国家的发展历程看，这一进

中国金融改革路线图：构建现代金融体系

程是走出"中等收入陷阱"的关键。经济的服务业化通常会导致劳动生产率下降，即发生所谓的"鲍莫尔病"，而中等收入国家克服"鲍莫尔病"并跃升为高收入国家的基本路径就是：第一，提供医疗、教育、基础设施的公共服务部门扩张，即"更好发挥政府作用"；第二，制造业中的服务业，如研发、销售环节分离出来，成为生产性服务业；第三，解除对科教文卫等高端服务业的管制，利用信息技术降低交易成本，提高服务业的可贸易化程度和效率。

作为中等偏上收入国家，我国自 2012 年以来，第三产业的产值就超过了第二产业，经济已经进入服务业化的进程。不过，我国服务业不仅落后于发达国家，而且落后于处于同等收入水平的国家。例如，2016 年，我国服务业增加值占比只有 52%，中等偏上收入国家和全球平均的服务业增加值占比分别是 59% 和 69%。金融业本身就是服务业的一个组成部分，因此，金融业的高效发展是经济进入服务业化进程的应有之义。我国以银行为绝对主导的金融体系不仅风险高度集中，效率越来越低，而且，这一体系也无法适应服务业化提出的要求：第一，与投资率下降相一致，服务业的发展意味着经济整体转向"轻资产"模式，偏好抵押融资的银行业无法适应这种模式；第二，公共服务部门的扩张自然地要求有与之配套的资本市场融资机制，尤其是债券市场的大规模发展；第三，银行偏好安全的风险文化和业务模式能够适应工业化时代的成熟技术投资，但现代服务业的发展充满了不确定性。

中国经济面临的第三个结构性问题是需求结构的转变。从近些年三大总需求对经济增长的贡献看,消费的贡献超过了投资和净出口,中国已经成为消费驱动型的经济体。但是,消费(尤其是居民部门消费)占 GDP 的比重依然非常低。2016 年,中国家庭消费占 GDP 的比重只有 39%,而美国、日本和德国分别是 69%、56% 和 53%。事实上,中国的消费率低于绝大多数国家。根据广义恩格尔定律,随着人均收入水平的持续上升,人们对有形商品的需求相对减少,而对无形服务的需求持续增加,因此,从供给侧看,消费率过低的主要原因在于产业结构不合理,即服务业发展不足。反过来看,消费率过低又从总需求侧限制了产业结构的调整,导致经济供给侧不得不依赖第二产业。更为关键的是,科教文卫领域的消费率提升是消费升级的必然趋势,这些领域的消费率过低又限制了人力资本的提高,而人力资本是决定经济长期增长潜力的基础。

提高消费率的根本措施涉及财政、税收、科教文卫体制改革等诸多重大改革。就金融体系而言,促进消费有两个方面的措施:其一,提高居民的信贷可得性;其二,提高居民的财产性收入。过去几年,金融行业着重于第一点,但是,过度借贷消费不可持续,且蕴含风险。促进长期可持续的消费增长,要从提高居民财产性收入入手。如上文关于居民资产组合的分析所示,我国居民资产组合中主要是存款和短期的理财产品,养老金、保险和共同基金的投资占比远远低于其他国家。我国居民的这种资产组合结构使金融资产的回报率极低,压制了财产性收入的提高。例如,根据中国资金流量表统计数据计算,从 2004 年到 2014 年,居民

中国金融改革路线图：构建现代金融体系

金融资产的平均收益率只有 2.87%，而居民持有证券所获得的红利率甚至比银行理财产品和存款还要低——平均只有 2.21%。这种状况与养老金、保险和共同基金等机构投资者的欠发达有密切关系，也是股票市场和上市公司存在体制性弊端的必然结果。

中国经济面临的第四个结构性问题是增长动力的切换。人口结构、产业结构和需求结构的转变都意味着，未来经济发展需要从主要依靠资本、劳动力要素投入的外延式增长模式，转向依靠技术进步的内涵式增长模式。可以看到，近些来，我国在科技领域取得了长足的进步。2017年，我国研发投入达到1.75万亿元，仅次于美国，专利申请量也超过了日本，为世界第二。不过，我国与发达国家整体差距依然巨大。例如，我国作为世界第一制造业大国，制造业的研发投入强度只有1.01，远远低于发达国家的平均水平。我国研发经费增长较快，但基础研究经费只占全部经费的5%多。

推动科技进步需要深化科技体制改革，加强国家创新体系建设。就金融体系而言，当前以银行为绝对主导的状况无法适应增长动力的切换。当前的金融体系除了偏好抵押融资进而愈发变成"土地金融"之外，在体制上还存在严重的歧视。如前所述，在信贷市场上，国有企业获得的信贷份额占信贷存量的一半以上。在新近崛起的非金融企业债券市场中，国有企业更是发债的主体。至于股票市场，其成立初衷就是替国有企业脱困，虽然股权分置改革取得了重大进展，但在发行、退市、公司治理等重要领域依然存在体制性缺陷。

02
国际视野中的中国现代金融体系建设

中国经济面临的第五个结构性问题是如何从一个专注自身发展的内向经济体转变成一个在全球治理中扮演重要角色的开放的巨型经济体。中国已经成为全球第二大经济体，按照购买力平价计算，甚至已经成为第一大经济体。根据不同机构预测，到2030年左右，中国将超过美国，成为第一大经济体。巨大的经济体量意味着中国在全球治理体系中不可避免地要扮演重要角色，正如习总书记在十九大报告中指出的那样："这个新时代……是我国日益走近世界舞台中央、不断为人类做出更大贡献的时代。"中国的经济发展需要为全球经济发展提供公共品，这是构建"人类命运共同体"的经济基础。

在金融领域，全球治理体系的一个重要制度安排就是国际货币体系。当前的国际货币体系是一个以美元为绝对主导、欧元及其他货币辅助的不稳定体系，在这一体系下，美元的过度强势，加之"美国优先"的经济政策，不仅使美元的波动成为全球金融市场动荡和全球金融不稳定的关键因素，而且，美国经济自身也因此形成了长期、不断扩大、不可持续的经常项目逆差。如果人民币能够成为关键储备货币，国际货币体系将能够形成美元、欧元、人民币三足鼎立的稳定架构，这也将为人口老龄化的中国带来巨大的铸币税收益。人民币要想成为关键储备货币，中国就要为全球经济发展提供一个关键的公共品——能够吸收其他国家的商品和服务的国内总需求，显然，这要求中国经济完成上述结构性转型；在金融领域，中国就要为全球经济发展提供两个关键公共品，一是其他国家经济发展所需要的资本，二是价值储藏工具。

显然，这两个公共品都依赖于一个高度发达、富于流动性、开放的资本市场。毫无疑问，支撑人民币成为关键储备货币的金融体系绝不是当前以银行为绝对主导的金融体系。

三、中国的现代金融体系：开放的市场导向型金融体系

中国经济的结构性转型必然要求改革金融体系。从上述经济结构调整的五个方向看，基于莱茵模式的银行导向型金融体系和基于法人资本主义模式的银行导向型金融体系都不能适应中国未来经济发展的需要，中国需要建设开放的市场导向型金融体系。在充分吸收盎格鲁－撒克逊模式优点的基础上，我们还要避免市场导向型金融体系容易产生的收入分配差距扩大等社会问题。建设这一金融体系的前提是从政府主导的经济发展模式转向由市场发挥决定性作用。"开放"的核心含义是对内和对外同时放开金融业的准入限制，并逐步放开对资本金融账户的管制；"市场导向"的核心含义一方面是发展资本市场以及与资本市场发展休戚与共的机构投资者，另一方面（甚至是更加基础性的一面）是改革由政府主导的金融资源配置机制，发挥市场在金融资源配置中的决定性作用。

第一，建立市场发挥决定作用的金融资源配置机制。

首先，建立市场发挥决定作用的金融资源配置机制，要求金融服务的需求者能够获得平等待遇。当前金融体系面临的最根本的问题是对国有企业存在软预算约束和隐性担保。由于国有企业背后的政府信用担保，民营企业无论是在股票市场，还是在

债券市场和信贷市场,都面临着隐性歧视。不解决国企享受的隐性担保和民企面临的隐性歧视问题,整个金融市场就不是一个公平、公正的市场,市场机制就会被扭曲。解决这一问题需要按照十八届三中全会和十九大报告的精神,切实加快国有企业改革,发展混合所有制经济。事实上,国有企业在所有国家都存在软约束和隐性担保问题,因此,解决国企和民企差别待遇问题的关键就在于,国有企业应该有所为有所不为,在竞争性领域,国有企业应该退出。此外,造成过去10年间"国进民退"的另一个主要因素是地方政府的城投公司、平台公司大量兴起,这是我国政府主导的经济发展模式下事权集中于地方政府的必然结果,因此,未来需要加快财政体制改革,建立中央和地方事权财权明确、政府职能聚焦于提供社会公共品的公共财政体制。

其次,建立市场发挥决定作用的金融资源配置机制,要求金融服务的生产者有正确的激励约束机制。我国金融机构(尤其是银行业)在经历了20世纪90年代末以来的改革之后,已初步建立了责权明晰、治理结构合理的现代企业制度。但是,政府和监管部门对金融机构的行政干预问题依然突出。而且,金融机构兼并重组、破产倒闭的退出机制尚未建立。可以看到,2010年至2016年,银行业法人机构从3 769家增加到4 398家,从业人员从299万人增加到409万人,资产规模从95万亿元扩大到232万亿元。其间,迅猛发展的银行业法人机构主要是中小型机构,这导致我国银行业的行业集中度进一步降低。中小型机构的大量兴起也是政府主导的经济发展模式下事权集中于地

中国金融改革路线图：构建现代金融体系

方的必然结果：地方政府一边靠城投公司、平台公司搞基建投资，一边靠城市商业银行、农村商业银行等中小型金融机构搞融资。可以预见，随着未来经济结构和金融结构的调整，必然会有一些中小型机构经营失败。让失败机构退出市场不仅是优胜劣汰的必然要求，也是建立市场纪律乃至正确的激励约束机制的必然要求。

最后，建立市场发挥决定作用的金融资源配置机制，要求金融监管部门建立以市场为导向、法治化的监管机制。过去几年来，我国金融体系呈现出的金融乱象固然与金融机构的逐利行为和弥漫于社会的软预算约束有关，但是，金融监管部门和实际承担金融管理职责的其他部门实行的非市场化、非法治化的政策措施也难辞其咎。例如，在2017年以前，各部门为鼓励所谓"创新"，监管竞相放松，导致信用过度膨胀；而自2017年以来，监管又竞相趋严，使市场环境突变为信用紧缩。建立一个公平、公正和有效的市场，需要以市场导向、法治化的监管来取代当前运动式的行政管理模式。

第二，发展资本市场。

发展资本市场首先需要改变过往资本市场为国有企业脱困解忧的职能，建立市场发挥决定作用的发行、退出和交易机制；需要改变资本市场尤其是债券市场的分割状况，实现统一互联的多层次市场体系——在当前，最需要的是打破银行间债券市场与交易所市场间的分割。其次，国外的经验表明，资本市场的发展需要依靠包括养老金、共同基金和保险公司等在内的机构投资者。机构投资者不仅可以推动资本市场的规模扩张，而且可以改善公司治理结构，通过长期持有公司证券降低市场的波动性。

我国机构投资者欠发达的首要原因在于"三支柱"的养老保障体系存在严重缺陷。以中美对比为例（郑秉文，2014），作为第一支柱的基本养老保险，我国的规模是GDP的5.7%，美国的规模是GDP的16%；作为第二支柱的企业补充养老金，我国企业年金的规模相当于GDP的1.2%，美国DC（缴费确定型）和DB（收益确定型）两类年金相当于GDP的98.9%；作为第三支柱的个人储蓄养老金，我国商业养老保险的规模是GDP的2.6%，美国商业养老保险的规模是GDP的42.5%。养老保障体系的严重缺陷造成作为机构投资者的养老金规模过低，例如，2017年，全国社保基金的总规模只有2.18万亿元，企业年金只有1.25万亿元。未来需要通过立法和税收体制改革，在不加重企业和家庭负担的前提下，大力发展第二支柱和第三支柱养老金。

除了企业年金之外，具备改造为第二支柱养老金的体系就是我国的住房公积金体系。自1991年正式建立以来，住房公积金体系已经成为住房货币化分配的重要形式，对促进我国住房消费，培育和推动住房市场化，发挥了重要作用。然而，随着住房公积金体系的发展，其弊端也愈来愈多。除了住房公积金管理机构实质行使金融职能，但处于金融监管空白地带，甚至时常爆发管理丑闻之外，住房公积金体系的一个突出弊端就是，资金规模越来越大，但无法得到合理利用。根据《全国住房公积金2017年度报告》，2017年年底，住房公积金缴存单位262万个，缴存职工1.37亿人，缴存总额12.48万亿元，余额5.6万亿元，缴存余

中国金融改革路线图：构建现代金融体系

额的增值收益率只有 1.57%。可以预见，随着我国城市化进程和住房市场发展已经进入相对成熟的阶段，住房公积金的使用率将会越来越低，住房公积金余额的规模将会越来越庞大，而如此之低的增值收益率是难以令人接受的。由于住房公积金覆盖的企业职工范围、募集的资金规模都远超企业年金，可以考虑将住房公积金单独或者与现有企业年金合并，将其改造成企业补充养老金。

发展机构投资者的第三个可行举措是改造商业银行的理财业务。我国银行业资产之所以占金融机构总资产之比远远超过其他国家，其中一个主要原因是我国的银行业承担了其他国家银行业所没有的功能：在资本市场欠发达的情况下，为资金盈余部门（尤其是家庭）提供资产保值增值的理财服务。根据国家金融与发展实验室财富管理中心的统计，2017 年，商业银行理财产品的规模达到 28 万亿元，私人银行的规模为 9 万亿元，两者合计远远超过了券商资管、公募基金等传统的机构投资者管理资金的规模，而且，后两者的资金在相当程度上也是来源于银行资金。在我国以银行为绝对主导的金融体系中，将银行的理财业务改造成打破刚性兑付、以委托—代理关系为基础的机构投资者业务，应该是发展机构投资者的一个捷径。就此而言，2017 年中国人民银行颁布的资管新规体现了这一改革方向，但其中依然存在许多现实问题。

第三，推动人民币成为关键储备货币。

市场发挥决定性作用的机制和强大、开放的资本市场是人民币成为关键储备货币的前提和基础。与此同时，响应"一带一路"倡议，以人民币作为计价结算和储值货币，加强与"一带一路"

沿线国家的贸易投资关系，是打破当前国际货币体系僵局的必要举措。除此之外，当前需要改变的一个基本制度安排就是人民币的发行机制。

自2001年中国加入世界贸易组织以来，形成了中国生产、美国消费，然后中国以外贸盈余购买美国国债的所谓"中美国"关系。在这种机制下，人民币事实上是以美元为发行准备的：美元盈余增加，央行用于购买美元以形成美元外汇储备的人民币发行就增加。为了对冲美元增加形成的流动性冲击，央行自2004年以来先是采取成本高、效率低的央票模式，后来就直截了当、不断地提高商业银行的法定存款准备金率。除了高额法定准备金率造成的严重市场扭曲之外，这种以美元为准备的发行机制是人民币成为关键储备货币的障碍：其一，随着"中美国"关系的破裂，随着中国经济正在发生的结构性变化，以往"双顺差"格局将彻底改变；其二，这种机制客观上使得人民币盯住美元的汇率制度，并通过中国在国际产业链中的地位带动形成亚洲美元区，进而强化了美元的霸权地位。当前需要对央行资产负债表进行"切割手术"（殷剑峰，2017），同时，在强化财政政策和货币政策配合的基础上，建立基于通货膨胀目标制的公债发行机制。

03

深化金融供给侧改革

03
深化金融供给侧改革

在中国实体经济部门的转型进程中,居民、企业和政府的金融服务需求发生了重大变化。居民部门的财富快速增长,对金融资产配置有了新需求;企业经营活动的风险上升,对融资工具有了新需求;政府收支缺口持续放大,对融资工具也有了新需求。

面对经济结构转型带来的对金融服务的新需求,当前金融体系在不断调整适应,但是金融服务供求不匹配现象普遍存在。金融服务"正门不通走后门"的绕道现象凸显,表现为影子银行、同业业务以及大量通道业务快速崛起。实体经济部门对金融服务的需求没有得到充分满足,还要为复杂的金融绕道服务付出更高的成本。实体经济活动的风险没有被有效分散,仍然集聚在金融中介部门,一些金融中介机构通过缺乏监管的金融绕道服务来放大杠杆和错配期限,增加了新的风险。

解决当前金融体系面临的问题,需要两方面的依托:一方面是完善金融监管;另一方面是金融补短板,更好地满足实体经济对金融服务的新需求。在当前中国的市场环境下,金融补短板的作用尤为重要,没有金融补短板,实体经济的新需求就只能通过更复杂的金融服务绕道来满足,这个绕道过程会花样百出,让金融监管部门处于被动"救火"的局面。金融补短板打开了金融服务的"正门",不仅能更好地服务实体经济,而且对遏制金融绕道带来的风险是釜底抽薪。

中国金融改革路线图：构建现代金融体系

金融补短板需要在金融产品和市场，金融中介以及金融基础设施方面做出大的调整。当务之急是推出以 REITs（不动产投资信托基金）为代表，能带来现金流的长周期、标准化的基础金融资产；推动税收优惠的个人养老金账户发展；提高地方政府债务限额，提高国债和地方政府债在政府总债务中的占比，拓宽和规范基础设施建设融资渠道。这些举措可以满足居民部门对养老保险日益迫切的投资需求；可以满足企业和政府对租赁房、基础设施、工业园区、办公楼、仓储中心等形式多样的不动产建设的融资需求；有助于分散企业和政府项目投资活动风险，避免金融风险过度集聚在金融中介部门；有助于避免金融服务绕道，有效降低融资成本和债务杠杆。

03

深化金融供给侧改革

实体经济转型与金融服务新需求

一、居民部门

中国在经历收入赶超的同时，也在经历人均金融财富的赶超。2006 年全球中等金融财富人数 4.6 亿，2016 年上升到 10 亿，增量部分的 80% 来自中国[①]。2006—2017 年，中国居民部门金融财富从 24.6 万亿元人民币增加到 140 万亿元人民币，年均增速 17%[②]。中国 2014 年超过日本，成为全球家庭金融财富第二大国。

国际经验显示，随着人均收入的提高，家庭金融资产与 GDP 之比也随之提高（见图 3.1）。中国的人均金融财富与收入增长相匹配，不存在金融资产过度积累的问题。目前，全球平均的人均家庭金融资产与人均 GDP 之比是 2，美国、德国、法国、日本、

[①] 根据 2016 年的《安联全球财富报告》，全球中等财富的标准是当年全球人均金融财富均值的 30%~180%。2016 年全球人均金融财富 25 510 欧元，折合人民币 18.6 万元，成为全球中等财富人群的标准是 5.6 万 ~33.5 万元人民币。

[②] 对中国居民部门的金融资产规模有多种估计，《安联全球财富报告》估计，2016 年中国家庭金融财富为 22.4 万亿欧元，折合人民币 163 万亿元；波士顿咨询公司估计，2016 年中国家庭金融财富为 126 万亿元人民币。这两份报告没有详细披露具体的估算口径和方法。我们的估计是，截至 2017 年，中国居民部门金融资产（不包括房地产）合计 140 万亿元人民币。2012 年，中国人民银行金融稳定分析小组发布的《中国金融稳定报告》公布了 2004—2010 年我国居民部门金融资产的存量数据，中国国家统计局各年统计年鉴中的资金流量表（金融交易）公布了我国居民部门金融资产的流量数据。本报告将利用这两组数据，并利用基于历史数据测算的一些参数，对我国家庭金融资产的总量和结构数据进行整理测算。

韩国、中国台湾、印度等经济体的人均家庭金融资产与人均 GDP 之比分别是 4.1、1.8、2.3、3.5、2.1、5.1、0.9，中国截至 2017 年是 1.75。与收入增长相匹配的家庭金融资产增长意味着家庭借助金融市场发展以分享经济增长的红利。从国际比较来看，中国居民部门的家庭金融资产与 GDP 之比与收入水平大致匹配，中国不存在过度的家庭金融资产积累。社会上流行的"中国货币超发"的观点，主要的依据是从国际对比角度看，中国的 M2 与 GDP 之比过高。银行存款作为家庭金融资产的重要组成部分，中国居民部门确实积累了较多的银行存款形式的金融资产，但是考虑到其他形式的金融资产欠缺，总的金融资产并未过度积累。后文对这个问题有更细致的说明。

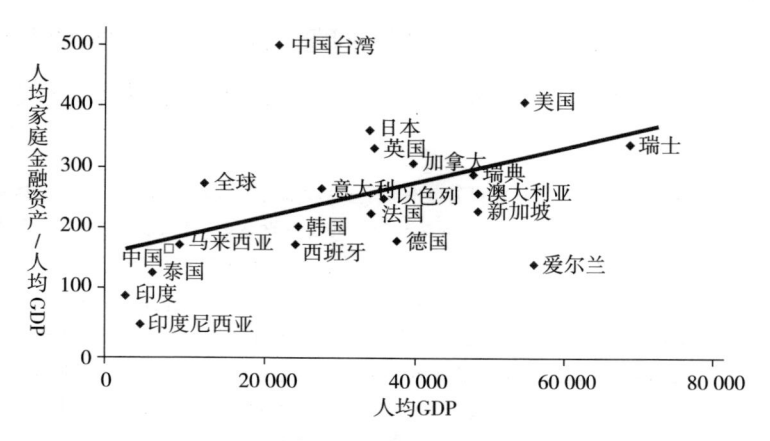

图 3.1　人均 GDP 与人均家庭金融资产 / 人均 GDP

资料来源：其他国家的数据来自 2017 年《安联全球财富报告》，中国的数据来自作者估算。

03
深化金融供给侧改革

在中国家庭金融资产中,现金、存款以及近似于银行存款的代客理财产品的占比居高不下(见图3.2)。中国居民部门持有的金融资产主要包括以下几种形式:现金、存款以及近似于银行存款的代客理财产品[①];证券,包括居民部门直接购买的债券和股票和证券客户保证金,以及居民部门通过购买基金份额间接持有的股票和债券;保险准备金,包括"五险"(养老保险、医疗保险、失业保险、工伤保险和生育保险)、企业年金、职业年金以及个人商业保险等。截至2017年,现金、存款以及代客理财产品合计86.7万亿元,在全部金融资产中的占比为61.9%;证券类金融资产38.6万亿元,在全部家庭金融资产中的占比为27.6%;养老保险准备金14.7万亿元,在全部家庭金融资产中的占比为11.4%,

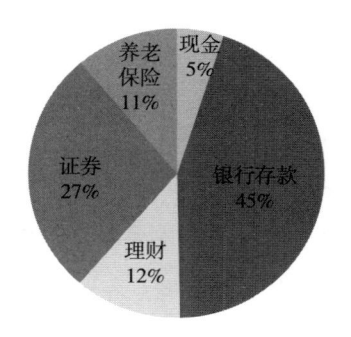

图3.2 中国的家庭金融资产分布

资料来源:中国人民银行、国家统计局,作者估算。

---

① 理财产品的投向主要是债券(40%)、现金与存款(20%)、非标准化债权类资产(20%)以及权益类资产,收益率有较大波动,但是居民部门在购买理财过程中往往得到较稳定的隐性投资收益承诺,投资收益率稍高于普通的银行存款且鲜有难以兑付的情况发生。

过去 10 年，这个比例没有像国际经验显示的那样随着收入水平增长而增长。

值得一提的是，本文基于总量数据的估算结果与中国家庭金融调查研究中心的基于 40 000 个家庭的调查形成的《中国家庭金融资产配置风险报告》[1]（以下简称"调查报告"）的调查数据有明显差异。主要差异体现在对家庭金融资产总量的估计上，调查报告指出，中国家庭 2015 年的户均资产 103 万元人民币，其中只有 12% 的金融资产，即户均金融资产 12 万元；这里基于总量数据，估计户均金融资产 2017 年为 24.5 万元，2017 年达到 32 万元。这个差异在发达国家的两种类型统计中也普遍存在，发达国家基于总量数据估算的家庭金融资产数据也是远大于调查数据，差异可能来自家庭金融资产调查对金融资产的不完全统计以及高金融资产家庭难以被充分纳入统计。

从国际经验来看，收入和金融财富水平的提高带来了金融资产配置结构的显著差异（见图 3.3）。随着家庭收入和金融财富水平的提高，从其他国家居民部门的金融资产配置情况看，银行存款在全部金融财富中的占比会下降，养老金和保险的占比会上升，证券类资产占比与收入水平没有明显的关联。这说明随着收入和金融财富水平的上升，家庭的金融资产配置对低风险、低收益且期限较短的存款类金融产品的需求下降，对有养老保险功能、期限较长的金融产品的需求上升。国际上对个人养老保险金融产品

---

[1] 《中国家庭金融资产配置风险报告》（2016），网址链接 http://chfs.swufe.edu.cn/xiang qing.aspx?id=1160。

03
深化金融供给侧改革

大多有税收方面的优惠政策,再加上养老保险金融资产收益率高于一般的银行存款,这是吸引家庭投资者配置养老保险金融资产的重要诱因。

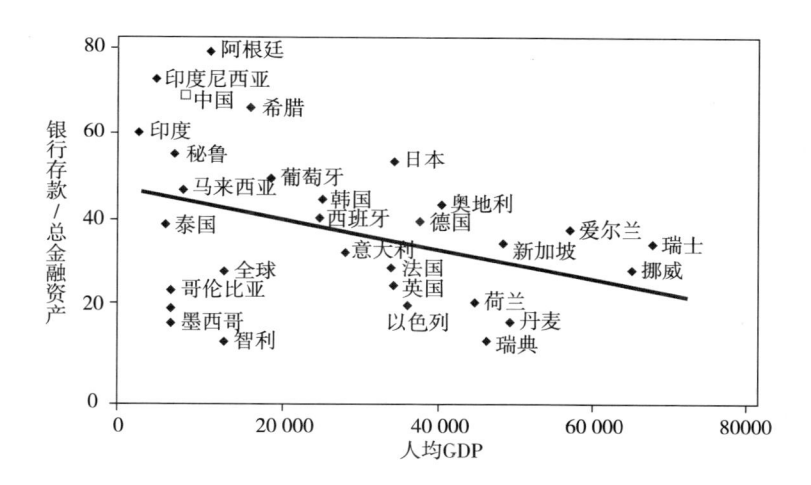

图 3.3 人均 GDP 与银行存款/总金融资产的国际比较

资料来源:2017 年《安联全球财富报告》,中国人民银行、国家统计局,作者估算。

中国居民部门金融财富的快速提升对金融财富配置提出了新要求,但新要求没有得到满足,最突出的缺口是养老保险类金融资产(见图 3.4)。过去 10 多年,尽管中国居民部门的金融财富增长了超过 4 倍,但是资产配置结构没有出现显著变化。中国居民的金融财富过度集中在货币、银行存款以及类似银行存款的代客理财产品上,证券类金融资产比例偏低,最突出的缺口是养老保险金融资产比例过低且没有伴随中国的家庭财富增长而相应提高。2006—2017年，类银行存款产品在全部家庭金融财富中的占比虽然有所下降，但是下降幅度有限，类银行存款远远超过其他所有金融资产之和；养老保险类金融资产占比上升幅度非常小，从2006年的9%上升到2016年的11%，养老保险类金融资产占比从全球范围来看处于最低的行列（见图3.5）。造成上述局面的主要原因，并非中国居民部门不愿意持有较银行存款风险更高、收益更高且期限更长的养老保险类金融产品，而是相应的政策引导措施以及养老保险金融服务供给短缺。

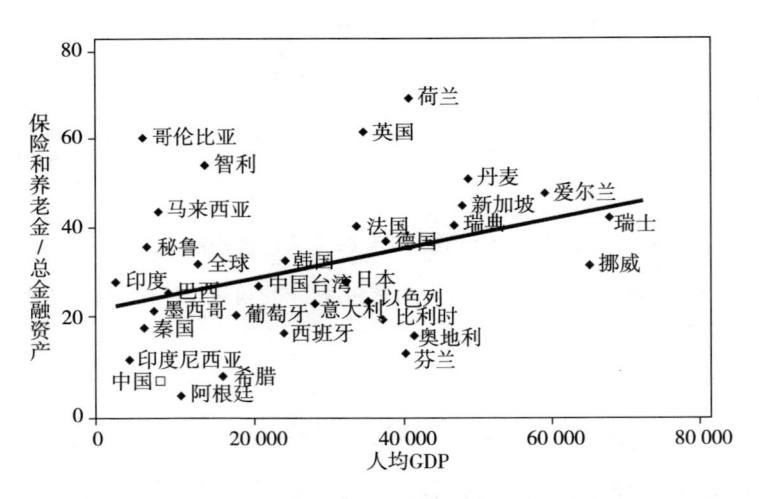

图3.4 人均GDP与保险和养老金/总金融资产的国际比较

资料来源：2017年《安联全球财富报告》，中国人民银行、国家统计局，作者估算。

03
深化金融供给侧改革

图 3.5 家庭金融资产配置的国家和地区比较

注：这里把理财产品也纳入了银行存款。在对银行理财产品实施新的管理规定后，这部分资产会更趋近于公募基金。

资料来源：2017年《安联全球财富报告》，中国人民银行、国家统计局，作者估算。

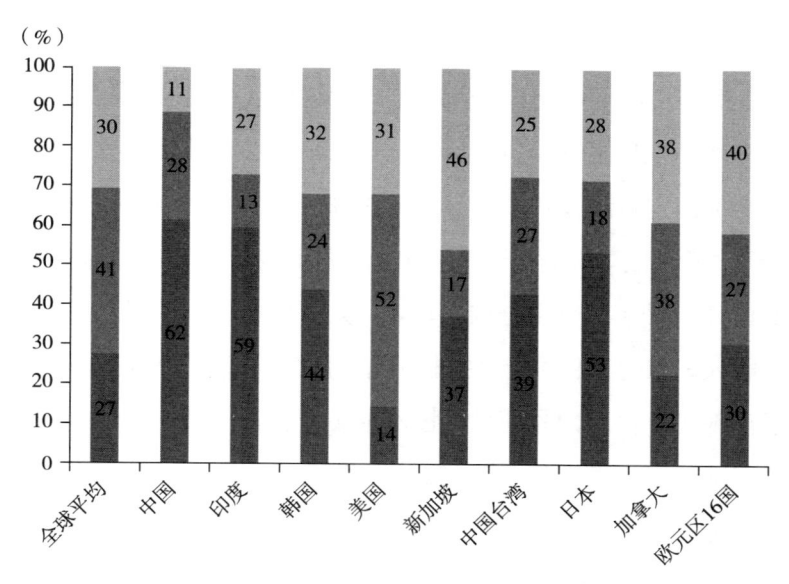

二、非金融企业部门

经济结构转型伴随着产业发展格局的显著变化。中国经济在2010—2012年跨过了工业化的高峰期，正在经历迈向更高收入水平进程中不可避免的经济结构转型[1]。经济结构转型进程中的非金融企业的发展模式会发生以下几方面的持续变化。其一，从以制

---

[1] 参见张斌《从制造到服务：理论 经验与中国问题》，《比较》，2015年第5期。http://bijiao.caixin.com/2015-12-28/100893654.html。

中国金融改革路线图：构建现代金融体系

造业为主到以服务业为主。中国经济在工业化高峰期之前，第二产业固定资产投资在全部固定资产投资中的占比持续提高，工业化高峰期以后则开始持续回落。第二产业2016年固定资产投资在全部固定资产投资中的占比为39%，较2012年44%的高点下降了5个百分点。第三产业2016年固定资产投资占比58%，较2012年上升了5个百分点。其二，人力资本密集型服务业崛起。高收入国家的经验显示，并非所有的服务业都在工业化高峰期以后出现了更快的增长，只有技术密集型服务业才会更快地增长。中国工业化高峰期以后的情况与之类似，从增加值增速看，工业化高峰期以后的中国人力资本密集型服务业增速大于GDP增速。其三，制造业升级。跨过工业高峰期后，制造业部门总体投资增速放缓，但是基于研发投入、生产和产品多个环节的证据共同显示，中国的产业升级依然保持较快的速度[1]。在产业升级过程中，研发投入开支快速增长，从2000年到2016年，中国大中型工业企业的研发经费与工业增加值之比从0.9%上升到3.3%。

  非金融企业经营活动的风险不断提高且难以辨认。产业发展格局的显著变化在企业层面的体现是，更多的企业不得不从传统的劳动/资本密集型要素投入转向人力资本密集型要素投入。传统的劳动/资本密集型制造业需要厂房、设备等大量易于估值的有形资产投入；普遍存在生产到消费的时滞，这个时滞带来了订单、信用证；产品标准化程度高，存在可供学习的成功模板，易

---

[1] 参见张斌、邹静娴《中国经济结构转型的进展与差距》。http://www.cf40.org.cn/uploads/PDF/CF40WP2017023a.pdf。

03
深化金融供给侧改革

于从事复制生产,且面向全球市场,失败概率低。人力资本密集型行业需要大量难以估值的人力资本投入,较少有形资产投入;生产和消费同时发生,没有时滞,很少使用订单、信用证;标准化程度低,缺少可供学习的成功模板,难以从事复制生产,且主要局限在本地市场,失败概率高。

劳动/资本密集型产业,在获取抵押品方面具有优势,与银行贷款容易形成对接,大型企业则可以借助债券市场获得更廉价的融资。而人力资本密集型服务业和制造业,在企业起步阶段或者项目开展初期面临着较高的风险且缺少抵押品,难以获得债务融资,只能与权益投资形成对接,企业或者项目进入稳定发展期并积累了声誉以后,才可以借助债券市场获得廉价融资。

权益类融资满足不了企业转型的发展需要,是目前中国非金融企业融资最突出的短板(见图3.6)。截至2016年,国内金融市场为非金融企业提供的融资存量当中,各种类型的贷款余额、债券融资余额和境内股票融资余额分别为131万亿元、17.9万亿元和5.8万亿元,股票融资余额占比只有4%,其余都是债务类融资工具。这不是完整的企业融资余额口径,以更完整的口径反映非金融企业资金来源的资金流量表(金融交易)中的非金融企业外部融资流量数据发布到2015年,目前还没有公开发布的存量数据。从2011—2015年的资金流量表的情况来看,这一时期贷款和未承兑商业汇票、债券、股票、直接投资和其他项目在非金融企业新增融资的平均占比分别为72.5%、15.7%、4.3%、11.6%和-4.1%。存量和流量数据所共同揭示出来的现象是,中国非金融

中国金融改革路线图：构建现代金融体系

企业融资仍然过度依赖贷款，权益类融资占比过低。与中国非金融企业融资结构形成鲜明对照，美国、日本、欧洲等发达经济体以及东亚地区的韩国和中国台湾地区，股票及其他权益类融资在全部融资存量当中都占40%以上。中国非金融企业迫切需要扩大权益类融资，这是从劳动/资本密集型产业向人力资本密集型产业转型的需要，也符合高收入经济体的国际经验。

值得一提的是，近年来中国的私募股权和创投基金取得了较快发展。2015年1月，中国的股权和创业私募股权基金规模还只有1.68万亿元，2017年1月就增加到5.14万亿元，两年的时间增加了超过200%。截至2017年12月，股权和创业私募股权基金规模达到了7.09万亿元。

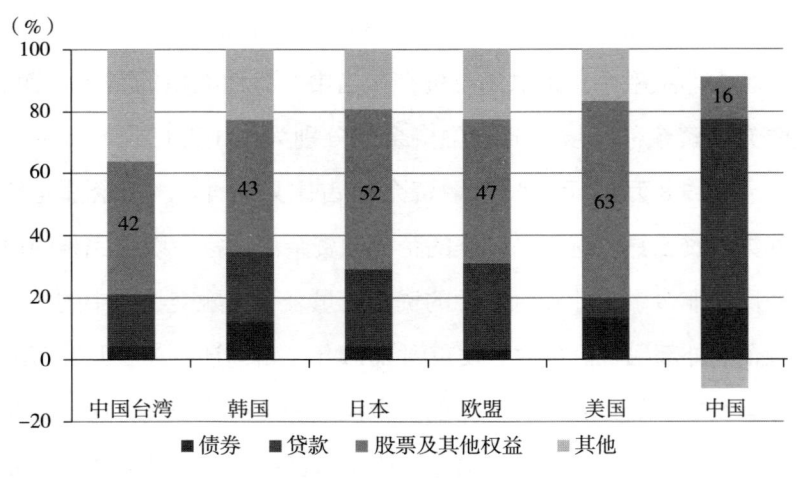

图3.6 各国和各地区非金融企业融资比较

资料来源：各国和各地区央行，中国人民银行、国家统计局，作者估算。

三、政府部门

工业化高峰期以后，政府收入增速显著下降。政府收入与名义 GDP 增速高度相关，工业化高峰期以后的真实 GDP 增速和 GDP 通胀因子都显著下降，政府收入的主体部分公共财政收入的增速也随之显著下降。2016 年公共财政收入的增速为 4.8%，是近 30 年来的最低点。不仅如此，作为广义政府收入的国有资本经营收入、社会保险基金收入的增速近年来也在放缓。

财政支出增速下降，但财政收支差额仍快速放大，政府融资需求增加。随着公共财政收入增速的下降，政府为了避免公共财政收支差额过快增长，下调了财政支出增速，尽管如此，财政赤字/GDP 还是快速上升。2016 年，公共财政支出增速为 6.9%，是近 30 年来的最低点；财政收支差额/GDP 达到了 −3.4%，是近 30 年来的最低点。政府融资需求快速增加，政府债务/GDP 也随之快速上升。

政府仍面临较大支出压力和大规模融资需求。从国际经验来看，在工业化高峰期以后，高收入经济体的政府服务（基于国际标准行业分类 3.1 版[①]，政府服务包括公共行政、国防、强制性社保、教育、健康和社会工作等）支出在 GDP 中的占比会持续快速提升。中国目前的政府服务支出在 GDP 中的占比远低于高收入国家在

[①] https://unstats.un.org/unsd/cr/registry/regcst.asp?Cl=17

中国金融改革路线图：构建现代金融体系

类似发展阶段的水平[1]，填补政府服务的短板意味着政府未来面临更大的支出增长压力，政府服务支出的增长是进一步改善居民生活福利的必要保障。给定增加政府服务支出的压力，政府可以通过减少建设投资支出减少财政压力。但是，中国与高收入经济体的发展进程不同的另一个地方是中国目前的城市化进程滞后，截至2016年，中国按照官方常驻人口统计的城镇化率为57.4%。与此形成鲜明对照的是，高收入国家在工业化高峰期以后城市化率都达到了70%以上。中国在工业化高峰期以后城镇率仍在持续攀升，即便如此，城市化率还是远远低于高收入经济体类似发展阶段的水平。中国未来至少5年内仍面临推进城市化和相关基础设施建设投资的庞大需求。给定政府收入增速的下降和支出增长的压力，政府未来面临较大规模的融资需求。

债券融资和权益融资是政府融资工具的短板（见图3.7）。中国的政府债务近年来快速增长，2017年，广义政府债务与GDP之比达到68%，狭义政府债务与GDP之比为37%[2]。政府举债的众多融资工具中，债券融资的利息低且期限较长，这也是发达国家普遍采用的融资方式。目前，在政府举债过程中，债券融资占比仍然较低。截至2017年，中国的国债余额在GDP中的占比

---

[1] 参见张斌、邹静娴《中国经济结构转型的进展与差距》。http://www.cf40.org.cn/uploads/PDF/CF40WP2017023a.pdf。

[2] 对中国广义政府债务的估算口径不一，这里采用了国际货币基金组织2018年第四条款磋商报告的估算。http://www.imf.org/en/Publications/CR/Issues/2018/07/25/Peoples-Republic-of-China-2018-Article-IV-Consultation-Press-Release-Staff-Report-Staff-46121。

是16%，国债和地方政府债的政府债券余额在GDP中的占比是33%，而欧洲、美国、日本等发达经济体的占比分别达到了65%、104%和175%。考虑到对中国政府债务的统计还不完整[①]，政府债券融资在政府债务中的占比应该会更低。

中国缺少与庞大基础设施建设规模相匹配的融资配套机制。截至2017年，中国基础设施建设投资规模达到17.3万亿元，基础设施建设项目的内部结构[②]也在持续变化，原被作为基础设施建设代名词的"铁公机"占比持续下降，2013年以来，基础设施建设中占比最高的是公共设施管理业，已经占了基础设施建设投资的半壁江山。基础设施建设投资的资金来源当中，预算内资金占全部基础设施投资的15.9%，国内贷款占15.5%，主要资金来源是自筹资金和其他资金。在自筹资金和其他资金来源中，包括大量融资成本较高且期限较短的地方融资平台债、影子银行贷款，以及信托和其他非银行金融机构贷款，这些成本高且期限较短的资金构成了地方政府隐形债务的主要来源。

[①] 根据经济学家斯蒂芬·葛霖（Stephen Green）的估算，2016年中国仅地方政府债务/GDP就达到了64%，考虑到中央政府以后的合计政府债务/GDP超过80%。

[②] 基础设施建设投资主要包括三类：（1）电力、热力、燃气及水的生产和供应业；（2）交通运输、仓储和邮政业；（3）水利、环境和公共设施管理业。公共设施管理业（包括市政设施管理、供水设施管理、公交设施管理、园林设施管理、环卫设施管理等）在全部基础设施建设投资中占比最大，2016年达到37.3%。从增速变化来看，2013年以来（1）和（2）持续下降，（3）的增速高于（1）和（2）且没有持续下降，2016年（1）、（2）、（3）的增速分别达到12%、10%和23%。

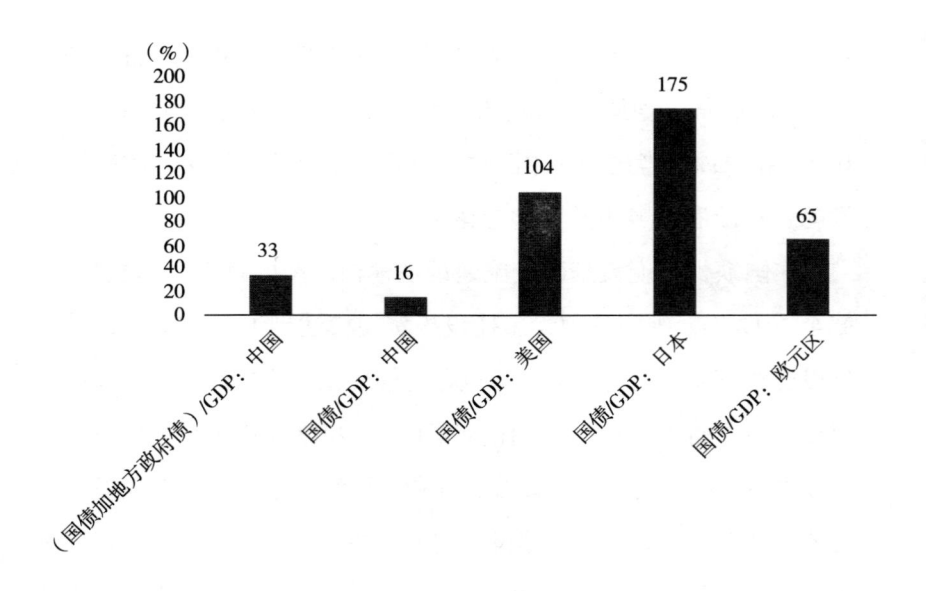

中国金融改革路线图：构建现代金融体系

图 3.7　国债／GDP 的国际比较

资料来源：根据 Wind 数据测算。

03
深化金融供给侧改革

供求失衡与金融服务绕道

中国近年来影子银行业务、银行同业业务快速扩张，金融体系风险提升。非金融企业杠杆率大幅提高，企业抱怨融资难和融资贵，金融业增加值与 GDP 之比持续快速提高并远远超出了发达国家水平。这些现象都与金融服务的供求不匹配有关。一方面是工业化高峰期之后，中国的经济结构转型带来了快速的金融服务需求变化，另一方面是金融服务的供给跟不上需求变化。金融服务的大路走不通，实体部门和金融中介就只能通过绕道的方式来满足新的需求。

居民部门投资在绕道，企业和政府融资也在绕道，商业银行和非银行金融机构则在寻找绕道的办法。金融服务中介的绕道业务是在金融中介之间以及金融中介和实体经济部门之间建立更复杂的债权债务关系。金融中介从中获得了较高的利润增长并承担了高风险，实体经济部门则为此付出更高的融资成本和更高的债务杠杆率。

房地产成为家庭养老和保险的替代金融投资工具。从前文所述国际经验来看，随着居民部门金融财富水平的提高，财富的配置方式会发生变化。中国也不例外。中国居民部门快速增长的金融财富不再满足于仅以低风险、低收益的银行存款的方式而存在。在更高的金融资产水平上，居民部门愿意持有高风险、高收益的

中国金融改革路线图：构建现代金融体系

金融投资产品，愿意持有长期、带有养老和保险功能的金融投资产品。但是对金融服务的这些需求得不到满足，于是居民部门对金融资产的需求转向房地产投资。房地产成为替代金融资产，是高风险、高收益金融投资产品，是养老和保险类金融投资产品的替代投资工具。根据西南财经大学的《中国家庭金融资产配置风险报告》，房地产在中国家庭资产中的占比超过60%，而美国家庭的房地产在全部家庭资产中的占比只有中国家庭的一半。

对房地产旺盛的投资需求同时支撑了高房价、房地产行业的快速发展以及房地产部门的庞大融资需求。每当政府因为房价过高而对房地产信贷采取遏制政策时，房地产部门就不得不借助影子银行业务获得贷款，房地产行业一直以来都是金融服务中绕道业务的重要客户，为中国的影子银行业务发展提供了温床。

企业融资工具不匹配加剧了企业融资难和融资贵。企业投资过度依赖以银行贷款为代表的债务融资工具，权益类融资发展滞后，这使中国企业债务保持在较高水平。这种情况如果放在工业化高峰期之前，问题还不严重，当时的劳动／资本密集型制造业正处于快速扩张期，利润增长有保障，银行也有相对充足的抵押品。但是在工业化高峰期之后，情况就会有很大的不同。

传统企业面临着结构转型的生死存亡的挑战，银行对企业的发展前景缺乏信心，对厂房设备这些抵押品的价值评估发生动摇，企业从银行获取贷款更加困难，为了获取资金就不得不付出更高成本。新企业往往从事缺少抵押品且风险高的经营活动，银行的传统贷款业务很难评估这些经营活动涉及的风险，因而也很难提

03
深化金融供给侧改革

供贷款，权益类融资因为总体发展规模有限，也难以对新企业、新业务的发展提供充分的支持。企业融资需求在传统银行贷款模式和权益融资模式中双双受阻，于是部分融资需求只好由更复杂的、银行与非银行金融机构合作的金融绕道服务来满足。企业要为这些金融绕道服务提供更高的融资成本。

政府融资工具不匹配抬升了政府债务的成本。政府融资工具不匹配主要体现在两个方面。一是债券融资工具不足。中国仍需要进一步推进城市化进程，需要大量相关的基础设施建设，这些基础设施建设需要低成本、长周期的债务融资工具。政府凭借其信用优势，本应该以更低的成本来融资。然而政府没有充分利用其信用优势来降低融资成本，地方政府债务当中40%来自地方融资平台债、影子银行贷款以及信托和其他非银行金融机构贷款这些高成本的中短期融资工具，不得不借助于更复杂的金融中介获取成本高期限短的融资工具，这不仅增加了融资成本，也降低了债权债务关系的透明度，加剧了金融风险。二是权益类融资工具不足。对于一些有政府支持并且有较高收益的建设项目，可以通过权益融资方式吸引社会公众投资，有效降低融资成本和政府债务水平。中国近年来推进的PPP（政府与社会资本合作）是对权益融资方式的尝试，但实质进展有限。根据国际货币基金组织的报告[1]，中国大多数PPP项目集中在传统的公共基础设施领域（80%以上），PPP项目的合作方通常由政府控制（纯私人合作方

---

[1] http://www.imf.org/~/media/Files/Publications/CR/2017/Chinese/cr17248c.ashx

仅占投资的 30% 左右）。合作方包括政策性银行、政府基金、私人资本和其他国有实体，如中央和地方国有企业，甚至是地方融资平台。2016 年底，PPP 项目的资本值占到 GDP 的 27%，但付诸实施部分不足 1/5。

金融服务绕道加剧了金融风险。受制于多种因素，能满足居民部门金融资产配置需要的并非是比银行存款风险更高、收益更高以及具有养老保险功能的金融产品，而是利率稍高、刚性兑付的短期理财产品；能满足企业高风险活动的融资需求的权益融资工具有限，大量融资还要来自银行贷款和影子银行业务；能满足政府主导的基建项目融资需求的低成本、长期债务融资和权益融资工具有限，大量融资还要来自银行贷款和影子银行业务。由理财产品、影子银行表外业务和同业业务以及非银行金融机构组成的金融服务绕道，本质上还是建立银行、作为通道的非银金融机构以及企业之间的债权和债务关系，不能有效地把企业和政府经营活动的风险分散到居民部门，风险继续集中在金融中介。不仅如此，金融服务绕道的透明度低且监管不完备，一些金融中介通过放大杠杆率和加大期限结构错配来获取更高利润，加剧了金融系统风险。

中国金融部门增加值占 GDP 的比重持续上升，2016 年达到 8.2%，远远超过美国、欧洲等金融市场更加发达的经济体。金融部门增加值的主要来源是银行，增加值的重要组成部分是银行利润。在银行利润当中，上升边际贡献最大的是中间业务收入。2008 年到 2016 年，中国银行、农业银行、工商银行、建设银行、交通银行、浦发银行、招商银行、兴业银行等 8 家银行的中间业务收入在营业收入中的占比从不足 14% 上升到 21%。大量中间业务对应着金融绕道。企业要为更复杂的融资通道付出更高的融资成本。

中国金融改革路线图：构建现代金融体系

金融供给侧改革

金融供求失衡局面的长期持续，金融绕道现象的盛行，说明金融决策部门和相关宏观经济决策部门在政策调整方面滞后于现实发展的需要，决策机制亟待改革。改革的主要内容是把目标明确、责权匹配的专业化决策机制落到实处。

避免多重目标，避免不合理和不匹配的目标。监管机构不能把经济增长、股票指数高低作为目标，货币当局不能把资源配置效率作为目标。目标越单一，说明管理当中的合理分工和专业化决策越有利于实现目标。责权匹配落到实处，一是上级对下级有足够的授权，对下级单位授权范围以内的工作不能干预；二是建立明确、专业的问责机制。专业化的决策机制还需要专业化的人才，除了决策部门自身的人才培养计划之外，还需要吸引国内外市场、学术界和国际组织等各方面的人才加入决策部门并能够让他们充分发挥作用。

金融补短板需要在金融产品和市场，金融中介以及金融基础设施方面做出大的调整，需要大量的改革和长时间的市场培育，所涉及的也不仅是金融领域。以下重点讨论当前比较迫切的金融补短板内容。

第一，推动以 REITs 为代表，能带来现金流的长周期、标准化的基础金融资产。REITs 是通过发行信托收益凭证来汇集资金，交由专业投资机构进行不动产投资经营管理，并将投资收益按比例分配给投资者的一种信托基金。可以用于发行 REITs 的资产包括租赁房、工业园区、基础设施、度假公寓、办公楼、仓储中心、商场等所有能够产生长期、稳定现金流的不动产和基础设施。REITs 有多种类型，国际上的主导类型是权益型 REITs，类似股票。

REITs 能为居民部门提供中长期金融投资工具，为企业和政府的不动产投资找到权益型融资工具，降低企业和政府杠杆率，降低金融中介风险，是同时解决居民、企业和政府金融服务供求失衡的有效金融工具。不仅如此，无论是存量不动产还是新建不动产，借助 REITs 可以改善对不动产管理的激励机制，把不动产交给更专业的管理者，提高不动产管理质量和收益水平，实现更好的资源配置，让城市更加美丽。

REITs 有广阔的发展空间。美国 REITs 与 GDP 之比是 6.7% 左右，如果中国也能发展到类似规模，对应的是超过 5 万亿元的市场规模，等同于中国股票市场建立以来的融资规模。北京大学光华管理学院的《中国不动产投资信托基金市场规模研究》[1]指出，中国公募 REITs 的规模可以达到 4~12 万亿元。此外，REITs 主要是对接不动产项目，而中国固定资产投资当中 70% 是建筑安装类投资，远高于美国和其他发达国家，这种投资模式意味着 REITs 在中国有更大的发展潜力。

---

[1] http://www.gsm.pku.edu.cn/2.pdf

中国金融改革路线图：构建现代金融体系

推动REITs发展①需要两方面的政策支持。一是税收政策支持。按照国际惯例，REITs将经营应税所得90%以上分配给投资者时，免征企业所得税；REITs经营中包含物业出租的，免征房产税；REITs发行过程中需新增缴纳的土地增值税、企业所得税、契税递延至转让给第三方时进行税务处理。二是金融政策支持。为REITs设立单独备案通道，制定相应的审核和发行规定；对租赁经营管理情况良好、市场认可的项目，允许发行无偿还（赎回）期限、无增信措施的产品；允许公募发行；允许公募基金投资REITs产品。

第二，推动税收优惠的个人养老金账户发展。从国际比较来看，中国居民部门金融资产中的养老保险类资产不仅规模太小，而且养老保险类资产的配置比例也非常畸形。现有的养老保险类资产主要来自社会统筹账户建立的公共养老金，企业和职业年金规模很小，个人养老金规模更小②。从国际经验来看，带有税收优惠的个人养老金账户有三个特点，一是税收递延优惠，二是个人账户，三是个人投资选择权。个人养老金是养老体系的重要组成部分，在中国也有巨大发展空间。

---

① 针对REITs的发展，学者有两种建议。一种是企业发行ABS（企业资产证券化）以资产支持专项计划名义发行的类REITs，允许公募基金购买。这种模式不要求现行法律有太大突破，但是这本质上还是债权融资，附带本金偿还（赎回）期限，并且要求有提供抵押、担保等增新措施，对企业吸引力不大。另一种是标准的权益型REITs，类似股票，需要对现行法律做较大突破。

② 公共养老金大概占总体养老金总量的78%，企业年金和职业年金占总量的8%，个人养老金只占4%，这种结构比例严重失衡。

03
深化金融供给侧改革

个人养老金账户的发展满足了居民部门对养老保险金融资产的需求，有助于减少对房地产的投资性需求，也为实体经济部门的发展提供了长期资金。此外，从国际经验来看，养老金多聚焦于中长期投资，投资风格相对稳健，是资本市场发展的支柱力量，有助于降低资本市场的短期剧烈波动。

推动个人养老金账户的发展，同样需要调整税收政策以鼓励个人对养老金和金融政策的支持。国际上对个人老养金账户普遍采取税收递延优惠，我国目前对企业年金和职业年金有税收递延优惠，而对个人养老金账户没有类似安排。金融市场要提供有更多选择余地、期限结构较长的基础金融资产以及培育长周期资产配置和风险管理，开发满足不同人群生命周期需求的专业养老金管理机构。

第三，提高地方政府债务限额，提高国债和地方政府债务在政府总债务中的占比，拓宽和规范基础设施建设融资渠道。经过3年的地方债务置换，国债和地方政府债务在全部政府债务中的占比显著上升，但与发达国家相比依然过低，地方政府债务的利息成本仍有进一步下降空间。考虑到弥补政府公共服务缺口和推进中国的城市化的需要，各级政府未来仍面临着规模庞大的融资需求，需要尽可能地使用低成本的国债和地方政府债务来满足这些融资需求，避免地方政府利用复杂的通道业务来获取高成本、期限错配的资金。通过建设项目专项债、基础设施项目PPP和REITs等多种方式拓宽基础设施建设融资渠道，不仅能降低基础设施建设的债务成本，也能利用市场力量对项目进行评估和监督。

04
构建新时代的金融体系

04
构建新时代的金融体系

中国经济已由高速增长阶段转向高质量发展阶段，金融是经济的血脉，建设新时代现代金融体系是建设新时代现代市场经济的关键。近年来，我国金融体系建设取得了显著进展，市场规模跃居全球前列，但发展质量仍明显不高。金融与实体经济互为镜像，金融发展中暴露出的问题，既是实体经济结构性矛盾在金融领域的直接反映，也有金融改革发展不到位的因素。从实体经济看，政府与市场边界不清，政府过度干预市场资源配置，企业公司治理不健全，预算软约束等问题仍然存在，市场主体的行为扭曲直接反映为金融体系的扭曲和低效。从金融体系自身看，金融法律体系滞后于现代金融发展；宏观调控的效率有待提高，需要更好地发挥引导社会资源配置的作用，兼顾稳定与效率；微观局部的金融风险与金融乱象暴露出金融监管体系与现代金融市场发展的不适应；优胜劣汰的市场化退出机制尚未真正建立；金融市场存在市场分割、刚性兑付和定价扭曲，直接融资占比仍然较低。

对标高质量发展，坚持问题导向，金融体系建设要从关注规模转向关注质量，金融功能要由传统的"动员储蓄、便利交易、资源配置"拓展为"公司治理、信息揭示、风险管理"。据此，建设新时代现代金融体系要以理顺政府与市场的关系为基础，在完善金融立法、健全金融调控和金融监管、改革完善金融机构体系、建设现代金融市场体系等几个方面下功夫。

中国金融改革路线图：构建现代金融体系

理顺政府与市场的关系是经济体制改革的主线，也是建设新时代现代金融体系的关键。近年来，我国经济金融运行中暴露的一些问题，尤其是金融体系中的价格扭曲，本质上是政府与市场边界不清的表现。应坚持"使市场在资源配置中起决定性作用，更好发挥政府作用"。"使市场在资源配置中起决定性作用"，政府应避免对金融市场的直接干预，将资源配置的主导权留给市场；要对中央财政、地方政府、国有企业等广义政府活动硬化融资约束，减少对私人部门的挤出，使私人部门的融资需求得到更好的满足。"更好发挥政府作用"，要完善国有金融资本管理，国有出资人应遵守公司治理的基本原则，不能既当"裁判员"又当"运动员"。

04
构建新时代的金融体系

完善金融法律体系

金融法律是金融体系有效运行的基础。经过20多年的发展，我国金融法律体系从无到有，逐渐成形，在相当程度上满足了转轨时期我国金融体系的发展需要。随着经济发展方式转换和金融业加快转型，现有金融法律体系的不适应性日益凸显，制约了我国金融市场和金融行业的健康发展。

第一，随着金融市场在金融体系中重要性的提高，金融创新使跨行业跨市场的业务增多，分业立法、机构立法模式已经不能适应金融业发展的新趋势，主要表现在以下三个方面。一是在机构立法模式下，各监管主体在其监管范围内各自出台监管规范，导致相同属性的金融产品和业务因主体性质不同而适用不同的监管规则、接受不同的监管，监管不统一，导致监管套利。各主体间立法的系统性、协调性差。二是一些交叉性、关联性的金融产品和金融业务因主体性质不同而被分开监管、分别立法，监管规制层面难以落实"穿透式"监管，导致监管真空，监管套利。三是在机构监管模式下，监管法律的适用范围因监管对象的限定而十分狭窄。现有金融法律规制的对象基本为机构法人，而市场上大量活跃的以基金、理财、资管计划等产品形式体现出来的资金集合、各类影子银行机构等难以被纳入监管法律法规的适用范围。同时，随着金融业的快速发展和创新，新兴金融主体（如P2P、第三方支付等新型互联网金融机构）无法被纳入法律适用范围，出现监管空白，无法实现风险全覆盖。

第二，立法滞后。随着金融领域的深化改革和金融创新的快速发展，现行《中国人民银行法》《商业银行法》《证券法》等的内容也存在滞后，难以适应金融业的快速发展和金融改革的持续深化。例如，现行《证券法》存在对"证券"内涵界定过窄、对投资者保护不足、调整范围有遗漏等问题。国外《证券法》以"保护投资者"为立法宗旨，围绕该宗旨，其立法着重对内幕交易、操纵市场价格等侵害投资权益的行为进行规范。我国现行《证券法》着重对机构管理、证券发行等方面进行规范。由于侧重点不同，两者对投资者的保护效力存在差异。另外，现行《证券法》仅调整交易所内的证券法律关系，未将银行间市场等重要的证券法律关系纳入适用范围，存在缺陷。此外，还存在立法空白问题。如放贷人条例、金融控股公司立法、政策性银行立法等迟迟未能出台。

第三，金融消费者权益保护立法不足。现行金融立法缺乏统筹、系统的金融消费者权益保护规范。零星、散见于各部门法规、规章的消费者（投资者）权益保护规范欠缺重要的消费者保护制度，如消费者教育、合格投资者等。要打破刚性兑付，实现"买者自负、风险自担"的前提是在立法中明确将"合格的投资产品卖给合格的投资者"和对消费者进行必要的教育。此外，金融消费者权益的司法保护有待进一步加强。金融司法中的民事赔偿机制还不健全，金融消费者缺乏直接的司法救济途径。

第四，缺乏市场退出机制和风险处置制度。金融业是竞争性服务业，金融机构的市场化退出机制是保障市场充分竞争、防范金融机构道德风险的重要基础性制度。现行金融立法对金融机构退出的规定呈现分散化、碎片化特点，同时存在授权不充分、缺少有效处置工具、相关规定可操作性不强，无法为金融机构快速、有序退出提供立法支持，从而导致处置效率低下，清算成本高，最终导致清偿率较低等问题。特别是，现有立法中没有对系统性风险防范和处置机制的规定，缺乏对系统重要性金融机构、金融控股公司的监管规定，一旦发生风险，易引发系统性风险。

第五，金融立法的科学性、前瞻性有待提高。现有金融立法大多是针对已有金融产品、金融机构的规范，当产品出现创新、变异或新兴主体出现时，立法就显得滞后、难以适用，形成监管空白。造成这一情形的一个重要原因是立法缺乏科学性、前瞻性，对金融产品、金融行为及其内在法律关系的本质把握不够，对各种金融现象的内涵、本质特征及属性缺乏归纳总结。按照"从事金融业务，均纳入金融监管"的思路，首先需要在立法中总结归纳并明确金融业务的内涵及特征，将具有金融属性的产品、业务和主体纳入监管，为监管法律的适用提供判断依据，有效避免监管空白。

中国金融改革路线图：构建现代金融体系

构建金融调控体系

一、重视货币政策在维护金融稳定中的重要作用

随着金融市场的发展，人们对货币政策与金融稳定关系的认识不断演进，从早期的"维护金融稳定是一种货币职能"，到"货币政策与金融稳定职能分离"，再到明确二者的紧密关联。

现代中央银行是为维护金融稳定而产生的，早期的金融稳定政策又被视为货币职能。最早的中央银行源于政府融资，如1668年成立的瑞典中央银行、1694年成立的英格兰银行。现代意义上的中央银行则源于金融危机，比如1913年成立的美联储，彼时中央银行的出现就是为了维护金融稳定，充当重要的最后贷款人。正如巴杰特指出，中央银行之所以要成为最后贷款人，是为了防止银行危机产生信贷紧缩，导致货币量大幅波动，因此"最后贷款人是一种货币职能"。换言之，金融是否稳定，直接决定了包括物价稳定在内的宏观经济的稳定。传统经济学理论就此构建了"金融稳定—货币稳定—物价稳定"的理论框架，中央银行被赋予的金融监管职能，主要是通过金融管制、金融抑制维持相对简单的金融业态，以防范金融风险。

随着现代金融市场的发展，货币政策与金融稳定职能出现分离。在凯恩斯的总需求管理框架下，新古典综合学派将菲利普斯曲线，即就业与通胀此消彼长的关联性，作为宏观调控的基本定

律。货币政策作为重要的宏观调控政策，开始向就业和通胀两个目标收敛（即泰勒规则），甚至出现通胀单一目标制。同时，中央银行同时承担货币政策和金融稳定职责的"利益冲突说"甚嚣尘上：中央银行为掩盖监管不力而实施救助和流动性投放，会加剧通胀，存在道德风险。在此背景下，货币政策与金融稳定职能二分：中央银行承担货币政策职责，专注于物价稳定等宏观经济目标；中央银行剥离了金融监管职能，金融稳定更多由外生于中央银行的监管部门承担。

金融体系的进一步发展推动了对二者关系的认识的深化：二者紧密关联，货币政策仅仅关注通胀是不够的，中央银行不负责维护金融稳定是不行的。随着 20 世纪 80 年代以来的金融自由化和金融抑制的解除，金融体系快速演进发展，以下三个明显的发展趋势深刻影响了货币政策与金融稳定的关系：一是金融市场快速发展，在金融体系中的地位不断提升，流动性环境的松紧可能更多影响资产价格而非一般物价，削弱了货币政策与通胀的直接联系；二是居民财富不断积累并更多地配置到金融市场，对越来越多的人来说，金融财富的回报比个人收入更为重要，金融市场与经济的联系与互动愈加紧密，维护金融稳定对宏观经济稳定越来越重要；三是随着经济全球化、发展中国家不断融入全球市场，全球通胀压力走低，菲利普斯曲线趋于扁平化，高通胀不再成为货币政策的现实压力。在这些发展趋势的影响下，货币政策如果仅关注通胀而维持低利率，就会刺激金融市场过度膨胀，滋生泡沫，最终爆发金融危机，这正是本轮国际金融危机的重要教训之

中国金融改革路线图：构建现代金融体系

一。因此，把抑制通胀作为货币政策最主要甚至唯一的目标无法维护宏观经济的稳定。货币政策作为直接作用于金融体系，并经金融体系传导作用于实体经济的宏观调控政策，必须对金融周期、金融风险保持关注和警惕。

我国货币政策保持稳健中性是防范金融风险、维护金融稳定的重要保障。一方面，持续宽松的货币政策伴随信贷的易获性，导致信贷过度扩张和资产价格上扬相互刺激，进而引发资产泡沫和金融危机。因此，做好防范化解金融风险工作、守住不发生系统性风险的底线，关键是要调节好货币闸门，保持流动性总量基本稳定。另一方面，稳健中性的货币政策有利于平衡好维持金融稳定与防范道德风险之间的关系。长期以来，我国对金融风险的容忍度较低，一定程度上存在"花钱买稳定"的倾向，过度使用公共资源导致道德风险普遍存在。部分金融机构事实上享受隐性担保，导致成本外部化，缺乏审慎经营和控制风险的动力。部分金融产品仍存在刚性兑付，投资者缺乏风险意识，客观上助长了高风险活动。保持稳健中性的货币政策，合理引导利率水平，有利于在总量上防止资金"脱实向虚"以及不合理的加杠杆行为，在维护金融稳定的同时抑制道德风险，切断"事后无限救助—放松风险防控—爆发金融风险—事后无限救助"的恶性循环链条。

二、重视市场基准利率在货币政策调控中的作用

金融市场的发展、金融体系的日趋复杂推动了货币政策调控方式的转型。早期金融体系相对简单，中央银行可以精准把握货

04
构建新时代的金融体系

币流通、金融产品、金融活动的规模，这是货币政策数量型调控有效开展的前提。布雷顿森林体系瓦解之后，各国普遍实施了浮动汇率制度，以此推动金融自由化，鼓励金融创新，发展衍生品市场，允许金融业综合经营。金融市场快速发展，在金融体系中的地位不断提高，金融体系日趋复杂，原有的数量型调控框架与金融体系的发展不适应，调控效果越来越差。因此，主要经济体的货币政策框架开始向价格型调控转型。在我国的金融实践中，金融创新和金融市场的发展使 M2 等数量型指标与实体经济关键指标的关联度大幅下降，货币政策价格型调控转型势在必行。

在金融体系复杂化、货币政策转向价格型调控的背景下，市场基准利率的培育至关重要。货币政策价格型调控的基本传导路径是，中央银行影响货币市场基准利率，导致金融市场收益率曲线发生变化，并进一步传导至存贷款利率、资本市场价格、外汇市场定价等，从而影响实体经济的投融资行为。这一框架的核心是定价透明、传导有效的基准利率，包括货币市场基准利率和国债收益率曲线。

2008 年国际金融危机之前，LIBOR（伦敦同业拆借利率）是全球金融市场的价格基准，但 2009 年曝出了 LIBOR 操纵丑闻。如果金融市场的定价基准被人为操纵而扭曲，无法准确反映市场资金供求的基本面，那么中央银行基于此做出的货币调控决策就会偏离市场实际。美联储已于 2018 年第二季度，定期公布 SOFR（有抵押隔夜融资利率），试图取代 LIBOR 的定价基准功能。

理想的市场基准利率基准应具有以下特征。一是可交易。

中国金融改革路线图：构建现代金融体系

LIBOR 被操纵的一个重要原因是其基于报价而非实际交易。在替代产品的选择上，美联储推出的 SOFR 就是基于真实交易数据，来计算隔夜美国国债回购交易的加权中值回购利率。二是定价透明。透明的定价机制不仅会降低被人为操纵的风险，还会增加投资者的信心和认可度，有利于增强该产品的市场代表性。三是传导有效。作为货币政策传导链条的重要一环，基准利率要与其他金融市场利率形成紧密的联动关系，才能将货币政策对资金价格的调整有效地传导至整个金融市场。

今后应大力培育完善以 SHIBOR（上海银行间同业拆放利率）、国债收益率为代表的金融市场基准利率体系，为浮动利率产品提供坚实可靠的定价基础。交易性与代表性有待提升是 SHIBOR、国债收益率等金融市场基准面临的共性问题。SHIBOR 是借鉴 LIBOR、以报价为基础的基准利率，增强其交易性需要进一步完善报价和考核机制，使报价利率与交易利率结合得更紧密。同时，加强 SHIBOR 报价行在市场自律方面的表率作用，引导报价行继续加强财务硬约束，根据实际交易、资金成本以及市场供求等因素合理定价，继续开展 SHIBOR 产品创新，有序扩大其应用范围，加强市场建设，稳步提升 SHIBOR 的代表性。国债利息收入免税，且只有持有至到期的国债才能享受税收优惠，这人为抑制了国债的交易动机和流动性，国债收益率曲线作为金融市场定价基准的作用无法充分发挥，市场主体更多地将发行量大、不免税的国开债作为定价基准。提升国债的交易性和国债收益率曲线的代表性，必须完善相关的税收制度。

04
构建新时代的金融体系

三、重视货币政策在引导社会融资、兼顾稳定与效率中的作用，货币政策与金融监管不可分离

货币政策引导社会融资的重要功能以监管信息为基础。明斯基将融资分为三类：套期保值型、投机型和庞氏骗局。其中，套期保值型融资指依靠融资主体的预期现金收入偿还利息和本金；投机型融资指融资主体预期的现金收入只能覆盖利息，尚不足以覆盖本金，必须依靠借新还旧；庞氏骗局，即融资主体的现金流什么也覆盖不了，必须出售资产或不断增加负债。一个稳定的金融系统必然以套期保值型融资为主，但若融资全为套期保值型，则过于僵化、失去活力，因此在以套期保值型融资为主的金融体系中引入部分投机型融资，能提高金融体系的效率。货币政策要有效引导社会融资，形成以套期保值型融资为主、辅以少量投机型融资的结构，兼顾稳定与效率，必然要求中央银行在法律上、管理上具备相应的能力，而这种能力建立在中央银行了解金融体系中各类型的融资及其相关风险的监管信息的基础上。

有效的货币调控离不开金融监管政策的协调配合。从现代货币创造理论看，中央银行的货币供给是外在货币，金融体系内部创造的货币是内在货币，货币调控是通过外在货币影响内在货币，从而实现调控目标。而监管政策直接作用于金融机构，权威性强，传导快，具有引发内在货币剧烈调整的威力，很大程度上决定了货币政策传导的有效性。即使中央银行可以调控外在货币，但如果没有有效的监管做保证，外在货币投向何处、效率如何，这是中央银行无法控制的，也无法保证金融支持实体经济。

中国金融改革路线图：构建现代金融体系

最后贷款人职能需要金融监管政策的协调配合。最后贷款人的流动性救助职能赋予了中央银行作为危机救助最后防线的重要地位。"当经济受到系统性危机冲击并陷入衰退时，金融机构会出现挤兑，金融市场流动性迅速枯竭，金融体系功能受到严重损害，存在着危机应对的'黄金48小时'，越果断及时地救助，政策效果也越好。"中央银行作为最后贷款人，如果不参与监管，且监管信息无法有效共享，就很难清楚掌握金融机构的资产状况，难以做出准确的救助决定，从而降低救助的效率，错失救助的时间窗口。2007年，英国北岩银行（Northern Rock Bank）爆发挤兑，英格兰银行由于缺乏第一手监管信息而未能及时救助。2008年，雷曼兄弟（Lehman Brothers）倒闭，由于缺乏中央对手方清算机制，美联储并不完全掌握雷曼兄弟公司的金融市场交易信息，导致误判，认为雷曼兄弟倒闭不会对市场造成系统性冲击。相反，伦敦清算所引入中央对手方清算机制，迅速处置了包括雷曼兄弟在内的9万亿美元未平仓头寸，未给其他市场主体和伦敦清算所带来损失。因此，风险"看得见、守得住、救得活"三位一体，事后救助必须与事前、事中监管紧密协调配合，尤其是监管信息要共享。这也是习近平总书记要求"统筹监管重要金融基础设施、统筹金融业综合统计"的重要背景。

04
构建新时代的金融体系

健全金融监管体系

一、好的监管应与时俱进

从体制上看，监管体系要适应金融业态的演进。市场主体从事综合经营的动机很强，监管体系应适应此发展趋势，监管者应基于机构的公司治理水平和自身监管能力确定综合经营的步伐与形式。美国在20世纪30年代的大萧条之后曾出台限制金融业综合经营的《格拉斯－斯蒂格尔法案》（Glass-Steagall Act），然而20世纪80年代以来，科技发展极大地提升了金融活动的效率，降低了跨业经营的管理成本，使综合经营成为提升金融业竞争力、有效服务实体经济的重要途径，市场力量最终迫使监管者承认了金融业综合经营的有效性。美国于1999年通过《金融服务现代化法案》（Financial Services Modernization Act），废除了限制金融业综合经营的《格拉斯－斯蒂格尔法案》。2008年金融危机之后，各国金融监管改革的主流做法是对金融业综合经营加以规范和完善。

从手段上看，监管者应适应金融科技的发展，引入监管沙盒和监管科技。近年来，随着大数据、区块链、云计算、人工智能和机器学习等技术的快速发展，新技术不断被应用至金融领域，引致新的金融业态、产品和服务的创新，现代金融体系正在被重塑。金融科技的发展大幅度降低了金融服务的边际成本和准入门

中国金融改革路线图：构建现代金融体系

槛，在带来效率和便捷，提高金融普惠和覆盖面的同时，也带来了新的挑战。从早期的 e 租宝、泛亚、大大集团的风险事件，到 2017 年以来的现金贷、网络小贷、首次币发行等金融乱象，现有的监管手段已不能满足市场健康发展的需求。改进监管手段，一是探索"监管沙盒"的做法，参考英国、新加坡的监管实践，尝试能够试错、容错、查错、纠错、对金融创新具有包容性的监管手段。二是以监管科技应对金融科技。技术进步归根结底是中性的，用于金融创新则为金融科技，用于金融监管则为监管科技，面对金融科技的挑战，监管技术的改进也是必然的要求。

从方式上看，既要重视机构监管，也要重视功能监管；既要重视审慎监管，也要重视行为监管。在传统的监管理念中，各类金融业务泾渭分明，既不存在重合，也没有交叉，因此，依照机构分类进行监管即可保证监管的针对性和质量。然而，随着现代金融市场的发展，金融机构跨业经营、金融业务跨界合作，表面上属于不同类型的机构，实际上实现了相同的金融功能。如果监管方式没有适应性的调整，就会出现监管空白和监管套利，典型的例子是影子银行。非银行机构实际上实现了信贷创造功能，但是其受监管程度远远低于银行，不需要满足资本充足率等对银行的监管要求，从而产生了套利空间。要消除套利空间，就必须重视功能监管，对同类功能的金融活动制定相同的监管规则。此外，2008 年金融危机的教训表明，金融监管既要重视维护金融机构健康、金融体系稳定的审慎监管，也要重视保护金融消费者权益的行为监管。次贷危机的重要根源是金融机构为不具备购房能力的

04
构建新时代的金融体系

金融消费者提供了次级贷款——属于"不负责任的贷款",这反映出行为监管和金融消费者保护的严重缺失。我国近年来频繁曝出的非法集资案件,尤其是一些披着"互联网金融"外衣的非法集资活动,处于监管空白地带,应加强行为监管和金融消费者保护的统筹协调,落实监管责任,补上监管短板,消除监管空白。

二、好的监管是平衡的监管

第一,守住风险底线与市场出清之间的平衡。监管并不是要确保零风险,健康的金融体系应该是一个金融机构有"生老病死"的有机系统,即既能实现有效的市场化退出,又能守住系统性金融风险的底线。

在理论上,区分系统性风险和非系统性风险,并采取差异化的应对政策,这是基于"安全与效率"界定的监管与市场的边界。一方面,如果风险属于非系统性金融风险,那么金融风险的外溢性是有限的,对金融安全的威胁较小,因此,宜以微观审慎的合规监管为主,更多地依靠市场自律,主要借助存款保险的市场化方式来处置风险,这样可以充分发挥市场机制优胜劣汰的作用,形成正确的市场纪律。另一方面,如果风险属于系统性金融风险,那么风险防范必须守住底线。鉴于系统性风险巨大的外溢性和经济社会成本,危机救助和风险处置不仅需要存款保险,还必然涉及中央银行的最后贷款人职能甚至财政资金的参与,政府部门需要调用大量社会资源深度介入。

在实践中,对于微观局部、非系统性的金融风险,要敢于打

中国金融改革路线图：构建现代金融体系

破刚性兑付，打破隐性担保，充分发挥存款保险的市场化退出机制的作用，实现市场出清，维护市场纪律。对于系统性金融风险，除了实施微观审慎监管外，还必然要实施逆周期、降低风险传染、限制"大而不能倒"的宏观审慎管理，强化中央银行在防范系统性金融风险的抓总牵头作用，守住风险底线。

第二，鼓励创新和确保服务实体经济之间的平衡。2008年的金融危机表明，如果金融创新缺乏完善的制度环境，则容易脱离实体经济，走上盲目扩张、盲目发展的道路。为了创新而创新，游离于实体经济之外的"概念化、泡沫化"金融创新，终将成为无源之水、无本之木，只是昙花一现，浮华褪去之后，不仅不能起到促进经济发展的作用，反而会给金融业和实体经济带来巨大的灾难。因此，金融监管既要鼓励创新，还要着力引导金融创新服务实体经济，对不同形式的金融创新采取差异化的应对措施。

一是区分审慎监管与非审慎监管，对原本属于非审慎监管范围而实际从事了应予以审慎监管的银业业务——这属于违反监管规定的所谓"金融创新"——的机构，应严格执行监管规定进行取缔，比如近年来以金融创新的名义发展资金池业务的部分P2P平台。

二是对明显属于规避监管、监管套利的金融产品，金融监管部门也应主动打击，比如部分金融机构的金融创新产品名为发展直接融资，实际上是变相的信贷替代产品，这些机构把资金投向了限制性领域，博弈宏观调控。

三是对确有创新价值且功能属性与现有金融业务和产品相同的金融创新，应按照功能监管的原则，施行统一的监管，比如目前的资管产品。

四是对暂时难以准确定位的金融创新，可以考虑借鉴国际上"监管沙盒"的做法。监管者应提高风险警觉性，不能只在出现问题后才采取行动，要有预判、有预案。

三、好的金融监管应激励相容

首先，明确目标，依法监管。监管部门的目标要专一，避免身兼发展与监管两职，导致重发展、轻监管。我国近年来出现的一些金融乱象和微观局部的金融风险，身兼发展与监管两职的监管部门的目标冲突是其重要原因。正如国际货币基金组织发布的《中国金融体系稳定评估报告》所指出的，中国金融乱象与监管和发展不分有很大关系。诺贝尔经济学奖得主霍姆斯特姆（Holmstrom）及合作者米格罗姆（Milgrom）在对多任务委托-代理的分析中指出，面临多个任务目标时，代理人有动力将所有的努力都投入业绩容易被观测的任务上，而减少或放弃在其他任务上的努力。在金融监管领域，在监管与发展的二元目标的激励下，监管者会自然地倾向于成绩更容易被观测的发展目标，而相对忽视质量不易被观测的监管目标。这是习近平总书记在第五次全国金融工作会议上明确要求"分离发展和监管职能"的重要背景。

其次，要把监管的规制与执行分开，减小监管者的相机决策权，确保监管的质量。迪瓦特旁（Dewatripont）和梯若尔（Tirole）等人将不完全契约理论引入金融监管领域，指出监管者容易受其他目标、政治压力、利益集团的影响，出现监管俘获，偏离金融

中国金融改革路线图：构建现代金融体系

监管的目标，因此其自由裁量权应与监管机构的独立性，即坚守监管目标的能力相匹配：对于独立性较强、有能力坚守监管目标的监管者，可以赋予其更多的相机监管的权力；而对于独立性较弱，易受其他目标、政治压力、利益集团等影响的监管者，则应当降低其相机决策权，由外生监管规则予以约束。这也是《巴塞尔协议》（Basel Accord）等国际监管规则的理论基础。第十三届全国人民代表大会第一次会议审议通过的国务院机构改革方案，决定剥离银行业保险业监管者承担的拟订银行业、保险业重要法律法规草案和审慎监管基本制度的职责，此举分离了监管规制与执行，使监管者专注于监管执行，从而防止其偏离目标。

最后，要建立有效的薪酬体系和问责机制。合理的监管者薪酬水平是监管者有效履职的内在激励。监管的有效性很大程度上取决于主观能动性，又取决于监管者与监管对象专业水平的对比。在监管者薪酬水平与市场差距过大的情况下，监管机构人才的不断流失、监管专业性的下降将难以避免。问责机制是监管者有效履职的外部约束。金融监管者如果不完全承担监管失误导致的危机和风险暴露的成本，就会出现监管激励不足，监管的努力程度低于最优水平。即使有明确的法律法规，监管者也可能有法不依。问责机制就是要基于监管失误对监管者施加惩戒，强化其监管激励。比如，2001年澳大利亚HIH保险公司倒闭，澳大利亚金融监管局（APRA）被认为有严重的监管失误，并可能存在政治献金的利益输送，澳大利亚政府专门成立皇家调查委员会进行调查，多名监管人员受到问责并被免职。

04
构建新时代的金融体系

改革金融机构体系

一、完善金融机构公司治理

公司治理是国家治理体系在微观层面的重要组成部分，以公司治理为核心的现代企业制度的建立和完善，是国家现代化进程的重要推动力量。自从党的十五届四中全会将"公司治理"这一概念正式写进党和国家的重要文件以来，尤其是在国有企业改革和国有银行改造上市过程中，相关制度和政策不断完善，以"三会一层"（股东大会、董事会、监事会和高级管理层）为核心的公司治理框架已基本形成，但重形式、轻实质，形似而神不至的问题仍然十分突出。近年来，我国金融机构存在的问题往往是在审计、巡视中被发现的，这充分说明金融机构的公司治理、金融监管等金融治理机制存在明显的失灵。

我国金融机构的公司治理存在四个方面的突出问题。一是国有出资人缺位与越位并存。在链条复杂的授权体系下，全民对政府（财政）、政府（财政）对企业管理层的双重委托－代理机制难以起到监督和制衡作用，国有股股东的权利事实上缺乏有效保护。同时，中小股东缺乏话语权，参与公司治理的积极性不高，"同股同权"语境下，小股东权益无法得到保障，股东大会、董事会的作用减弱，经营管理和决策也并非完全的市场行为。二是缺乏有效的制衡机制。一些企业"三会一层"之间的边界不清晰，

中国金融改革路线图：构建现代金融体系

董事长"一长独大"的现象突出，"三会"失去了相互制衡的作用，变成了所谓的一、二、三把手排序。综合了英美法系与大陆法系的公司治理结构特点的董事会、监事会设置，没有将审计等职责赋予监事会，却在客观上限制了后者的监督职能。三是信息披露不充分。在我国公司治理实践中，涉及经营的重大事项，如薪酬、风险管理状况、公司治理、年度重大事项等信息，部分企业没有及时、充分、有效披露，外部约束力量过于薄弱。四是监管部门的积极作用没有得到有效发挥。金融监管等外部治理的市场化改革还没有完全到位，监管与发展职能不分，监管部门实际上行使的是行业主管部门的职能，重在管理，而不是完善企业的公司治理。

完善金融机构的公司治理，可从探索控股公司模式、完善内外部制衡机制、完善信息披露以及强化金融监管的引导作用等方面入手。

第一，探索通过控股公司模式完善国有金融机构公司治理。建立"国有资本管理部门—控股公司（国有资本投资运营公司）—国有企业"三层架构，取代"国有资本管理部门—国有企业"两层管理结构，这不仅符合以国有资本改革带动国企改革、政府仅以出资人身份管理国有资产的思路要求，而且将进一步明确国有资本的权属及相关政府机构的职能定位，有利于国有企业建立现代企业制度，确保"政企分开、政资分开"。

第二，完善内外部制衡机制。一方面，加强内部制衡。厘清"三会一层"的边界和责任，强化激励约束，避免一、二、三把手的科

04
构建新时代的金融体系

层结构。发挥股东大会对公司重大事务的最终裁决作用以及对董事会、高级管理层的监督作用。明确董事会在制定战略规划和监督执行、提升核心竞争力方面的主要责任,增强独立董事的专业性和独立性。强化监事会的监督职责。另一方面,积极发挥利益相关方的制衡作用。明确政府部门、监管机构与企业的管理边界,防止行政部门滥用权力干预微观主体的经营管理。明确利益相关方的合法权利,提高员工在公司治理中的参与度。建立并完善有效的破产清偿框架和执行机制,进一步强化股本吸收损失原则和破产执行力度,增强债权人作为外部监督者的作用,防止逃废金融债务。

第三,完善信息披露制度。要明确信息披露范围,包括公司的财务状况和经营状况、主要股东和实际控制人、董事会成员和高级管理层的薪酬、董事会成员相关信息及其独立性、关联交易、员工和其他利益相关者等完整信息。同时,加强和改善信息披露质量。使用高质量的会计和披露标准以提高报告的相关性、可靠性和可比性。聘请独立、称职的外部审计机构提供高质量的审计服务。加强信息传播渠道建设,以便相关各方平等、及时和低成本地获取相关信息,强化约束。

第四,金融监管部门要有效引导金融机构完善公司治理。首先,要厘清外部治理与内部治理的边界,明确金融监管等外部治理机制不应直接涉入公司内部治理的领域。其次,监管部门应为金融机构建立完善稳健的公司治理架构提供指导,定期评估公司治理政策、措施和执行情况,并要求金融机构对实质性缺陷采取有效措施。最后,加强事前风险监测和事中风险管控,对公司治理有明显缺陷的金融机构可能出现的风险要"看得见、管得住"，守住不发生系统性风险的底线。

二、健全金融机构市场化退出机制

近年来，在流动性总量保持充足稳定的前提下，我国中性货币环境下资金供求始终处于紧平衡状态，金融市场出现频繁波动。金融业杠杆率高、问题金融机构没有市场化退出是其重要原因，这暴露出我国金融机构市场化退出机制存在明显的短板。

在金融风险处置和问题金融机构退出方面存在的诸多缺陷和不足，集中体现为监管部门的行政处置模式存在弊端，存款保险市场化处置机制的作用受到制约。20世纪80年代以来，我国经历了两个大规模处置金融风险的阶段，通过一系列的实践与探索，及时化解了历史积累的金融风险，维护了金融体系的稳定，也积累了一些成功经验，但同时也应该看到，当时防范和处置金融风险的法律制度尚未健全，特别是由于当时存款保险制度尚未建立，以行政为主导的风险处置方式的市场化程度不高，市场配置金融资源的基础性作用不能有效发挥，金融机构难以实现快速有序的市场化退出，金融业防范和处置金融风险的能力亟待增强。

第一，及时校正等监管规定没有被严格执行。及时校正措施的意义在于，在金融机构财务状况恶化的过程中，越是流动性不足，越有可能产生赌博心理，存在道德风险。如果没有有效的及时校正措施，就不能促使金融机构用正当的方式去扭转经营不善的局面，反而可能出现更大的风险。1995年巴林银行倒闭就是典

04
构建新时代的金融体系

型案例。《中华人民共和国银行业监督管理法》明确规定,"银行业金融机构已经或者可能发生信用危机,严重影响存款人和其他客户合法权益的,国务院银行业监督管理机构可以依法对该银行业金融机构实行接管或者促成机构重组,接管和机构重组依照有关法律和国务院的规定执行",明确赋予金融监管机构及时校正的权力。然而,在我国处置金融机构风险的政策实践中,从未出现一例"早发现、早处置"金融机构风险的案例,其结果必然是风险难以以市场化方式出清,微观、局部风险久拖不决,最终形成系统性风险隐患。

第二,缺乏专业的处置平台,风险处置的市场化程度不高,处置效率低下。大量退市机构"僵而不死、死而不葬"的现象普遍存在,资产"冰棍效应"日增,清算费用和损失日益扩大。

第三,缺乏正向的激励约束机制,容易引发金融体系道德风险。监管部门不承担处置成本,处置成本主要由国家承担,这导致市场约束弱化,容易鼓励或诱发金融机构的恶意经营行为。

国际经验表明,完善的存款保险制度和有效的及时校正措施是保证金融机构风险被"早发现、早处置",实现有序退出的重要制度安排。过去一段时间以来,主要国家和地区都在推进建立健全市场化的金融风险处置机制,过去部分采取以行政为主导的风险处置机制的国家也纷纷进行市场化改革,存款保险已成为各国重要的市场化金融风险处置平台。2008年的国际金融危机是对存款保险制度一次最好的检验。截至2016年12月底,美国在危机中有525家银行倒闭,但面对危机,美国依靠其比较成熟有效

中国金融改革路线图：构建现代金融体系

的存款保险平台，按照"成本最小化"原则，灵活运用收购承接、过桥银行等市场化处置方式，及时化解了不同规模银行的倒闭风险，其中包括花旗银行（Citibank）、华盛顿互惠银行（Washington Mutual）、印地麦克银行（IndyMac Bank）等大型银行，还最大限度地减少了处置成本，有效维护了公众信心和美国金融体系的稳定。汲取成功经验后，美国大幅度扩展了联邦存款保险公司（FDIC）的处置职责范围，将其延伸至具有系统重要性的非银行金融机构，使存款保险制度成为覆盖整个金融业的风险防范和处置制度安排。

2014年11月，巴塞尔银行监管委员会（BCBS）和国际存款保险协会（IADI）最新修订的《核心原则》，进一步确立了存款保险在市场化风险处置和危机管理机制中的重要地位，强化了存款保险的处置权力和危机应对能力。各国普遍由存款保险担任问题金融机构的处置当局，强化了存款保险的处置职能，丰富了市场化处置工具。金融稳定委员会（FSB）中共有14个成员任命存款保险担任问题银行的接管人或清算人，对问题银行进行早期干预和处置。各国的经验是，日常监管是监管机构的事，出了问题则由存款保险接管处置。

国际经验也表明，存款保险不能做单纯的出纳或"付款箱"，要赋予存款保险早期纠正职能，争取早发现或少发生风险，存款保险与金融监管部门要适当分工，各有侧重，共同提升金融安全网的整体效能。日本存款保险制度从1971年建立至今已40余年，先后经历了国内经济泡沫破灭、亚洲金融危机、2008年全球金融危机的多次冲击和变革，其中包括在泡沫经济破灭、银行破产呈蔓延之势的 1996 年实施临时性全额保险，2002 年后逐渐退出。日本存款保险机构（DICJ）虽然是损失最小化模式，但由于受制于监管部门，缺乏早期纠正职能，处置职能也不完善，风险处置往往被动滞后、效率低下，造成其长达 14 年的长期赤字运营。总体来看，尽管日本形成了以存款保险机构为平台的银行风险处置体系，但一直未能建立完善的市场化风险处置机制。

完善金融机构市场化退出机制，要充分发挥存款保险平台的作用。在守住系统性金融风险底线的基础上，按照市场化、法治化原则处置微观、局部的金融风险，强化各方责任，提高风险处置效率。有效地发挥存款保险早期纠正机制的作用，落实《存款保险条例》"采取早期纠正措施和风险处置措施"的要求，可以给监管部门形成一定的压力和制衡，促进监管质量和效率的提升，保证及时校正监管规定的严格执行。金融机构要打破隐性担保的预期，实现问题金融机构的有序退出。金融产品要彻底打破刚性兑付，资产管理要回归"受人之托、代人理财"的业务本质。同时，加强对投资者的教育，强化"卖者尽责、买者自负"的投资理念，形成正确的市场纪律。

三、明确银企关系的金融模式

从国际实践来看，按照银行与企业关系的亲疏远近，大致有两种金融模式：以美国为代表的、银行与企业保持距离的盎格鲁－撒克逊模式，以日韩为代表的、控制导向的日韩模式。在

中国金融改革路线图：构建现代金融体系

盎格鲁－撒克逊模式中，银行被禁止持股企业，恪守债权人身份的经典定义：在企业正常经营时，银行对企业经营决策放手不管，只有当企业经营出现问题、危及债务偿还并可能破产时，银行才会试图介入，介入手段与普通的债权人并无二致。银行和企业相对保持距离，资金供求双方是充分竞争、自由组合的。在日韩模式中，银行与企业建立了包括资金和人事在内的紧密关联：一是企业选定一家银行作为自己主要的往来银行，在这家银行开立基本账户，并主要从这家银行取得贷款。二是银行持有企业的股份，以股东的身份直接参与企业公司治理。三是银行参与企业的财务管理，并就此掌握企业日常经营的信息。四是若干家以同一银行为"主银行"的企业，常常以该银行为中心，形成企业集团。

表面上看，银企关系的不同模式体现的是控制权的差异，而本质上则是信息权的差异，与该国股权融资发达程度、市场竞争程度、法律体系、金融业综合经营程度等相关因素相适应。比如，美国资本市场高度发达，外部股东主动核实企业信息并构成有效监督，是防范并承担风险的第一道防线，因此银行作为偿还优先级较高的债权人，独立核实企业信息的必要性不大，主动介入并控制企业的主观意愿相对较弱。同时，在高度竞争的金融市场中，无论银行还是企业都可自由选择合作伙伴、"用脚投票"，金融机构想掌握企业控制权亦不具备客观条件。而在日本，由于金融市场的外部约束较弱，外部股东作用有限，银行必须主动介入以获取企业信息，也有能力与企业建立紧密的资金和人事联系。

我国目前的银企关系模式较为模糊，既不像盎格鲁－撒克逊

04
构建新时代的金融体系

模式,也不像日韩模式。一方面,虽然我国金融体系由银行主导,但银行却不能直接持股企业。长期以来,银行不能直接持有企业股份,必须通过设立子公司才能持股,银行对参与企业日常经营和公司治理既缺乏动力又缺少经验。另一方面,作为盎格鲁-撒克逊模式前提的资本市场始终没有发展起来。20世纪90年代,我国曾一度倾向于日韩模式,但由于日本泡沫经济破灭,我们又认为日韩模式走不通,还是得走盎格鲁-撒克逊模式,但在实际操作中左右摇摆,一遇到挫折就叫停IPO(首次公开募股),资本市场发展不足是盎格鲁-撒克逊模式无法实现的重要原因。

长期来看,我国最终需要为银企关系选择一种模式。盎格鲁-撒克逊模式可能是更好的选择,而且一旦选择了就要坚持,不能一遇到挫折就叫停IPO。

短期来看,盎格鲁-撒克逊模式不可能一蹴而就,现阶段可能仍需要参考日韩模式,探索"主银行制"。对杠杆率较高、需要补充资本的大中型企业而言,"主银行制"的意义在于通过引入银行股东来加强股东监管,通过强化内部制衡来改善公司治理,从而实现企业经营绩效的改善。对小微企业、民营企业而言,融资难主要是由于评级、会计等市场基础设施尚不完善,信息不透明,投资者难以甄别企业质量。"主银行制"能有效改善银行、企业之间的信息生产、信息处理和信息流通,有助于提升融资可得性。20世纪90年代以来,随着金融市场的发展越来越完善,日本的"主银行制"逐渐衰落,但很多中小企业仍保留了"主银行制",其改善信息质量并增强中小企业融资可得性的优势是重要原因。

中国金融改革路线图：构建现代金融体系

建设现代金融市场体系

一、现代金融市场体系之于现代金融体系的重要性

发达的金融市场是现代金融体系的鲜明特征。我国是全球第二大经济体，一个日益接近世界舞台中央的发展中大国，基于我国新的发展阶段、发展趋势和国际地位，要充分认识金融市场的重要性。一是建设现代金融市场体系是实现金融体系对标高质量发展的必然要求。与银行间接融资相比，金融市场在完善公司治理、增强信息披露和加强风险管理等方面具有比较优势：金融市场通过较高的信息披露要求和透明度可以建立有力的外在约束，通过明确的所有权和经营权分离可以构建更有效的内在激励，通过资金要素的市场化配置可以有力地促进其他要素市场的发展。二是建设现代金融市场体系是贯彻新发展理念的必然要求。"创新、协调、绿色、开放、共享"的新发展理念以"创新"为首，而"创新"发展以发达的金融市场为有力支撑。只有金融市场形成比较完备的资本投资机制以及相配套的中介服务体系，才有可能加速科技创新成果向现实生产力的转化，推动科技创新创业企业从无到有、从小到大，形成新的经济增长点。三是建设现代金融市场体系是"去杠杆"的必然要求。要从源头上降低债务率，必须完善储蓄转化为股权投资的长效机制。关键是发展金融市场，通过大力发展股权融资补充实体经济资本金。四是建设现

代金融市场体系是货币政策由数量型调控为主向价格型调控为主转变的必然要求。价格型调控为主的货币政策传导以金融市场为基础。金融市场合理定价，市场之间紧密关联，能够实现资金价格的联动和传导，这是货币政策转向价格型调控为主的重要前提。五是建设现代金融市场体系是金融业对外开放的必然要求。历史经验表明，扩大对外开放会加快金融市场既有缺陷的暴露，只有金融市场自身过硬，才能充分体现扩大开放所带来的福利改善、效率改进、竞争力提升等积极影响。六是有弹性的人民币汇率需要具有广度和深度的外汇市场。有弹性的汇率是有效抵御外部冲击、保持本国货币政策自主性的重要保障，关键在于市场的深度和广度。七是人民币国际地位的提升也亟须金融市场的快速发展。发达的金融市场能有效满足境外居民持有人民币资产的多元化需求，会极大地提升人民币的吸引力，促进人民币在贸易投资中的计价结算功能的发展。

二、我国金融市场体系仍存在诸多结构性问题

改革开放以来，我国金融市场从无到有，快速发展，目前已经初步建成了门类齐全、功能完备的市场体系，包括股票市场、债券市场、外汇市场、票据市场等。一些市场也具备相当的体量和影响力，如2017年末我国债券市场托管量达到74万亿元，规模升至世界第三。虽然我国金融市场规模已经不小，但仍存在诸多结构性问题。

第一，直接融资占比有所提升但仍远低于间接融资。我国直

中国金融改革路线图：构建现代金融体系

接融资的增量占社会融资增量的比重从 2006 年的 9% 升至 2017 年的 6.78%，但和主要经济体仍有差距，不仅低于美国、新加坡等成熟市场，也低于德国、韩国、马来西亚、日本等传统信贷较活跃的市场。

第二，影子银行急剧膨胀，劣币驱逐良币。近年来，我国影子银行急剧膨胀，潜在风险增大。影子银行资产在银行资产中的占比已从 2011 年的 17.2% 快速提升至 2017 年的 26.03%。金融稳定委员会数据显示，2010 年年底，我国影子银行在 26 个样本国家中占比仅 2%，2016 年这一比例已升至 16%，这说明我国影子银行的扩张速度明显高于其他国家。

第三，债券市场结构性失衡，市场分割加剧。近年来，各监管部门均大力发展自己管辖下的债券市场（或类债券市场），并形成了不同的发行、交易及登记托管场所。国债流动性不足，税收政策是重要原因。在现行政策下，只有持有至到期的国债才能享受税收优惠的政策，这导致投资者倾向于持有至到期，减少了国债交易流通。国债收益率难以成为市场定价的基准，投资者转而将发行量大、不免税的国开债当作无风险收益率的替代基准。

第四，股票投机特征明显。从基本制度看，股票发行注册制迟迟未能推出，也缺乏做空机制，这导致股票市场缺乏自我平衡的能力，股价容易出现大幅波动。从市场主体的行为看，金融市场普遍存在的刚性兑付，扭曲了金融市场的风险溢价，推升了股票投资者对预期收益的要求，强化了投机性质。从市场参与者的构成看，缺乏机构投资者，尤其是个税递延型商业养老保险不足。

由于我国养老金体制尚不完善，尤其是个税递延型商业养老保险不足，第二支柱、第三支柱尚未建立健全，养老金等国际市场上的重要的机构投资者未能充分发挥稳定金融市场的作用。

第五，严格的市场准入抑制了衍生品市场、外汇市场的发展。微观监管部门对金融主体参与衍生品市场仍存在过于严格的准入限制，衍生品市场仍以交易类型为主，针对价格发现和风险管理的金融产品发展滞后。据国际清算银行（BIS）统计，2017年上半年，美元和日元债券利率衍生品交易额分别为156.2万亿美元和40.8万亿美元，均相当于债券基础资产的3.5倍左右。2017年，中国利率衍生品交易达到历史最高的14.4万亿元，但仍不到全部债券市场基础资产的20%，市场深度仍待提高。在外汇市场上，我国一直强调人民币外汇衍生品交易要遵循实需原则——所有外汇交易必须有真实、合规的贸易或者投融资背景。在资本跨境流动仍存在较多限制的背景下，企业外汇需求净头寸方向变化不大，在实需原则下，银行只是根据企业外汇交易头寸进行外汇衍生品交易，交易方向基本一致，不利于外汇价格的发现，外汇市场广度和深度有限。

三、构建现代金融市场体系的建议

现代金融市场体系应当规则统一、功能齐全、信息透明、具有广度和深度。基于当前的现实，构建现代金融市场体系应从以下几个方面入手。

第一，健全多层次的金融市场。随着现代市场经济的发展和

中国金融改革路线图：构建现代金融体系

居民财富的积累，对金融产品、金融服务需求的多元化、差异化，必然要求构建多层次的金融市场以提供有效供给。要落实投资者适当性原则，使投资者能够享有与其风险偏好一致的金融产品和服务。

第二，有效统筹，打破市场分割。现代金融体系是密切关联的整体，其中任何市场都不是孤立存在的，人为分割只会降低市场效率。同时，在缺乏整体统筹的背景下，单个市场的扭曲，往往会导致其他市场出现问题，如果"头疼医头、脚痛医脚"，只会"按下葫芦浮起瓢"。

第三，消除价格扭曲。要健全金融监管体系，打击规避管制和监管套利行为，减少在现有利率水平上叠加的不合理的制度成本和非正常的风险溢价；减少行政干预，使政府债券的定价反映市场供求，反映真实的风险水平和流动性水平；取消政府债券的税收优惠，提升国债的流动性，使国债收益率真正成为金融市场的定价基准。

第四，彻底打破刚性兑付。打破行业保障基金"自我保护"的幻觉，改善金融产品的信息披露，加强投资者教育，形成"卖者尽责、买者自负"的市场氛围。

第五，丰富金融产品，健全市场功能。要放松不必要的市场准入管制，培育和发展金融衍生品市场，实现充分的价格发现并为实体经济提供充分的风险管理手段和工具。深化外汇市场发展，加快深入推进汇率形成机制改革，增强人民币汇率弹性，提高汇率波动容忍度，切实提高货币政策自主性。

第六，培育机构投资者。完善养老金制度，推动发展个人税收递延型商业养老保险，建立健全第二、第三支柱，提高养老金收益率，引导居民优化配置储蓄资金，充分发挥养老金等长期投资者稳定并促进资本市场发展的作用。

四、建设新时代现代金融体系的总体建议

理顺政府与市场的关系是建设新时代现代金融体系的基础。"使市场在资源配置中起决定性作用"，政府要避免对金融市场进行直接干预，将资源配置的主导权留给市场，硬化对广义政府活动的融资约束，减少对私人部门的挤出。"更好发挥政府作用"，应遵守公司治理的基本原则，完善金融国有资本管理。

以建设现代金融市场体系为纲，建设新时代金融体系。构建规则统一、功能齐全、信息透明、具有广度和深度的金融市场体系，重点是健全多层次的金融市场，加强市场统筹，打破市场分割，消除价格扭曲，打破刚性兑付，丰富金融产品，健全市场功能，培育机构投资者。

适应金融业发展的金融立法是建设新时代现代金融体系的重要保障。金融立法要与时俱进，彻底改变分业立法、机构立法模式，加强统筹协调，增强金融法规的适用性，尽快填补立法空白，提高金融立法的科学性和前瞻性。

金融调控要重视货币政策在维护金融稳定中的重要作用。健全货币政策和宏观审慎政策双支柱调控框架，充分发挥中央银行在防范化解系统性金融风险中的牵头抓总作用。推动货币政策调

中国金融改革路线图：构建现代金融体系

控方式的转型，关键是培育 SHIBOR、国债收益率等市场基准利率，提高其交易性和代表性，使其真正成为资金定价的基准。

金融监管体系要与时俱进、平衡、激励相容。金融监管既是科学，也是艺术。要适应现代金融市场的发展趋势，基于机构的公司治理水平和自身监管能力确定综合经营的步伐和形式。要平衡守住风险底线与市场出清，平衡鼓励创新和引导金融服务实体经济。要实现监管的激励相容，明确监管目标，分离监管规制与执行，建立有效的薪酬体系和问责体系。

可探索控股公司模式，完善金融机构公司治理。建立"国有资本管理部门—控股公司（国有资本投资运营公司）—国有企业"三层架构，政府仅以出资人身份管理国有资产，确保"政企分开、政资分开"。

完善金融机构的市场化退出机制，要充分发挥存款保险平台的作用。落实《存款保险条例》"采取早期纠正措施和风险处置措施"的要求，保证及时校正监管规定的严格执行。

明确金融模式选择，可参考日韩模式，探索"主银行制"。以引入银行股东方式加强大中型企业的股东监管，改善公司治理，同时弥补评级、会计等市场基础设施的不足，提高小微企业融资可得性。

05

构建适应创新驱动发展模式的金融市场体系

05
构建适应创新驱动发展模式的金融市场体系

创新驱动发展是我国经济转型发展的基本方向,如何建立支撑创新驱动发展模式的现代金融市场体系是当前金融改革发展迫切需要研究的重大课题。在过去40年的改革开放中,我国金融市场在支持要素驱动发展模式方面发挥了重要作用,并形成了依托要素进行风险定价的模式。在要素驱动发展模式动力趋弱,外部环境和内部条件均发生明显变化的情况下,多年快速发展起来的金融市场体系自身也面临转型调整和深化发展的问题,金融市场体系既要应对现实挑战,也要为经济转型发展提供新的驱动力,为创新驱动发展模式提供新的金融市场运行机制和土壤。

从全球视角看,市场导向型金融体系为经济创新发展提供了更好的资金融通服务,直接融资在现代金融体系中的占比与影响力都呈现持续提升态势。与银行导向型金融体系相比,市场导向型金融体系能更有效地识别和分散风险,更适合经济创新发展的需要,特别是机构投资者主导的资本市场能促进高科技企业的创新产出,提高金融市场的配置效率。在改革开放初期,我国经济增长主要靠要素驱动,企业的发展模式和路径相对稳健,以银行为主导的间接融资体系容易满足其融资需要。当经济进入创新驱动发展阶段后,企业经营的不确定性较大,市场导向型金融体系的直接融资系统对其支撑作用更明显。同时,随着经济发展水平的提高,家庭财产性收入占比提高、风险偏好增强,人们对金融市场投资工具的需求增大,期望通过开放的金融市场实现更大范围的资产配置。

中国金融改革路线图：构建现代金融体系

我国金融体系是随着社会主义市场经济体制的确立与改革逐步发展起来的。在改革开放初期，我国的经济发展主要靠消化吸收外国先进技术的中低端制造业和城镇化需求拉动，土地作为重要的生产要素，通过抵押品约束机制有效缓解了企业的融资约束，推动了工业化和城镇化快速发展。由于房价和地价总体处于上升周期，房价上升、房地产增值与抵押贷款增加呈较强的相互促进和顺周期性，房地产成为银行信用扩大的重要渠道。与此同时，对外贸易增长导致外汇占款增加，也导致基础货币的投放增加。对外贸易增长和城镇化拉动的融资需求与银行信用创造相互作用，成为货币供应的主要方式。

近年来，我国金融市场发展迅速，债券市场等与直接融资相关的市场机制初步建立，金融体系的市场化程度提高，但市场功能和市场结构与创新驱动发展模式的需求相比，还有较大的发展空间。目前，银行信贷占社会融资总额的比例在65%以上，银行主导的抵押融资模式及风险定价逻辑对我国金融体系产生了深刻的影响。公司信用类债券市场2005年以来快速发展，推动了企业主体信用风险定价模式的初步培育和发展，但在对债券发行企业的信用评价体系中，政府信用或土地等资产仍作为债券偿付能力的重要参考。股票市场波动较大，融资功能和投资功能有待进一步完善。衍生品市场产品序列不全，缺乏风险对冲和管理工具，价格形成有较大局限性。

现阶段，我国金融市场体系在适应创新驱动发展方面存在的关键问题是基于主体信用的风险评估及定价机制未完全建立。金

05
构建适应创新驱动发展模式的金融市场体系

融体系形成了基于土地等抵押品及与政府信用或准信用管理的风险评估体系，市场主体自身的信用体系未完全建立，企业的风险定价及风险分担机制不健全。其次，长期资本形成存在机制缺陷。债券以中短期为主，市场深度和流动性不足，短期利率与长期利率的联动传导不强，长期资金价格发现机制基础薄弱。股权市场并购发展不足，长期资产定价功能未有效发挥。最后，金融监管与快速发展的金融市场不适应。金融监管过度强调行为监管，市场约束理念不足，金融立法及规制相对滞后。

建立适应创新驱动发展模式的现代金融市场体系。一是加强资金市场和其他要素改革的协调配合。推动土地要素供给的市场化、多元化，以此带动金融市场资源配置效率的提升。加强地方政府债务的市场化运作及约束，探索以"地方税＋市政债"替代"土地财政＋平台贷款"模式。强化知识产权保护和运用，激发企业提高自主创新能力。二是建立完善基于主体信用的风险定价机制。加强商业信用培育和主体信用评价体系建设。加快发展高收益债券市场，加大高风险偏好机构投资者的培育。打破刚性兑付，引导市场主体从套利、规模竞争转变为效率、定价及风险控制能力竞争。三是加强金融市场基础制度的建设。有序发展金融衍生品序列，完善风险分担机制，增强金融市场体系的渗透能力和对中小企业的包容性。健全市场化、法制化的违约处置机制，提高违约处置效率。提高金融市场的融资效率，充分发挥金融市场的定价及风险管理功能。四是提高直接融资比重，优化发展路径选择。大力发展债券市场、股票市场，提高市场深度和广度，推动企业主体信用的发育成熟。深化商业银行法人治理结构改革,逐步将银行理财与公募基金等的性质及法律关系类似的产品同等管理,形成更加多元化的直接融资市场投资者队伍。

05

构建适应创新驱动发展模式的金融市场体系

经济发展模式的转变

改革开放 40 年来，我国经济的快速增长主要受益于劳动力、土地和环境资源的低成本要素优势。在要素增长的驱动下，银行导向型金融体系得到了长足的发展。党的十九大报告明确提出："我国经济已由高速增长阶段转向高质量发展阶段，正处在转变发展方式、优化经济结构、转换增长动力的攻关期。""必须坚持质量第一、效益优先，以供给侧结构性改革为主线，推动经济发展质量变革、效率变革、动力变革，提高全要素生产率，着力加快建设实体经济、科技创新、现代金融、人力资源协同的产业发展体系，着力构建市场机制有效、微观主体有活力、宏观调控有度的经济体制，不断增强我国经济创新力和竞争力。"（见表 5.1）

表 5.1 供给侧结构改革转型的对比

	旧模式	新结构
产业结构	传统制造业和房地产	战略性新兴产业、服务业与现代制造
增长方式	要素驱动（人力、土地、投资）	创新驱动（产品、技术、模式）
对外开放	扩大出口与吸引外资	提高开放水平、全球配置资源
经济体制	国有企业、土地产权、政府管制	混合所有制、深化土地改革、放活市场

中国金融改革路线图：构建现代金融体系

对创新驱动发展模式，可以通过计算全要素生产率的贡献率进行观测。理论上，全要素生产率包含了科技进步、管理水平、企业家精神、人力资本质量等因素，在实践中，可以通过估计经济增长的"索罗剩余"来测算全要素生产率的贡献率，进而测算创新对经济增长的贡献。改革开放以来，总体上我国全要素生产率的增长率大致经历了三个不同的发展时期（见图5.1）。一是持续高速、波浪形增长时期。这一时期主要是1979—1996年，其间全要素生产率的增长率持续稳定提升，呈波浪形增长趋势，年平均增长4%，峰值出现在1993年，高达8.5%。二是稳定低速增长时期。1997—2007年全要素生产率的增长率有所降低，也呈现稳定态势，年均增长率为0.9%。三是负增长时期。从2008年开始，全要素生产率的增长率变为负数，并呈现降幅逐渐加大的趋势，年均降幅为1.7%。其中，在1982—1984年、1991—1992年、1996—2004年（1999年除外）、2014—2016年这四个时间段里，技术进步对全要素生产率的增长率有正向作用。相应地，全要素生产率对经济增长的贡献率也由1979—1996年的45%下降到1997—2007年的10%，近10年来，全要素生产率的贡献率转为负数，经济增长几乎全部依靠资本和劳动等要素投入拉动，充分反映了当前我国经济的要素驱动发展模式不可持续，也反映了党中央提出全面深化改革、转变经济增长方式的迫切性。

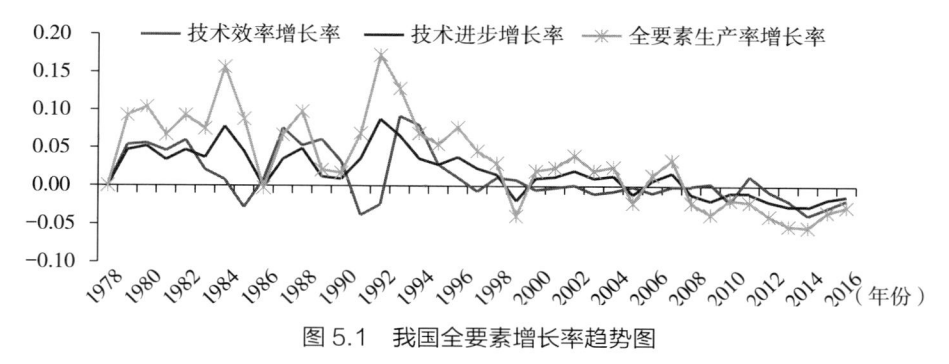

05
构建适应创新驱动发展模式的金融市场体系

图 5.1 我国全要素增长率趋势图

资料来源：历年中国统计年鉴、各省市统计年鉴、中国劳动统计年鉴，经课题组计算整理。

在实施创新驱动发展战略、加快实现由低成本优势向创新优势转换的过程中，我国金融市场体系将无法有力支持和适应创新驱动发展模式。创新驱动发展模式的核心是科技创新，是全要素生产率的提升，对创新的投资更加存在不确定性，与银行导向型金融体系产生了不协调。金融体系的竞争效率与制度安排对实体经济具有引领作用，创新驱动发展模式需要合适的金融体系予以支持。而我国的金融体系是在长期的要素驱动发展模式下建立和发展起来的，深化改革，建立适应创新驱动发展模式的金融体系，推动金融体系改革更好地支持和配合创新驱动发展战略，对我国形成国际竞争新优势、形成持续的创新驱动发展模式具有重大战略意义。同时，目前我国创新驱动发展模式的活力正在增强，从理论上来说，经济规模决定劳动分工，劳动分工影响效率提升，因此，如果制度安排恰当，我国经济是能够形成对其他经济体竞争的效率优势的，在这种背景下，如何建立适应创新驱动发展模

中国金融改革路线图：构建现代金融体系

式的金融体系，激发规模经济优势和创新驱动潜力，是前瞻性的重大课题。

广义的金融市场体系主要是构成金融市场交易的交易主体、交易客体和交易工具的总和，包括股权市场、债券市场、外汇市场、期货市场和衍生品交易市场等（见图5.2），为了突出研究重点，本研究聚焦于狭义金融市场，并重点聚焦于国内债券、股权、衍生品等金融市场的研究，很少涉及外汇市场、黄金市场和金融市场对外开放等议题，目的是研究我国金融市场主体部分形成的历史逻辑和体制机制问题，进而提出构建现代金融市场体系的宏观逻辑和改革战略性思路，探讨金融市场的结构安排、市场机制、主体参与行为和金融监管创新。

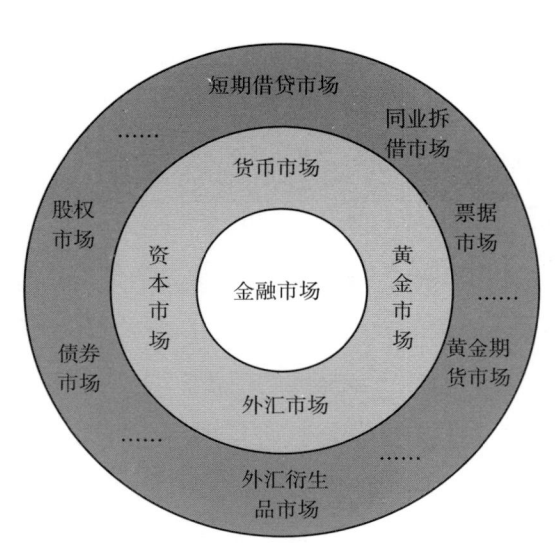

图 5.2 我国金融市场的主要细分市场

05
构建适应创新驱动发展模式的金融市场体系

在创新驱动发展模式下,金融市场对提升全要素生产率具有直接的作用,金融市场效率本身是全要素生产率的一部分。理论上,间接融资的银行信贷依赖大数定律对信贷风险进行管控,信贷资金定价是一个稳定利率回报下的风险定价,少量信贷违约风险损失可以被绝大多数优良信贷资产收益覆盖,而且通常银行信贷能够通过抵押担保物的价值确保信贷风险的最小化。金融市场的直接融资主要是权益性融资,风险偏好越高的投资者,越可以通过少数投资项目的巨大投资收益覆盖较大比例的项目投资失败的风险损失,权益投资者需要对产业技术的发展方向、投资项目的创新能力、创投企业的企业家才能等有更专业的判断能力,甚至投资者自身有提升投资标的企业价值的协同能力。可以看出,直接融资是更适合创新驱动发展模式的金融形式,内生于经济增长要素之中,其金融市场体系的效率直接部分决定着全要素生产率的提高。

本研究拟解决下列问题:一是从全球视角揭示支持和适应创新驱动发展模式的金融市场的构成、趋势、工具、措施等方面,进而揭示适应创新驱动发展模式的现代金融市场体系的主要特征;二是系统性论证目前我国金融市场体系的主要部分形成的内在逻辑机制,分析其制度性缺陷,重点总结我国金融市场体系在适应创新驱动发展模式方面存在的主要问题;三是比较系统地提出我国适应创新驱动发展模式的金融市场体系改革与发展的主要思路。

直接融资更适于支持创新驱动发展模式

一、金融体系视角看金融市场更适于支持创新发展

金融体系是指在一定的历史时期和社会经济条件下，各种不同的金融机构所形成的不同层次和系统及其相互关系的组织体系（见表5.2）。目前，世界各经济体的金融体系不尽相同，大致可以分为两类：一类是以英国、美国为代表的市场导向型金融体系，是以直接融资市场为主导的金融体系，政府监管是保证金融体系健康运行的基本要素。在市场导向型金融体系中，资本市场比较发达，企业的长期融资以资本市场为主，银行更专注于提供短期融资和结算服务。另一类是以德国、日本为代表的银行导向型金融体系，是以银行通过间接融资方式来配置金融资源为基础的，企业外部资金主要是间接融资，银行在动员储蓄、配置资金、监督公司管理者的投资决策以及提供风险管理手段上发挥主要作用。

市场导向型金融体系和银行导向型金融体系都各有优缺点，两种金融体系之间没有绝对的优劣之分。银行具有跨期分担风险的优势，而证券市场不具备这一功能；证券市场在保证市场信息的传递和扩散、促进企业技术创新方面具有优势，而银行在这些方面表现不佳；金融市场的参与门槛较高，而银行对社会个体更加包容。对不同类型金融体系的风险管理存在重大差异。发展创新型经济更需要有效识别项目或公司个体的潜在价值，分散非系

05
构建适应创新驱动发展模式的金融市场体系

统性风险，更需要市场主导型金融体系的支撑。但是，在应对金融泡沫时，银行会起关键作用。

表 5.2　不同金融体系的风险管理比较

风险分类	风险分担策略		风险分担功效	
	市场导向型	银行导向型	市场导向型	银行导向型
流动性风险	证券买卖	贷款	优	优
收益性风险				
系统风险	无	跨期平滑	劣	优
非系统风险	证券组合	分散贷款	优	劣

从宏观层面看，一个国家金融体系的选择和设计必须考虑其信息成本和产业结构。不同的金融市场体系具有不同的市场信息处理方式，对应不同的经济发展阶段。在以银行为主的金融体系中，公共信息较少，只有有限的信息被吸收到价格中去，但银行对企业具有代理监督功能，能有效地解决逆向选择和道德风险问题。在市场导向型金融体系中，信息主要是由资本市场提供的，且集成了所有经济上相关的私人信息，而这些信息是无法通过各种报表得到的。当一个国家尚处于经济发展的初期，廉价劳动力是主要的竞争性因素，其产业结构以农业和传统的工业部门为主时，由于人们都能很容易地判断什么行业将创造财富，并获得最多的利润，银行导向型的金融体系在信息的获得与处理上具有比较优势。当一国经济发展到比较富裕的阶段后，特别是当一国的产业受技术创新的影响很大时，由于对新技术能否带来盈利的信

息很不确定,观点趋于分散化,金融市场在信息处理方面将更为有效。

二、直接融资在金融体系中的作用日益突出

从全球金融资产的结构状况看,除中央银行、银行及保险公司持有资产外,养老基金、资产管理、公众基金等持有资产份额较高,2016年三者合计达到43%,已经超过银行持有资产的比重。从发展速度上看,2011年以来资产管理、养老基金等年均发展速度都高于银行年均增长率,反映出全球金融市场的发展速度快于传统银行和保险公司的发展速度(见表5.3)。

表5.3 2016年全球金融资产结构分布状况

	全球金融资产(FAs)	中央银行	银行	公众基金	保险公司	养老基金	资产管理与放贷人(OFIs)	辅助金融机构
总体规模(万亿美元)	339.90	26.20	137.80	16.00	29.10	31.00	99.20	0.70
占全球金融资产份额(%)	100.00	7.70	40.50	4.70	8.60	9.10	29.20	0.20
2016年增长率(%)	7.50	12.30	6.90	6.30	5.90	6.40	8.00	9.70
2011—2015年均增长率(%)	5.60	8.30	3.10	3.70	5.80	6.30	9.00	5.00

资料来源:金融稳定委员会。

05
构建适应创新驱动发展模式的金融市场体系

纵向比较来看，金融市场在支持企业融资的比例上并非占主导地位，但金融市场发达的国家，其直接融资比例较高。理论上，如果经济发展阶段不同，那么其金融发展形态也会存在差异。迈克尔·波特把国家竞争优势的发展分为四个阶段：要素驱动发展阶段、投资驱动发展阶段、创新驱动发展阶段和财富驱动发展阶段，当前我国正处于要素驱动和投资驱动向创新驱动转型的历史阶段，为了对比研究，本研究选取主要发达国家在20世纪70年代至90年代中期企业融资的结构数据（该时期，欧美主要国家处于向创新驱动过渡的历史阶段，也是推进利率市场化等的阶段），来考察金融支持创新驱动发展模式的主要形式。从表5.4中可以看出，企业内源融资是企业发展的主要资金来源，这是发达国家的主要共性，而拥有市场导向型金融体系的国家更强调企业资本积累。在拥有银行导向型金融体系的国家，企业的净资金来源结构存在显著差异，美国和英国在新发行股票和债券方面的比例较高，其中美国高达26.5%，英国也有8.4%；而在法国、日本和德国，银行是最大的外部融资来源。

表5.4 1970—1994年德国、日本、英国、美国四国企业净资金来源

净资金来源（单位：%）	德国	日本	法国	英国	美国
内部资金	78.9	69.9	60.6	93.3	96.6
银行	11.9	26.7	40.6	14.6	11.1
债券	-1.0	4.0	1.3	4.2	15.4
新发股票	0.1	3.5	6.0	-4.6	-7.6

中国金融改革路线图：构建现代金融体系

续表

净资金来源（单位：%）	德国	日本	法国	英国	美国
工商信贷	-1.2	-5.0	-2.8	-0.9	-2.4
资本转移	8.7	0	1.9	1.7	0
其他	1.4	1.0	-6.5	0	-4.4
统计调整	1.2	0	2.5	-8.4	-8.3

资料来源：德国、日本、英国、美国数据来自科比特和詹金森（Corbett and Jenkinson, 1997）；法国数据来自贝尔泰罗（Bertero, 1994）。

横向比较来看，我国金融市场管理的金融资产与GDP之比处于世界平均水平之下。从表5.5中可以看出，我国债券市场和股票市场管理的金融资产与GDP之比分别仅有45%、47%，仅高于新兴经济体水平，低于世界平均水平，当然显著低于主要发达国家水平，比较而言，发达国家债券市场的资产规模与GDP之比都超过了100%，这反映出债券市场占比低是我国金融市场发展的突出短板。

表5.5 2015年主要经济体各类金融资产与GDP之比

	股票市值	债券	银行资产	合计	股票市值/GDP（%）	债券/GDP（%）	银行资产/GDP（%）	合计/GDP（%）
全球	47 089	98 388	113 735	259 213	67	140	162	369
新兴经济体	9 771	9 240	26 526	45 538	38	36	104	179
欧元区	4 587	24 976	30 530	60 093	35	191	233	459
美国	15 641	33 701	14 635	63 977	104	224	97	424

05
构建适应创新驱动发展模式的金融市场体系

续表

	股票市值	债券	银行资产	合计	股票市值/GDP（%）	债券/GDP（%）	银行资产/GDP（%）	合计/GDP（%）
加拿大	1 912	2 246	3 617	7 776	107	126	203	437
法国	1 412	5 405	9 054	15 871	51	195	326	571
德国	1 185	5 319	5 216	11 720	33	147	145	325
英国	3 266	4 839	11 017	19 123	134	199	453	786
日本	3 541	15 369	13 497	32 407	60	261	229	550
中国	3 408	3 555	17 980	24 942	45	47	240	332

资料来源：国际货币基金组织。

进一步把主要发达国家的影子银行、资产管理的资产规模与GDP之比与我国进行比较，我国影子银行的资产规模与GDP之比低于主要发达国家，仅高于德国，资产管理的资产规模与GDP之比低于英国、美国等市场导向型国家，但高于德国和日本（见表5.6）。

表5.6 中国与主要发达国家金融资产占GDP比例（2016年）

单位：%	股市占比	债市占比	银行资产占比	证券投资基金占比	影子银行占比	资管占比
中国	64.3	82.6	295	10.8	84.3	157.2
美国	147.4	205.3	90.4	101.6	146	193.5
英国	130.8	203.8	495.4	57	279.2	354.7
日本	104.8	254.3	196.6	30.9	93	82.7
法国	86.7	158.8	347.3	75.6	100.5	183.3
德国	49.1	92.7	235.5	54.2	80.1	68.7

资料来源：国际清算银行、美国联邦存款保险公司、美国投资公司协会、Wind。

三、经济发展到一定阶段，更需要直接融资支持创新发展

第一，银行在支持创新型发展方面明显弱于金融市场。商业银行经营管理金融风险的第一目标是稳健，银行三要素中最重要的是安全性和流动性，其次才是营利性。银行天然偏爱大项目大企业，大项目大企业的稳健性、可预期性和银行自身追求安全性的目标具有一致性。银行具有高杠杆特性，特别注重流动性管理，银行按照大数法则来经营管理风险，只有把资产不良率控制在较低水平才能保证其安全性和营利性，1%、2%的不良率是靠98%的良率补助，过高的风险与银行的高杠杆率是矛盾的，而创新是高风险行为，而银行的稳健信贷文化不适合高风险行为，不适合分散的依靠市场个体的创新活动。创新型经济更加依托市场个体的创造力和技术领先性，需要专业人士运用专业知识来了解项目的创新风险，需要资金要素与知识要素的紧密融合，天使投资人通常只有对特定领域非常熟悉、非常有判断力之后，才会做该领域的天使投资，风险投资（VC）通常集中在少数几个专业领域，不可能像银行那样全面铺开。

第二，从金融需求方面看，产业经济对金融市场提供的融资及服务需求日益突出。经济发展初期，后发展地区因为能够借鉴成熟经济体的科学技术和发展成果，经济增长主要靠要素驱动，对突破性创新技术拉动经济增长的需求并不强烈，城镇化和工业化大趋势的产业发展方向和市场需求相对明确，企业主体主要投资于房地产、厂房、机械设备等有形固定资产，与银行以抵押担保贷款为主的风控模式是相匹配的。因此，这一阶段金融需求集

05
构建适应创新驱动发展模式的金融市场体系

中在具有相对稳健发展路径的银行信贷资金,以银行为主导的金融市场体系容易满足经济发展的需要。但当经济发展到创新驱动发展阶段后,经济发展高度依赖技术创新,企业投资更多集中于研发等无形资产投资,银行主导的金融供给日益难以满足各类创新型经济主体的需求。从融资模式看,过去20多年,全球主要国家由银行融资主导向证券市场融资主导演进的趋势十分明显(见表5.7)。经济发展程度越高,各主要国家市场性融资的重要性就越突出。由于竞争性资本市场具有信息归集和向投资者有效传递信息的功能,并且能将企业融资与企业的业绩联系起来,所以金融市场机制将降低与银行有关的内在低效率问题,并促进经济增长。

表5.7 不同类型金融体系的结构比例变动趋势

银行主导型金融体系金融结构比率					市场主导型金融体系金融结构比率			
国家		1992—2011年平均值	2002—2011年平均值	趋势	国家	1992—2011年平均值	2002—2011年平均值	趋势
新兴经济体	巴西	1.724	1.342	降	俄罗斯	1.138	0.557	降
新兴经济体	中国	4.578	2.42	降	南非	0.878	0.825	降
新兴经济体	印度	1.381	1.121	降				
发达经济体	德国	1.605	1.673	稳定	法国	1.026	0.954	降
发达经济体	意大利	1.805	1.881	升	英国	1.086	1.336	升
发达经济体	日本	2.592	2.666	稳定	美国	0.982	0.993	稳定

注:金融结构比率数据趋向于1,表明金融结构以银行和市场并重;数据大于1,金融结构以银行融资为主导;数据小于1,金融结构以资本市场融资为主导。

中国金融改革路线图：构建现代金融体系

第三，从资金供给方看，当居民收入提高后，居民风险负担能力提高，风险偏好增强，居民倾向于将储蓄投向更丰富的投资理财产品。特别是经济增长和收入水平在一定程度上引致财富分配分化，高收入人群具有更高的风险偏好、更复杂的金融创新需求、更广泛的投资信息和渠道，更倾向于增加更加活跃的金融市场投资需求。而金融市场在信息传递和扩散方面更透明，这一优势能够有效引导资金的产业投向和市场主体投向。从图5.3可以看出，当前我国家庭的资产配置中，房地产配置比例过高，而股票、债券和保险等配置比例显著偏低，未来这些资产配置比例上升是必然趋势。

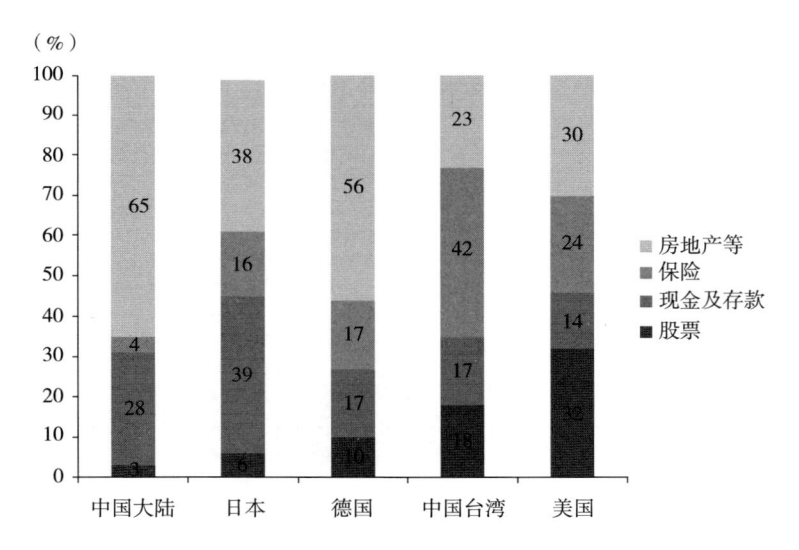

图5.3 中国家庭各类资产配置的占比和其他国家的对比

资料来源：金融稳定委员会报告。

构建适应创新驱动发展模式的金融市场体系

第四,当经济增长到一定阶段后,需要开放的金融体系来满足各方需求。把更多风险资金引向资本市场以推动技术创新和产业升级,能够适应居民收入增长带来的资金风险偏好提升。但是,在居民风险偏好提升和投资需求增强的背景下,对外开放不足和市场监管制度滞后,将导致更多资金追逐房地产等易于金融化的资产,进而可能引致房地产等特定领域的资产泡沫,积累金融风险。这个过程会引致更多投机资金和投机套利创新,特别是在要素市场改革不彻底的情况下,要素定价扭曲和政府不当干预形成的套利,也将引致特定领域的资产价格波动。因此,要不断扩大金融对外开放,既适应居民全球配置资产的需求,使更多资金倾向于向新兴市场寻求投资机会,成为追逐更高资本回报率的国际投资资本,又有利于丰富国内金融市场,提升金融市场的效率,增强金融市场的有效性,引导金融市场的资源向更具创新前景的方向流通。当然,在外汇资本项目开放的情况下,短期资金大进大出和国内市场资产泡沫等结合起来,更容易引致金融危机,这客观上需要提升金融监管水平,加强国内市场与国际市场的一体化体制机制建设。

四、机构投资者主导的资本市场对支持创新发展发挥着关键性作用

金融市场具有不稳定性,而机构投资者扮演着稳定市场的重要角色,可以使市场主导型融资实际也转变为间接融资。和银行信贷不同,股票、债券等的定价往往在交易中完成,受供求关

中国金融改革路线图：构建现代金融体系

系的影响较大，价格可能严重背离其产生的实体资产的价值，从而形成泡沫（李扬，2017）。在健全的市场体系下，经济增长使产业链拉长，产业经济迭代加速，特定产业周期波动加大，推动丰裕的资金要素追逐新兴产业，容易形成短期新兴产业投资泡沫。股权融资虽然成就了一批企业和投资者，但也使很多估值过高的企业后来资产泡沫破灭，或者被时代所淘汰，股价大幅下跌，"洗劫"了投资者的财富，也就是由投资者承担了社会进步中的不确定性风险。机构投资者因为具备专业投资能力和投研成本规模效应，比一般个人投资者具备更好的投资定价能力和风险控制能力，能够推动资金更好地流向有价值的创新领域，真正实现风险分散、投资者回报有保障的有效循环。

从发达国家的发展经验来看，资本市场上的投资资金并非天然有耐心的长期资本，需要发展机构投资者以稳定市场和引导上市公司对有长期回报的项目进行投资。如果资本市场波动过大，投资者更容易追逐短期收益，追涨杀跌，大进大出，反而会导致投资者和上市公司都追求短期行为。美国的阿斯克（Asker，2011）等人通过对美国2001—2007年资本市场的实证研究发现，非上市公司对研发、工厂和技术升级、员工培训等能促进经济增长的领域的投资约为同级别上市公司的两倍。美国作为拥有市场导向型金融体系的国家，主要依靠发展机构投资者来稳定市场，避免大幅波动。从图5.4可以看出，1970—1990年美国家庭持有的资产中，养老保险、共同基金、债券和票据、货币基金等资产比例提升，机构投资资产比例升高，单纯的个人权

05
构建适应创新驱动发展模式的金融市场体系

益投资比例下降。

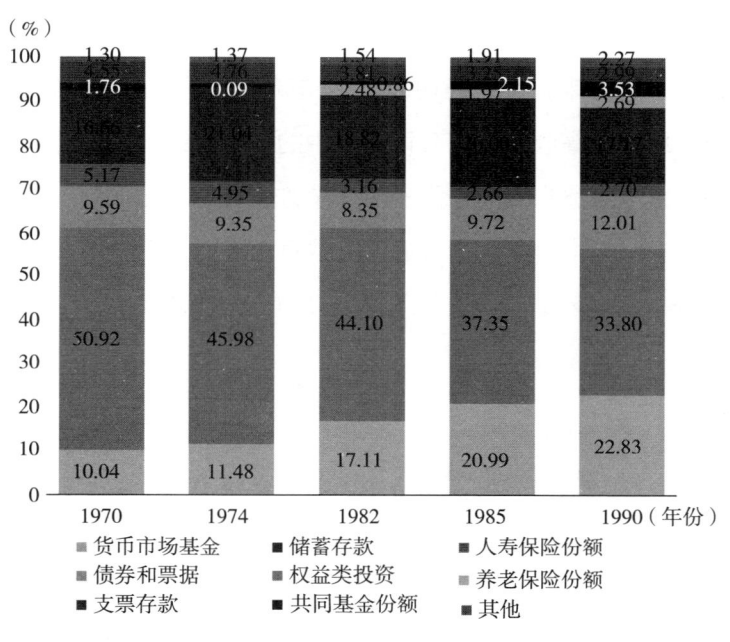

图 5.4 1970—1990 年美国家庭持有金融资产结构示意图

资料来源：Statistical Abstract of the United States。

五、发展高收益债券市场是支持中小企业创新的重要途径

高收益债通常是指信用等级低于投资级别的债券，又被称为垃圾债券或投机级债券，信用级别较低，信用风险较高，需要支付的风险溢价较高。近年来，美国、欧洲、亚洲的高收益债券市场都取得了快速发展。美国是高收益债券的起源地，也是高收益债券市场规模最大、发展最为成熟的国家。近年来，"明日之星"在高收益债市场的发债比例逐年提高，其中科技型企业

2015年占比已达11%，除了有效拓宽中小企业，特别是科技型企业的融资渠道外，还促进了债券市场的信用定价，完善了中小企业风险的市场化分担机制，日益成为公司债券市场的重要组成部分。近年来，美国公司债市场中高收益债券占比不断提升，1980—2015年高收益债在公司债券中的平均占比为17.6%；其中2010—2015年逐步提高并稳定在22%左右。从回报率看，美国高收益债券收益率一般高于普通债券数百个基点，近年来发行收益率一般在10%左右，最高达15%左右（见图5.5）。

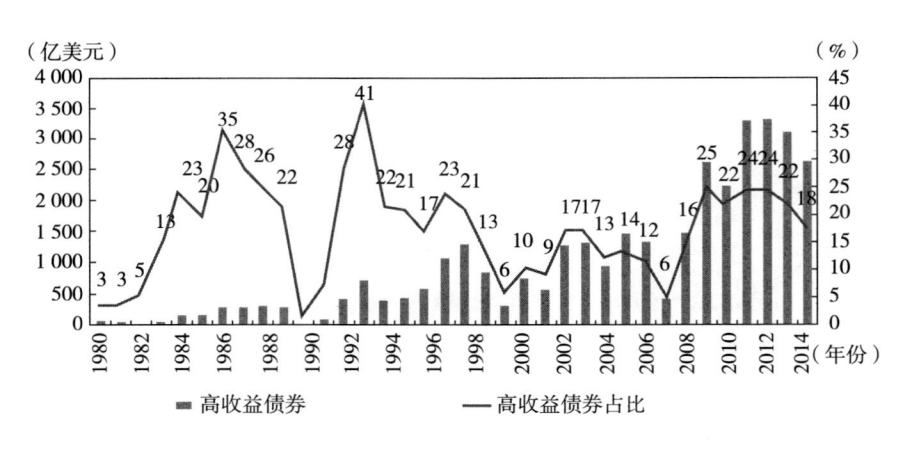

图5.5 1980—2015年美国高收益债券市场的发行量

总体来看，美国高收益债券市场运行平稳，并且在促进中小企业融资方面发挥了积极作用。其成功主要取决于以下几方面的制度设计。一是建立了完善的证券市场信息披露法律体系，监管严格。美国高收益债券市场依托美国证券市场完善的信息披露法律体系，美国联邦层面的《证券法》和《证券交易法》对证券发

05
构建适应创新驱动发展模式的金融市场体系

行和交易信息披露的原则及内容进行了概括性规定,是整个信息披露制度体系的基石。美国证交会也要求证券交易所和美国金融业监管局(FINRA)制定信息披露相关的自律规则,并对信息披露过程中涉及的会计、律师和信用评级机构等中介机构做出了严格的规范。二是制定了严格的债券契约。普通债券契约一般仅要求发行人的财务指标和经营数据维持在一定水平,而高收益债券契约还要求发行人及受其控制的子公司必须在满足约定的条件后才能实施资产抵押、出售等行为。三是构建了以私募发行为主的发行格局。私募发行是美国高收益债券的主要发行方式。私募发行在一定程度上简化了高收益债券的发行程序,降低了信息披露的成本,但出于声誉及未来公募发行的需要,私募发行人倾向于按照公募发行的严格要求进行信息披露。四是建立了完善的债券受托管理人制度。美国建立了完善的债权受托管理人制度,明确了受托管理人在高收益债券从发行到清偿等一系列事务中的责任和义务,为保障投资人利益、推动高收益债券发展发挥了重要作用。在美国,债券受托管理人一般由公信力高的银行担任,并由银行收取一定费用,但费用一般不高。对债券受托管理人而言,对声誉的考量要远高于对收费的考量,这促使其在履行职责时更加客观、公正。五是着力培育成熟的投资者群体。高收益基金、保险公司和养老基金等机构投资者,构成了美国高收益债券的主要投资者。美国监管部门没有对银行、保险、证券和基金投资美国高收益债券做出显性投资限制,投资者可以根据各自的投资理念和风险控制要求进行投资。而对于私募发行的高收益债券,只有满足一定条件的合格机构投资者（QIB）方可投资。六是建立了完善的企业破产法律体系和高效的司法体系。美国高收益债券发行人的破产适用《联邦破产法》，该法案经过多次修改后形成了一套相对成熟和完整的企业破产处理流程。当高收益债券出现违约时，投资者的合法权益可以得到较好的保障。七是丰富了风险管理工具。美国积极发展资产证券化产品和创新型风险管理工具，为投资人转移和对冲风险提供了条件，也间接促进了美国高收益债券市场的发展。

六、发达国家的金融市场常通过多种方式支持企业创新

发达国家把中小企业作为支撑创新发展的主体，通常从多个层面支持中小企业创新发展。

第一，构建完备的政策法规体系，优化中小企业融资环境。国际经验表明，政府从国家战略高度支持构建完备的创新政策体系以及创造良好的市场环境，是创新型企业发展壮大的关键。美国的《中小企业投资法》《促进创业企业融资法案》《创业企业扶助法》等，为支持企业技术创新营造了法制环境，以充分发挥中小企业创新主体的作用。英国通过《中小企业（信用信息）管理条例》《中小企业（金融平台）管理条例》等，从强制信息共享和对接融资供需两方面解决了中小企业融资难的问题。2002年1月，日本由国民生活金融公库出台的《新创业融资制度》对为初次创业及再创业的创业者提供运营与设备资金提供了制度依据。德国出台了《科学技术法》《联邦政府关于中小企业研究与技术

05

构建适应创新驱动发展模式的金融市场体系

政策总方案》《中小企业结构政策的专项条例》等一系列法律法规。此外，德国各州还制定并实施了各具特色的《中小企业促进法》，鼓励科技型企业结合自身特点，因地制宜地开展技术创新。

第二，充分发挥政府资金及其杠杆作用。为解决创业型企业早期的融资困难，各国政府利用财政资金的杠杆作用，设立了多种投资基金，其形式包括以下几种。第一种，政府直接给予企业资金支持，如日本、韩国等，其中韩国在研发方面的财政投入，主要用于政府部门主管的国家级技术开发计划，对企业研发费用在 50%~90% 的范围内给予无偿援助。第二种，政府设立政策性基金。比如英国的凤凰基金、地区风险资本基金、英国高科技基金、SBS 商业孵化基金、早期成长基金等。韩国创立各类基金支持风险投资公司，如核心先导技术开发计划（G7 计划）基金、高科技联合风险基金、风险投资母基金等。2008 年金融危机后，英国为进一步恢复经济发展，于 2011 年建立了"中小企业成长基金"（BGF）来解决中小型企业的融资困难。"中小企业成长基金"通过专门网站接受投资申请并运行投资流程，为高成长性企业提供 200 万~1 000 万英镑的投资资金，从而弥补初创企业融资和主流风投基金之间的市场空白。第三种，以公私合营和股权投资方式资助重点领域的初创企业，如德国以政府为主导的高科技创业基金，吸纳了德国复兴信贷银行、西门子、德国电信和德国邮政等多家企业。该资金以参股方式投资科技创业企业（向企业提供可转股次级贷款），但要求受资助企业的自有资金不得低于全部投入的 20%。

第三，多层次的资本市场是最重要的融资来源。美国拥有全球规模最大和层次结构最完备的资本市场，能够满足不同类型、规模以及发展阶段的企业的融资需求，这也是美国成为全球技术创新中心的重要原因。同样定位的市场还有英国的高增长市场（AIM）、韩国的科斯达克（KOSDAQ）等。部分发达国家还积极创新融资工具，通过发行债券和利用高新技术知识产权抵押担保等新型金融工具来支持企业技术创新。如美国一些州政府通过发行工业开发债券，将所筹资金以低息贷款的形式贷给科技企业，企业赢利后用收益偿还债券本息。部分地区政府为科技企业发行债券提供担保。德国等欧洲国家探索出了中小企业贷款证券化（SMESec）的方式，即将商业银行的中小企业贷款，以及企业的应收账款、知识产权收入等能在未来产生稳定现金流的资产进行证券化。

第四，活跃的风险投资作为有效补充。风险投资市场具有鼓励科技创新和完善资本市场的双重功能。美国风险投资市场的典型特点是"官助民营"，政府出台大量举措促进风险投资市场发展，但并不直接干预。例如，20世纪50年代，美国政府推出"小企业投资计划"（SBIC），通过政府的有限基金吸引更多长期股权资本和债权资本，有效缓解了中小企业创新发展的融资压力。"小企业投资计划"规定，由中小企业管理局审查和批准的中小企业投资公司可以从政府那里获得优惠的信贷支持，这一举措极大地促进了美国风险投资业的发展。韩国创立各类基金以支持风险投资公司。1990年以前，韩国政府主要以资本金方式对风险投资公

05
构建适应创新驱动发展模式的金融市场体系

司进行扶持,额度约为其注册资本的 5%~10%,1990 年以后改为借贷方式。为引导社会资本投向创业企业,1997 年以后,韩国政府加大支持力度,对新设风险投资基金的注资比例最高达 30%,但规定其中 50% 的资金必须投资于创业企业。

中国金融改革路线图：构建现代金融体系

与要素驱动发展模式相适应的金融市场体系

一、我国金融市场体系在要素驱动型经济增长背景下逐步形成发展

我国经济处于要素驱动发展的历史阶段，主要靠消化吸收外国先进技术的中低端制造业和城镇化需求拉动，传统的银行存贷业务在这一阶段有着充分的发挥空间，加上资本市场和保险行业是从零起步，发展速度虽然快，但无论是市场规模还是基础制度等，都无法与银行体系相匹敌，我国金融体系中的银行始终处于绝对主导地位。特别是2008年金融危机后，我国银行业金融机构普遍面临资本约束，为了规避资本监管约束，它们充分地利用信托、证券以及保险等通道发展"明股实债"的表外业务，形成监管相对薄弱、规模庞大的理财资产业务，客观上推动了债券市场的快速发展（见图5.6）。"十二五"时期，非金融企业的直接融资占社会融资规模比重平均约为16.6%，超出"十一五"时期约5个百分点。但是，"十三五"时期，在旨在显著提高直接融资比重的政策支持下，预期非金融企业的债券和股票融资占社会融资规模比重并没有得到持续提高，社会融资结构的不均衡性仍然很明显。截至2017年年底，银行业金融机构资产达245.8万亿元，占金融业总资产的91.48%，非金融机构的总融资渠道中，银行信贷占比始终高于65%，是主要的融资来源。

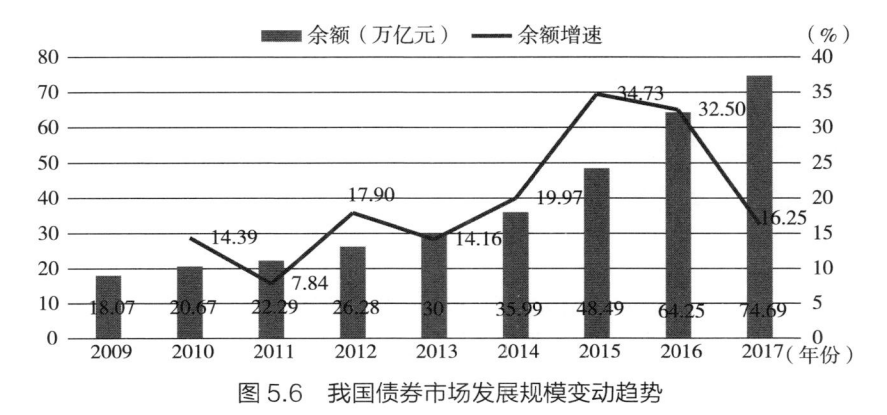

05
构建适应创新驱动发展模式的金融市场体系

图5.6 我国债券市场发展规模变动趋势

资料来源：中国人民银行。

我国资本市场经过近30年的发展，取得了巨大成就，但与实体经济总体占比和创新驱动的转型需求相比，还有较大的发展空间。一是在直接融资中，债券市场发展相对较快，而权益市场发展明显滞后（见表5.8）。2002—2016年，债券市场占社会融资规模的比例由1.8%提高到16.85%，而股权融资占比一直不到5%。二是资本市场发展不均衡。我国在发展金融市场的过程中采取了"先资本市场后货币市场"的政策，债券市场、货币市场中的贴现市场、票据市场、可转让大额定期存单市场较为滞后，股权市场、期货市场有待进一步发展。数据显示，截至2017年年底，我国债券市场总规模为74.7万亿元，约为GDP的90%，而美国的债券市场规模约为其GDP的2.2倍；我国上市公司共3 485家，总市值56.7万亿元，约为GDP的68%，而美国上市公司市值约为其GDP的1.66倍。我国直接融资占比不足24%，而同期相对发达国家的直接融资比重达到65%以上。三是债券市场的快速发展与银行理财、同业投资等影子银行业务的快速发展高度关联。银行间市场是信用类债券发行量和存量最大的市场，虽然近年来信托、理财等资产管理产品持有信用债券的规模和占比不断上升，但银行、保险等机构仍是债券的主要购买者。

表 5.8　社会融资规模债券融资和股票融资比例构成

年度	社会融资规模（亿元）	非金融企业债券融资占比（%）	非金融企业境内股票融资占比（%）	非金融企业直接融资占比（%）
2002	20 112.00	1.80	3.10	4.90
2003	34 113.00	1.50	1.60	3.10
2004	28 629.00	1.60	2.40	4.00
2005	30 008.00	6.70	1.10	7.80
2006	42 696.00	5.40	3.60	9.00
2007	59 663.00	3.80	7.30	11.10
2008	69 802.00	7.90	4.80	12.70
2009	139 104.00	8.90	2.40	11.30
2010	140 191.00	7.90	4.10	12.00
2011	128 286.00	10.60	3.40	14.00
2012	157 630.81	14.30	1.60	15.90
2013	173 169.00	10.46	1.28	11.74
2014	164 571.00	14.74	2.64	17.38
2015	154 086.00	19.10	4.90	24.00
2016	178 022.00	16.85	6.97	23.82
2017	194 430.00	2.30	4.50	6.80

资料来源：中国人民银行。

资产证券化是推进利率市场化和提升金融效率的重要方面，但我国资产证券化市场还处于起步阶段（见图 5.7）。资产证券化是指将一个或一组流动性较差但具有稳定的可预期现金流的资产，通过

05
构建适应创新驱动发展模式的金融市场体系

一定的结构安排,对资产的风险与收益要素进行分离与重组,并辅以一定的信用增级措施,进而将资产的预期现金流转换成标准化程度较高、信用等级较高、可出售和可流通的证券的过程。简言之,就是以证券形式出售信贷资产的结构性融资活动,也是对银行风险资产进行市场化定价的过程。截至 2017 年年底,信贷资产支持证券累计发行规模达 1.8 万亿元。截至 2017 年年底,信贷资产证券化市场余额 8 720.8 亿元,同比增长 21%。标准化、规范化、国际化程度显著提升,一次注册、自主分期的发行方式得到有效推广,与国际接轨的个人住房、汽车、消费等零售类贷款资产支持证券发行金额占比由 2015 年的 19.6% 上升至 72%。但我国证券化市场规模总体较小,已证券化的信贷资产占金融体系信贷存量的比例较低。

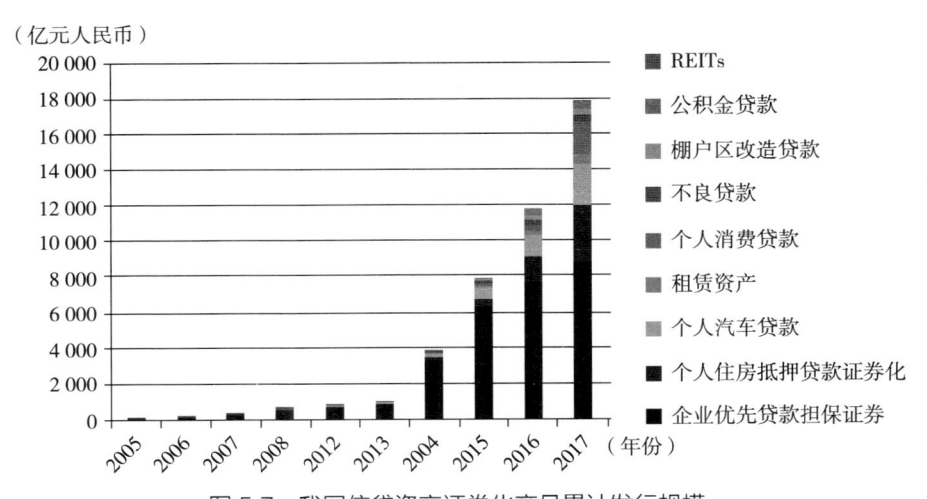

图 5.7 我国信贷资产证券化产品累计发行规模

资料来源:中国人民银行。

中国金融改革路线图：构建现代金融体系

从我国私募股权投资基金的投向看，权益投资更好地体现了支持创新驱动发展的战略。私募股权投资基金以技术创新及其应用为投资目的，旨在为新技术找到产业化扩张路径，是风险定价和风险分担机制最充分、创新资本形成能力最强的资源配置机制。私募股权投资由少数特定投资者组成，向特定机构投资者或特定个人投资者募集资金，他们通常具有丰富的行业和投资经验以及充足的资金，重点投资未公开上市发行股票的创业企业，这既可以弥补单一投资者或创业者自身能力有限、资金不足的缺陷，也能通过引入众多参与者分担风险。截至 2017 年年底，私募股权投资基金和创业投资基金规模合计达到 6.5 万亿元，同比增长 69%。截至 2018 年第一季度末，私募基金累计投资未上市未挂牌企业股权、新三板企业股权和上市公司再融资未流通项目 8.56 万个，形成资本金 4.72 万亿元。私募股权基金为创新型企业发展提供了关键支持。在投项目中，中小企业项目合计 4.54 万个，形成本金 1.66 万亿元。从行业分布看，互联网等计算机运用、机械制造等工业资本品、医药生物、医疗器械与服务、传媒等产业升级及新经济代表领域成为布局重点。

二、银行主导的风险定价机制根植于要素驱动模式

我国金融市场体系有其牢固的基础逻辑，建立创新驱动的金融市场体系，需要理顺现有金融市场体系的宏观逻辑关系和内在发展机制。我国目前的金融市场体系是在 20 世纪 90 年代中期确立社会主义市场经济体制后逐步建设发展起来的。金融体系改革

05
构建适应创新驱动发展模式的金融市场体系

的基本逻辑包括三个方面：一是在产权方面，突出产业与金融股权治理分离，且金融企业的股权以国有企业为主导，民营金融企业近年也在探索过程中，但比重较低；二是在业务模式上，银行、证券和保险三大业务的分立经营和监管，使银行的主导地位更突出。三是从监管框架角度看，分业监管的各部门既负担监管本行业市场主体的责任，也承担发展本行业的责任。在这种制度框架下，我国金融业受到较为严格的准入限制，存在一定程度的金融抑制。

我国银行以土地等要素为基础的金融风险定价模式与"土地城镇化融资＋贸易出口导向"的经济增长模式紧密结合，推动了我国城镇化快速发展。宏观上，我国经济发展受外贸导向的工业园区制造业和满足城镇化需求的房地产经济双轮驱动，内在受到分税制、地方政府控制土地、地方政府 GDP 考核等制度支撑，外部融资对接银行的抵押贷款（见图 5.8）。与此同时，形成了外贸和城市化需求拉动与货币信用创造互动的货币供应模式，典型的循环体系为：建设用地拍卖—房地产抵押贷款—银行信用创造—出口贸易增长—外汇占款增加—央行货币投放，这成为现有金融体系最底层的逻辑。在这一模式下，银行以土地、房产、厂房等固定资产进行抵押贷款来满足企业和居民的融资需求。据统计，银行贷款在社会融资规模中的占比始终高于 65%，是非金融企业融资的主要来源，截至 2017 年年底，商业银行的房地产贷款占比高达 25%，若加上以土地和房产为抵押的其他贷款，初步估计占比在 40% 以上。而银行抵押贷款又推动了银行商业存款的创造，进而驱动中央银行的货币供给。特别是在早期强制结售汇制度下，企业利用银行贷款开发房地产和发展工业园区产业，出口贸易增加导致央行外汇占款增加，进而增加基础货币投放，商业银行可贷款的资金增长，形成了从土地信用到基础货币创造的循环。土地出让及相关的收入为这一循环提供了条件，2017年，拍卖土地的收入占全部财政收入的22%，粗略测算房地产相关的税收收入为2.5万亿元，整体来看，全国财政收入对房地产行业的依赖度为33%。

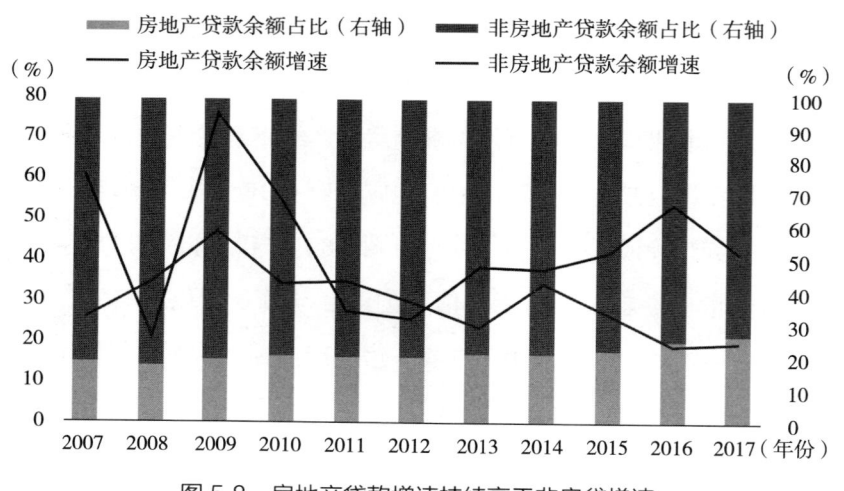

图5.8 房地产贷款增速持续高于非房贷增速

资料来源：中国人民银行，课题组测算整理。

在以银行为主导的融资体系下，监管分立且表外交叉创新的金融体系与我国要素驱动的经济增长模式相融合，形成了特定的金融市场形态。在"土地城市化融资+贸易出口导向"的经济增

05
构建适应创新驱动发展模式的金融市场体系

长模式下,地方政府处于城市基础设施供给竞争的"竞赛"中,谁能够优先做好城市基础设施和工业园区基础设施建设,谁就能在城市布局和区域竞争中胜出,并获得经济高速发展的机会。在此背景下,地方融资平台应运而生。地方融资平台的基本模式为:将土地资产注入平台公司,增加平台公司的资产,平台公司以此获得银行贷款,进而获得更多融资支持,然后进行城市基础设施投资,形成"土地征用—土地资产—贷款或发债融资—城市基础设施—土地升值土地征用"的循环。

在银行贷款受到银行自有资本金和宏观调控的约束时,部分资产规模庞大的地方融资平台通过金融市场发债成为融资的重要途径。一方面,银行理财、保险和债券理财等资金也在寻求安全的低风险资产,地方融资平台发行的债券由土地资产提供底层信用支持,加上地方政府隐性担保,成为各类金融机构具有保本理财属性的理财资产的优选对象。另一方面,对居民部门而言,在存款利率市场化还不充分的条件下,具有刚性兑付属性的银行保本理财资金是显著优于银行存款的理财选择,这必然驱使更多居民存款资金逐步转向银行理财账户。在预期收益型理财产品模式下,这一选择既规避了信贷的资本约束和宏观信贷调控的约束,推动更多资金流向地方融资平台的具有隐性担保的领域,又通过刚性兑付抬高了银行负债端的资金成本。如果产生违约,风险只能集中在银行理财资金池内,这使得地方融资平台的风险转移到银行体系内,针对理财产品和同业投资的影子银行对资金的信用风险、市场风险、流动性风险、合规风险、交易对手风险、操作风险等立体式风险管理体系并没有真正建立起来，但作为银行传统业务的存贷款的资金却不断向该循环体系转移。经过多年的磨合，地方融资平台、金融机构资管、企业发债融资、居民理财需求等实际形成了有别于存贷款模式的新金融循环体系，但其定价逻辑在很大程度上沿袭了银行依赖土地要素等资产的抵押贷款风险定价模式。

三、金融市场的风险定价机制在转型过程中对中小型民营企业融资有阶段性影响

现代金融市场体系需要推动资金要素按照风险收益对等原则进行自主定价。改革开放以来，我国金融体系对民营企业、中小企业的融资支持力度不断加大，民营企业融资规模在金融体系中的占比总体呈上升趋势，大型民营企业的快速发展很大程度上得益于金融体系的支持。但从历史表现来看，中小型民营企业存在因盲目扩张、过度融资而导致经营不稳定、发生违约和破产等现象，风险相对较大；而大型民营企业和国有企业规模较大、经营较稳定，加上土地等要素抵押和政府信用的隐性担保，更容易获得金融机构的支持。特别是在宏观经济风险增大的情况下，金融机构对不同类型企业区别对待的倾向更加明显。如2008年金融危机后，我国规模以上国有工业企业和非国有企业的资产负债率的差异持续扩大，非公有企业的资产负债率不断下降，而国有工业企业的资产负债率快速上升（见图5.9）。

05
构建适应创新驱动发展模式的金融市场体系

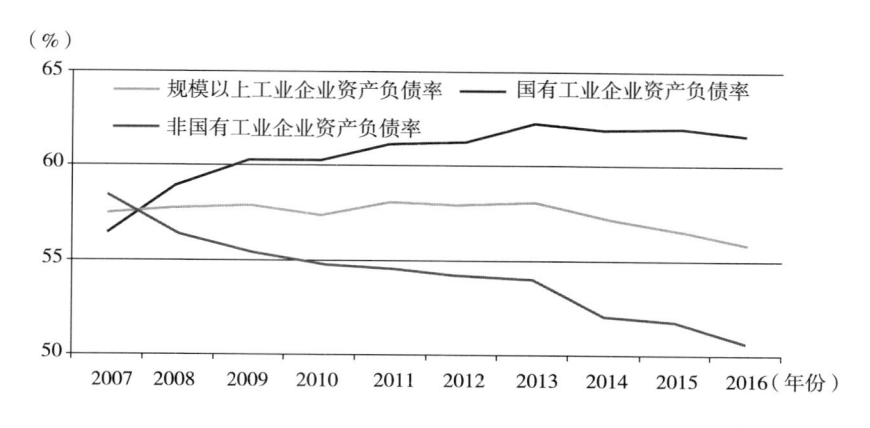

图 5.9　规模以上不同类型企业资产负债率

资料来源：Wind。

近年来，随着我国经济体制转型和金融市场改革的推进，民营企业的规模和市场影响持续增大，特别是对一些成长快、经营业绩好、管理规范的大中型民营企业来说，获得的金融支持越来越多，国有企业获得金融资源偏袒的趋势也在逐渐减缓。但是，在去杠杆、加强监管的资金紧平衡状态下，国有企业与民营企业获得融资的成本价差呈阶段性增大趋势（见图 5.10），民营企业融资难、融资贵的问题更加突出。一方面，因为国有企业更容易获得城市土地及其他资源（国有企业之间进行低成本土地资源转移不承担国有资产流失责任；地方政府期望通过地方国企利用土地获得信贷资金，进而发展政府主导的产业项目）和政府信用的隐性担保，获取银行信贷的可得性更高、成本更低。另一方面，民营企业在实体经济困难的情况下面临的不确定性更大、经营风险更高，加上金融市场自身存在的信用风险定价能力不足、风险管理工具缺乏、投资者保护机制不健全等原因，即使高风险偏好的资本也非常谨慎，这一定程度上造成了"市场失灵"，导致融资难、融资贵问题更加突出。

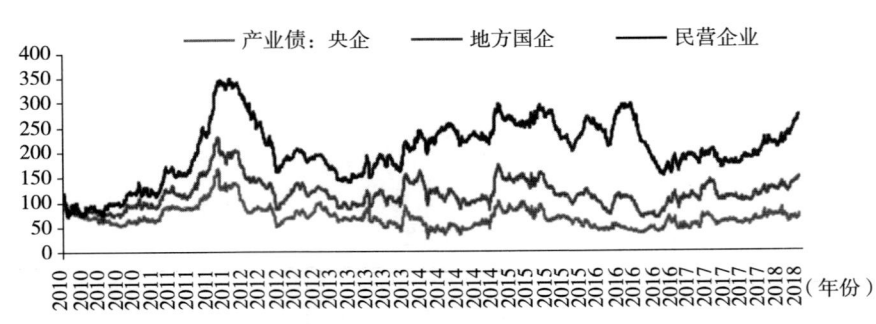

图 5.10　不同类型企业信用利差：央企、地方国企和民营企业

资料来源：Wind。

另外，资金定价存在制度性套利空间是导致我国创新能力不足、全要素生产率快速下降的原因之一。通过对在金融市场上发债的不同类企业的资产回报率进行比较可以看出，发债国有企业显著低于发债民企的资产回报率，这反映出国有企业的资金使用效率低于民营企业（见图 5.11）。适应创新驱动发展模式的改革必须减少地方政府对资源配置的干预，降低和消除不同企业在金融市场的融资差异，引导企业和金融机构一律成为以"资本回报率"为核心的平等竞争主体，推动更为充分和公平的市场竞争，促进企业提高全要素生产率和长期资本回报率，引导资金流向更具创新能力的实体企业。

05
构建适应创新驱动发展模式的金融市场体系

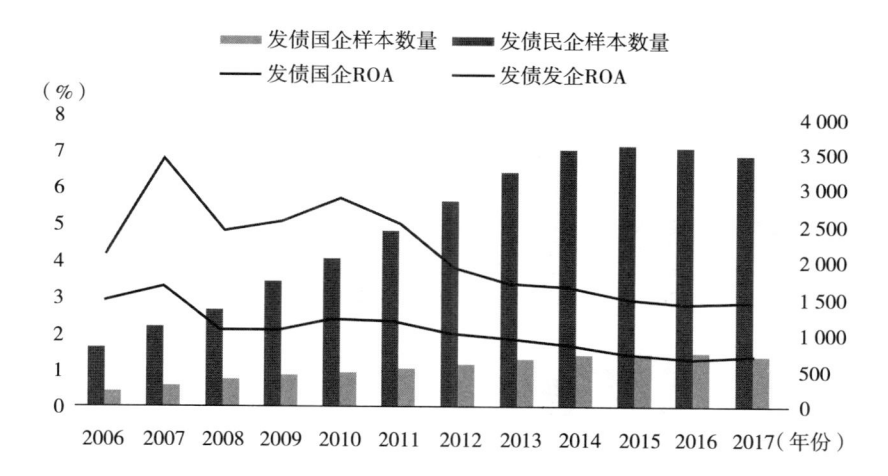

图 5.11 国企资产使用效率低于民企

资料来源：中国人民银行。

此外，在经济下行、加强监管、信用整肃、防控风险的大背景下，债券市场违约率上升，金融机构风险偏好下降，市场融资功能也相应下降，这削弱了金融体系对民营企业的融资支持能力。截至 2018 年 7 月，银行间和交易所债券市场共有 67 个主体发行的 132 只债券发生了违约，涉及违约的债券余额达 993 亿元，违约的债券规模较 2015 年和 2016 年大幅度上升，投资者的对市场风险的担忧和避险情绪增强。在违约处置方面，2016 年出现较大规模的债券违约后，债券发行主管部门和相关地方政府均大力协调，由于对国企有较多的协调手段，而对民企可以用的手段相对有限，因此，金融机构对国企发行的债券还有较高信任度，而对民企的"不信任"显著提高，这也影响了 2017 年企业债的发行规模（见图 5.12）。

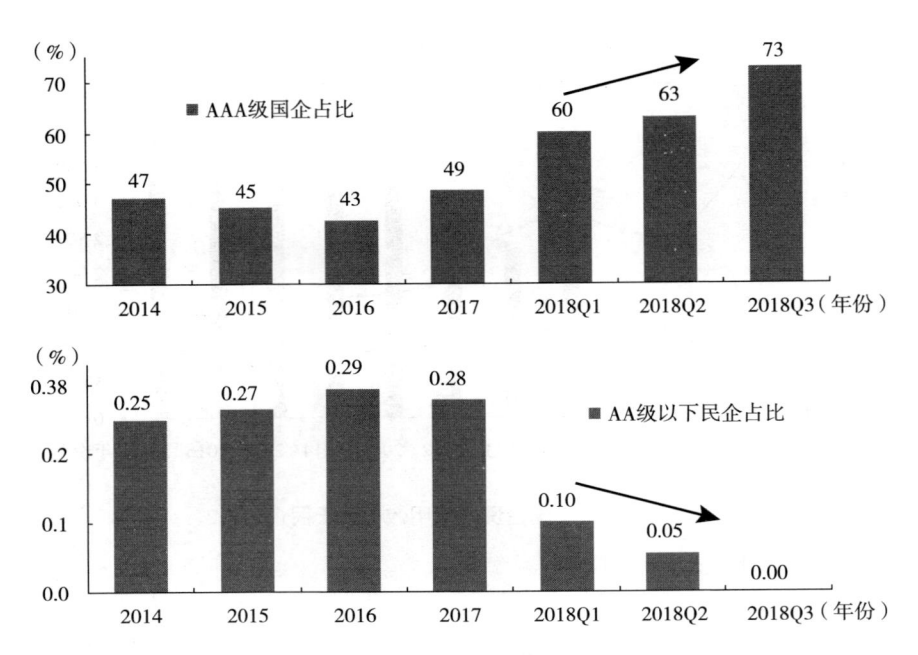

中国金融改革路线图：构建现代金融体系

图 5.12　风险规避引致债券市场对民企融资功能的减弱

资料来源：中国人民银行。

四、现行金融体系的市场功能和市场结构与创新驱动发展模式的要求还有较大差距

金融市场作为金融工具的交易场所，能够迅速有效地引导资金合理流动，提高资金配置效率，具有定价功能。金融市场价格的波动和变化是经济活动的晴雨表，为金融管理部门进行金融间接调控提供了条件；金融市场的发展可以促进金融工具的创新，帮助实现风险分散和风险转移；金融市场可以降低交易的搜寻成本和信息成本，担负着宏观经济金融管理的职能，是承载微观市场主体的经营活动的主要平台。目前，在我国经济由高速增长向

05
构建适应创新驱动发展模式的金融市场体系

高质量发展转型的背景下,金融市场对创新驱动发展模式支持不足的主要问题逐步显现出来。

第一,债券市场的包容性、风险容忍度等都严重不足。一是债券发行人以大中型企业为主,对中小企业融资的包容性不够。在发行主体方面,公司债和企业债等的发行门槛较高,融资主体以大中型企业为主,由于信息不对称、抵押品稀缺等问题得不到解决,中小企业较难通过债券市场获得融资,企业创新项目通过债券市场来获得融资也存在一定难度。尽管我国已有创新创业债务融资工具、创新创业公司债和创新创业孵化专项债等专项债券发行,但总体上发行主体较少,融资规模有限。截至2017年12月底,已发行双创债券共53只,融资金额为405亿元。在中介机构方面,一些规模较小的银行和证券公司在承销债券过程中,由于企业客户基础较弱和激励机制不足等原因,承销创新型债券相对较少。二是投资者不够成熟,缺乏高风险偏好的投资者。在投资主体方面,我国债券市场投资者结构比较单一,多元化程度还不够,风险偏好也比较趋同,缺乏高风险偏好的投资者,与创新型企业高风险高收益的特点不匹配。当前,银行、基金、保险等金融机构是我国债券市场上的主要投资者,受机构自身业务发展和风格的影响,风险偏好相对较低。非金融机构、个人投资者和境外投资者占比较小,对创新型企业债券的需求受到抑制。在中期票据中,截至2018年6月底,非金融机构和境外机构持有中期票据余额占比分别为0.04%和0.5%。在企业债中,截至2017年年底,非金融机构和境外机构持有企业债余额占比分别为0.02%

和0.4%。三是对债券风险的容忍度较低。客观上,贷款企业违约仅对企业和债权银行产生影响,而债券违约信息通过市场扩大和传染,会影响对行业的信心甚至区域金融生态,因而各方对债券风险的容忍度相对较低。在分业监管格局下,监管部门对其监管的产品和行业承担一定的"兜底"职责,倾向于对所监管机构的产品创新、投资品种、投资行为等进行一定的限制,这一定程度上制约了创新型企业债券的发展。例如,在债券市场上扮演重要角色的保险公司只能投资信用级别在投资级以上的债券,而创新型企业债券由于其风险较高的特点,在没有增信措施的情况下,很难达到投资标准。四是债权人利益保护机制不够完善。尽管我国债权人权益保障的制度构架基本完备,但在信息披露、信用评级等制度实施方面还存在一些不足。在债券信息披露过程中,对重大事项披露不及时,对实质性信息披露不准确、不完整,加大了债权人和发行人之间的信息不对称。此外,我国信用评级中介机构基础较为薄弱,还存在信用评级等级虚高、等级区分度不足、评级公信力不足等问题,这也增加了债权人保护自身权益的难度。在创新型企业风险相对较大的情况下,对投资者权益保护不足,容易影响其投资创新型企业债券的积极性。五是债券违约风险处置机制配套不健全。债券违约处置的市场化程度还不高,在债券契约条款设计上,债券持有人大会制度、受托人制度、交叉违约条款等风险处置机制还不健全,在出现违约时对发行人约束力不足,债权人诉求难以得到满足。违约处置的司法效率仍存在一些问题,如求偿诉讼和破产案件审理时间较长、抵押物强制执行困

05
构建适应创新驱动发展模式的金融市场体系

难等。六是债券市场对外开放配套制度有待完善。近年来，我国稳步推进债券市场的对外开放，并取得了重大进展，成为金融市场开放的重要推动力，但会计、税收等相关配套制度仍需要进一步完善，来降低金融开放的成本，提高境外投资者参与境内债券市场的积极性。在会计方面，我国会计准则与国际会计准则不一致，这增加了境外投资者分析和判断境内企业财务会计报表的难度，提高了投资成本。在税收方面，还存在境外机构纳税规则不明确等问题。这些问题都在一定程度上制约了市场的开放和发展，限制了创新型企业的融资渠道。截至2018年6月底，境外投资者在境内人民币债券市场上的投资占比约为2%，还有很大的提升空间。

第二，权益市场定价机制不合理、退市机制不健全等制约了融资功能的发挥。一是股票市场波动较大，常态化融资筹资功能受到制约。我国股票市场在发展过程中多次出现大幅度下跌，为了维护市场稳定，通常需要暂停新股上市和再融资，这影响了企业的正常融资和资本市场的功能。股票市场不规律的大涨大跌，也影响了投资者对资本市场的信心，进而减少了投资，弱化了市场的融资功能。二是股票发行和退市机制尚不完善，不利于市场竞争和优胜劣汰。目前，我国股票市场的注册制还未实施，上市仍属于稀缺资源，企业通过资本市场为创新项目融资的门槛较高。同时，还未建立按市场化机制优胜劣汰的退市机制，低效企业和落后产能得不到清理，创新带来的先进产能不能获得足够的空间。三是上市公司的质量和治理水平有待提升，对投资者的权益保护

中国金融改革路线图：构建现代金融体系

不足。目前，我国上市公司在信息披露和中小股东保护等方面还存在问题。一些上市公司财务数据失真，影响了会计信息及公司定价等的可信度，损害了市场定价功能和治理功能。此外，一些企业上市后业绩"变脸"的现象，导致市场成为一些大股东圈钱套利的场所，严重侵害了小股东的利益。四是股票市场投资者结构不完善。我国股票市场的投资者以个人投资者为主，机构投资者的稳健性和多样性都显不足，盲目跟风和追涨杀跌的同质化现象较为严重，投资投机氛围较浓。保险资金、养老金投资规模小，机构投资者由于排名压力和赎回压力，存在过于追求短期收益的现象，对投资的长期性重视不足，不利于长期投资预期的形成。五是其他权益市场发展不足。私募股权投资（PE）发展不规范，运作模式、风险管理、资金来源和托管方式都需进一步完善。股票二级市场并购发展滞后，股票市场对公司法人定价和资产定价的作用发挥不够。产业基金、风险投资等权益市场发展不充分，缺乏对公司的定价能力和长期投资的耐心，过于追求所投资企业的上市套现，不利于长期资本的形成。

第三，衍生品市场发展不充分、规模偏小、投资者保护不足等制约其定价功能的有效发挥。一是衍生品市场适用的法律层级较低和相关法律不完善，对投资者的保护不够。我国衍生品市场的发展主要由监管机构主导，遵循自上而下的发展模式，监管规则主要以监管部门的部门规章、规范性文件形式存在，同时辅以行业协会的自律规则、中介组织的业务规则等，缺少完整、系统的法律法规，这增加了产品交易和市场运行的成本。二是衍生品

05
构建适应创新驱动发展模式的金融市场体系

市场规模相对较小、产品序列还不完整，风险管理的功能还不够。衍生品对于拓展风险定价边界、有效管理风险定价有重要作用，现行衍生品发展滞后，投资者对衍生品的风险容忍度低，未能充分认识风险定价的功能。以利率衍生品市场为例，根据国际清算银行的统计数据，截至 2017 年 6 月，全球利率衍生品名义存续本金约为 416 万亿美元。而我国利率衍生品市场的主要品种利率互换的名义存续本金约为 12 万亿元人民币，占全球比重约为 0.4%。在产品序列方面，重要的风险管理工具信用违约互换市场还未建立，在投资者风险偏好普遍偏低的情况下，投资风险相对较高的产品无法通过衍生品进行风险对冲，其信用风险定价也无法通过二级市场交易进行验证，不利于创新型企业融资。三是与衍生品市场基础设施配套的制度体系还不完善，在国际监管标准下，交易报告库职能定位还不明确，一些产品还没有采用中央对手方集中清算。衍生品交易前、中、后台之间的信息传递和业务衔接还存在一些障碍，使金融基础设施在衍生品市场中的作用不能完全发挥，不利于风险定价和风险管理。

创新驱动发展模式需要新型的金融市场体系

一、要素驱动发展模式动能减弱且隐含金融风险

要素驱动发展模式高度依赖要素的持续增长和投入，是否具有可持续性主要取决于以下条件：一是是否还存在持续的廉价劳动力供给和外部市场需求缺口，这是我国出口贸易具有比较优势和出口驱动经济增长模式的基础；二是持续的建设用地需求，主要包括房地产开发建设用地需求和工业建设用地需求，这需要人口城市化和贸易需求来支撑；三是以土地和房地产为循环推动城镇化发展的模式带来宏观风险成本，包括房地产泡沫化、收入分配不均等弊端；四是地方政府在由土地财政收入转变为基建投资、城市公共服务投资过程中，形成了与房价、地价密切相关的财政风险隐患，且缺乏收敛机制；五是持续的外贸顺差是货币投放和信用扩张的基础。目前看来，要素驱动发展模式当前面临的外部环境、内部条件均发生了较大变化。

一是人口要素指标，主要看劳动力质量（供给端）和城镇化率（需求端）。劳动力供给端主要是人口年龄和抚养比。在人口年龄方面，2015年全球人口年龄中位数是29.6岁，2020年为30.9岁。通过对比可以看出，我国当前人口年龄的中位数比全球平均水平高，低于美国、欧洲和日本，到2020年就会超过美国。在人口城镇化率对需求端的影响方面，2017年，我国人口户籍

05
构建适应创新驱动发展模式的金融市场体系

城镇化率为 42.35%，常住人口城镇化率为 58.52%，与发达国家 70% 以上的城镇化率有较大差距，城镇化率还有较大提升空间。但农村能够持续提供廉价劳动力资源的空间在逐步缩小。2011年，我国劳动力人口比重进入趋势性下行通道，老年人口抚养比和总抚养比均出现了向上的拐点，这标志着我国人口红利进入衰减期。低成本劳动力优势逐渐走弱，农民工工资逐年攀升，"用工荒"频繁出现，我国加工贸易优势逐步被印度、东南亚等仍在享受人口红利的发展中国家挤占，净出口对我国经济的拉动作用也明显减弱。2017 年，我国农民工总量达到 28 652 万人，比上年增加 481 万人，增长 1.7%，已显著低于前些年的增速。在外出农民工中，进城农民工 13 710 万人，比上年增加 125 万人，仅增长 0.9%。

二是土地要素方面，在供给端，土地一级开放成本和二级开放成本都经历了快速增长，特别是随着拆迁等征地成本攀升，一级土地开发成本也在攀升，而除少数一线城市因房价上涨较快为土地财政收入增加留有空间外，绝大部分城市土地出让收益空间已经缩小。同时，中央对房地产从严调控和不断加强地方政府债务治理的力度，规范约束地方政府的负债行为和去杠杆已经成为防控风险的主要政策取向，地方政府的基建热情和能力都受到限制。从历史数据来看，基建的融资直接决定着基建的投资，2018 年由各类金融机构提供的基建资金从 6.6 万亿元缩水至 6.2 万亿元左右，同比下滑 6%。这体现出城市土地出让收益空间收窄，地方政府推动土地开放的动力已经趋弱。从需求角度看，随着房价持续上涨，居民杠杆率逐步攀升到新的高位，房地产价格风险和居民购房的可持续能力都面临挑战。2008 年至 2018 年第一季度，个人住房贷款占各项贷款的比例从 9.83% 上升到 18.36%，占比将近翻番；同期居民杠杠率从 19.8% 上升到 55.1%，达到历史高位，引致居民杠杆率升高的关键是居民购房杠杆率上升（见图 5.13）。

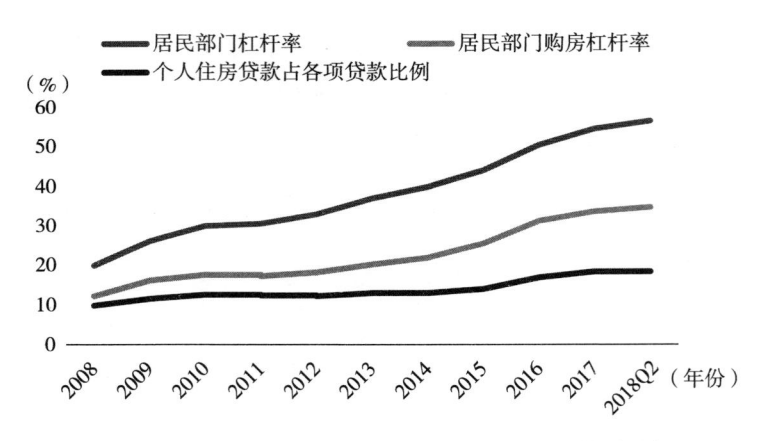

图 5.13　居民部门杠杆率和个人住房贷款占比快速增长

资料来源：中国人民银行，课题组测算整理。

三是资金要素方面，依赖外汇占款的货币信用创造机制正在发生变化。在外汇占款创造基础货币的模式下，由于出口贸易以全球市场的实际需求为基础，出口贸易的竞争力实际保障了货币信用创造的效率，即该模式下的货币投放存在自发的效率识别机制，在一定程度上确保了基础货币的配置效率。但是，一方面，近年来我国出口贸易需求持续下降，外汇占款投放货币资金的货

05
构建适应创新驱动发展模式的金融市场体系

币供给机制动力趋弱,必须建立新的有效率的货币投放机制。另一方面,我国当前产业结构面临调整,发展重心应转变为服务业和新兴产业,而这些产业普遍为轻资产经营的企业,支持其脱离土地及外部信用、以内部信用体系为主的融资模式及规则尚未建立,较难获得融资。这些变化使未来我国基础货币的创造越来越依赖央行再贷款渠道(见图 5.14),其配置效率很大程度上依赖中央银行和商业银行的效率识别能力。如果识别能力不足,在基础货币创造机制转型过程中,基础货币的配置效率就会下降。在基础货币创造机制转型的背景下,未来货币效率和金融效率的提升既需要加强中央银行和商业银行的效率识别能力,也需要通过建立功能完备、弹性较强的金融市场来推动货币投放的效率识别。

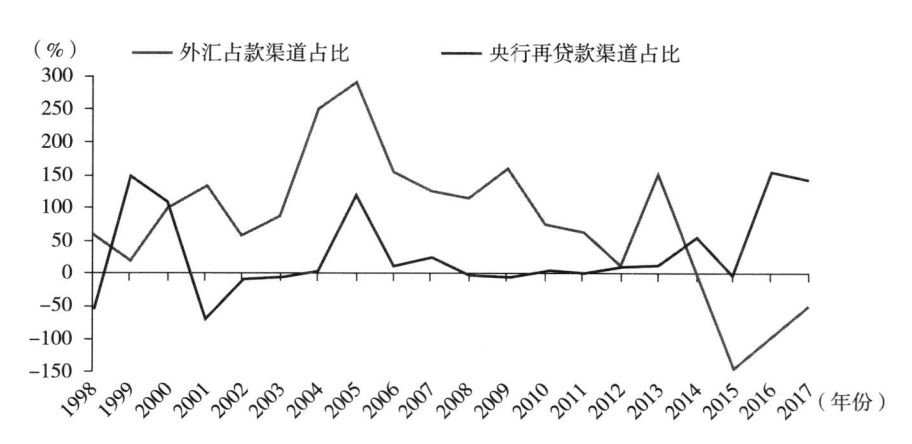

图 5.14 外汇占款渠道与中央银行再贷款渠道在基础货币增量中的占比
资料来源:中国人民银行。

中国金融改革路线图：构建现代金融体系

　　过去 20 年，我国的土地等要素和城镇化的快速发展在信用创造过程中发挥了重要作用，但同时，外贸拉动加上城市化转型拉动与货币信用创造相互作用的经济增长模式也存在高杠杆隐忧，特别是国有企业靠获取土地优势汲取了较多的金融市场资源，杠杆率也持续上升（见图 5.15）。当前我国城镇化率为 58.52%，根据城市发展的"纳瑟姆曲线"规律，我国正处于加速城镇化阶段，目前的城镇化融资模式的可持续性存在以下隐忧：一是地方政府具有较强的融资动机，但债务主体（融资平台）和资金使用主体（地方政府）脱节，相应弱化了地方政府的偿债责任，容易导致过度负债。二是地方政府缺乏财产税等稳定的地方税收入，偿债来源较为依赖土地出让金，土地未来增值收益一次性归入当期政府，容易助长高地价、高房价以及"新官不理旧账"等短期行为。三是融资行为不够规范和透明，一个城市可能存在多个融资平台，融资平台多头负债、交叉担保等现象时有发生。

　　总的来看，传统的人口、土地、货币资金等支持要素驱动经济增长的模式目前虽然还有一定的空间，但其可持续发展的动能正在减弱。金融市场的资金定价在很大程度上依赖要素定价，其可持续性也将受到影响，迫切需要发展新型金融市场体系，提高资金要素的配置效率，其核心在于建立有效率的金融市场，形成具有对市场主体内生定价能力的金融市场机制。

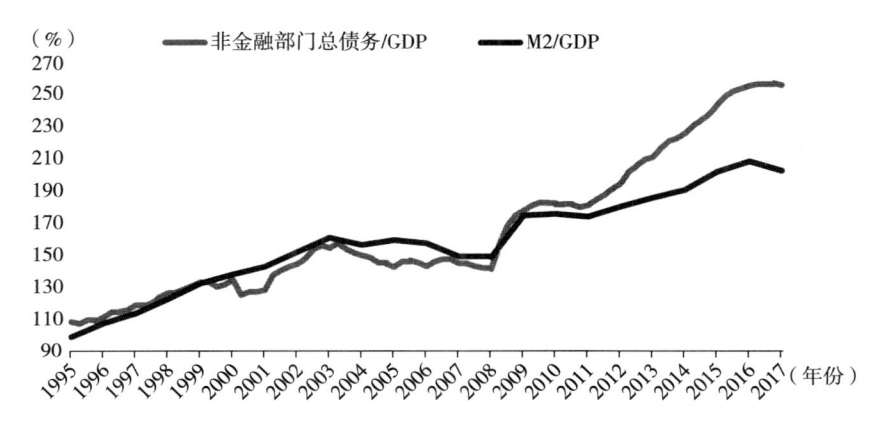

05
构建适应创新驱动发展模式的金融市场体系

图 5.15　我国杠杆率变动趋势图

资料来源：中国人民银行，课题组测算整理。

二、基于市场主体的信用风险定价模式尚不成熟

总体上，我国金融体系对信用风险的识别和定价主要依赖土地等抵押品和政府信用，对主体的风险识别意识和能力不足。当经济向主体创新和内需发展模式转变时，主体自身的信用风险问题就凸显出来了。由于风险较难定价，金融机构向有抵押品和政府信用性质的企业提供融资的倾向会更加明显，对轻资产的创新型企业、中小民营企业的融资会更加谨慎，容易形成局部性的"市场失灵"。从各子市场来看，债券发行人以国有企业为主，很大程度上依赖政府信用，信用区分度不够、向高等级集中的趋势明显；民营企业发行债券主要依靠自身信用，规模占比不高。股票市场以融资和筹资为主，价格波动较大，股权二级市场并购发展滞后，股权市场对公司法人定价和资产定价的作用发挥不够。在信托、理财等资产管理产品的融资中，以土地或房产为抵押的房

地产企业及地方政府融资平台企业占比较高。衍生品市场规模相对较小、产品序列还不完整，信用违约互换市场初步建立，信用风险定价也无法通过二级市场交易进行验证，不利于创新型企业融资。

同时，我国金融市场信用风险定价和发现机制基础也比较薄弱。刚性兑付和隐性政府信用担保问题，导致信用定价扭曲和资源配置不合理。具有隐性担保的主体可以获得更多的市场资源，并获得更有利的定价，挤占创新型企业的融资空间和利润空间。从债券市场来看，当前我国包括地方政府债券和城投债在内的地方政府债务为 23.7 万亿元，占债券市场总规模的 29.8%，对市场定价产生了较大影响。同时，债券发行存在一些影响市场定价的因素，如地方政府债券发行还存在行政干预等非市场化因素，定价难以准确反映企业经营的信用风险。地方政府隐性债务和或有债务的信息披露机制仍不健全，增加了风险定价的难度。财政存款等非市场因素对地方政府债券的发行和定价存在一定干扰，地方政府债券收益率与国债收益率的关系有待进一步理顺。在信托、理财等资产管理产品中，资产管理人考虑到市场声誉等问题，也倾向于刚性兑付。

刚性兑付造成的价格扭曲既影响了市场配置效率，也难以形成市场化的信用风险发现机制，并导致市场风险错配，即投资者风险偏好和所投资产风险不匹配，降低了市场的有效性。高风险资产缺乏有效的风险定价标准、无法提供合理的收益回报，难以吸引高风险偏好的投资者，也容易集聚系统性风险。传统银行机构由于机制等原因，基本上属于低风险承担者，具体体现是中小企业融资难，在企业早期和成长期，传统金融机构难以有效参与其中；政府过多插手的项目，国有金融企业发售的金融产品，投资者要求刚性兑付的最多。风险较大的投融资客观存在，因此，打破刚性兑付的同时应该注重培育疏导高风险投资者，也就是如何把合格合意投资者与相应的风险资产相匹配。

三、长期资本形成机制有待完善

创新型主体更需要长期的、有风险承担能力的资金扶持，但必须解决好资金定价和投资者保护问题，特别是要建立支持创新的金融支持体系，通过市场化机制合理匹配风险收益，为投资者提供相对稳定的预期，促进长期投资。

尽管我国国债收益率曲线已初步形成，可以作为金融市场无风险收益率曲线的参考，但我国国债市场还存在一些问题，如期限结构较为单一、主要参与者同质化严重、市场深度和流动性不足等，制约了国债收益率曲线的价格发现功能。例如，在10年以上超长期限的国债发行上，还未实现关键期限发行，而是由财政部根据情况择机发行，使超长期国债发行量较小，市场不活跃，价格基准性下降。以2017年为例，10年期以上国债发行量为287亿元，仅占当年国债总发行量的7.8%。在国债市场的流动性方面，以银行的金融机构持有到期为主，市场流动性不足，不能有效反映利率价格信息变化。2017年，我国国债换手率为1.1，低于政策性金融债换手率2.5的水平，更远低于美国国债换手率大

中国金融改革路线图：构建现代金融体系

约为 10 的水平。在信用风险溢价方面，银行长期贷款的定价主要参考 5 年期以上中央银行贷款基准利率，如 30 年期的住房抵押贷款的定价多数随着 5 年期以上贷款基准利率变动而调整；负债端无论是吸收存款还是发行大额存单、金融债券，均以中短期限为主，缺乏长期定价。

股票价值以融资和筹资功能为主，价格波动较大，资产收益率与长期市场利率的可比性较差，长期资产定价功能尚未有效发挥。在其他权益市场方面，私募股权投资发展历史较短，相应的法律法规尚不健全，市场发展不规范，运作模式、风险管理、资金来源和托管方式都需进一步完善。产业基金、风险投资等权益市场发展不充分，投资者缺乏对公司的定价能力和长期投资的耐心，过于追求所投资企业的上市套现。长期市场化定价缺乏权威的"锚"，市场主体提供长期资金的意愿较低，企业不得不依赖短期资金池滚动接续，"短借长用""明股实债"等现象明显，期限错配风险增大，不利于金融市场的平稳运行和长期资本的形成。

此外，长期投资者保护缺乏适当机制。国际证监会组织（IOSCO）认为，投资者保护是对投资者应免受误导、操纵或欺诈造成的损失而提供的各种保护。我国长期投资市场内部人谋取控制私利损害中小投资者利益的问题较为突出，如大股东自主决定公司运营方式，以不合理的比例分配现金流和公司内部的其他利益；控股股东或内部人通过资产剥离、价格转移，对公司事务进行控制、支付管理者高额报酬、以不公平价格与上市公司进行关联交易、为大股东或关联企业提供担保等。这些都影响了投资者长期投资的积极性和对公司法人的合理定价。

四、金融监管与金融市场的适应性有待提高

金融监管法制与金融创新形势不相适应。其一，监管理念不科学。对银行的监管过度强调行为监管，对监管对象经营管理的具体行为干预过多，如通过设定监管指标来限制资金投向和鼓励资金投向。过度约束金融风险事件，金融风险的市场化处置机制不健全，对金融机构破产倒闭等风险事件的容忍度较低，导致风险不能得到有序释放。监管目标和理念较为单一，系统、持续的监管理念有待加强；市场约束理念不足，如新巴塞尔协议框架把市场纪律和约束力确立为资本监管的第三大支柱，但是，我国金融监管部门对此采取的有效措施不多，从而导致监管的实际效果打了折扣。其二，我国金融立法明显跟不上金融创新形势，表现为规制滞后、修法缓慢以及立法的专业性不足等。我国现有法律法规规章的创制，特别是行政法规及监管规章的创制大多由监管当局完成，其规划、选题、调研、起草、征询意见、修改、通过等环节耗时和程序较长，滞后于市场创新速度，且在科学性、合理性、可操作性等方面并不能完全契合市场实践。美国通过案例法与不断修补现有法律法规以适应创新，我国主要由行政力量通过出台文件、检查整治等来规范市场，循环逻辑上有不稳定性，甚至有时还有较大的破坏性。在监管内容方面，我国金融法规滞后，在市场准入、并购重组等方面缺乏公开透明的准则。需要改革立法逻辑，以适应创新需要，并以高效的行政管理作为补充。

中国金融改革路线图：构建现代金融体系

其三，监管人员素质与监管需求不适应。经济全球化和国内外金融企业在全球范围内展开竞争，致使监管需求日益增长和迫切，我们把金融监管人员等同于一般公务人员，缺乏有效保障专业能力的激励约束机制。按照国际公认的框架原则对金融企业实施监管，建立金融监管队伍，已是大势所趋。其四，受互联网、大数据等信息技术影响，传统会计的信息传递、集成存在及时性不足、集成性差、真实性不足、管控能力差等突出问题。在新经济形态下，我国部分会计语言已经过时，不能适应新的商业模式与交易规则，如在电商、共享经济、数字科技、普惠金融等领域，会计难以真正发挥动态实时预测分析、决策支撑、绩效管理等功能，传统会计功能日益显得封闭与僵化。

05
构建适应创新驱动发展模式的金融市场体系

如何构建适应创新驱动发展模式的金融市场体系

总体上，以创新驱动发展的金融市场的构成要件包括法律制度、业务规则、金融服务、创新机制、金融监管等软件要件，也包括金融产品、市场参与者、基础设施等硬件要件。构建健全的金融市场，需要各方面要件协调配合，即需要有完善的市场经济环境，市场能够决定资源配置的方向和方式，不存在明显的制度性套利和寻租机会。其核心指标是中央银行的利率调控能够通过金融市场的产品价格传导到实体经济主体的行为上。市场自身需要逐步建立完备的法律制度，并健全法制保障，以逐步形成完善的业务规则、发达的金融服务体系、灵活的金融创新机制、透明高效的金融监管、丰富的金融产品、具有国际竞争力的金融机构以及健全的金融市场基础设施。

一、加强资本市场与土地等其他要素市场改革的协调配合

金融市场竞争充分性、市场监管有效性、金融市场效率等会对要素市场的配置效率和企业主体的融资分层有重大影响，是影响要素组合效率、经济主体竞争力和实体经济发展能力的重要因素。从这个角度看，"金融创新是永远不足的"。在资金要素市场与劳动力、土地等要素市场无法一致市场化的情况下，必然存在金融市场套利，并引致市场结构失衡、价格扭曲，甚至形成巨大

的金融风险。因此，有效率的金融市场体系需要规范发展基础要素市场，建立有效的资金市场和形成长期资金利率机制，推动要素的均衡利用和平稳发展。

建议逐步以"地方税＋市政债"或类似的机制，规范目前的"土地财政＋平台贷款"模式。城镇化与融资可得性是一个相互影响的过程。一方面，城镇化过程中需要大量可持续的融资安排，另一方面，这一过程中逐步产生的"红利效应"——土地、房地产增值、使用者付费增多以及经济繁荣带来的一般税收增长——也能够为城镇化融资提供未来收入的基础。考虑到预算法修改要经过一系列法律程序，财产税等地方税的推广和积累也要有一个过程，现阶段可在稳步推动建立新机制的同时，侧重扩大地方政府自主发债试点，也可按规范的市政债的要求，通过改造城投债、市政项目收益资产证券化等途径，为市政建设提供资金。同时，要积极研究探索土地流转制度改革，用好土地这一城镇化过程中最具增值潜力的资源，形成城市基础设施建设、公共服务水平提高和土地增值收入增加相互促进、良性循环的正向激励机制。结合新一轮财税体制改革，加快培育财产税、资源税等相对稳定的地方新税源，减少对土地出让金的过度依赖，促进形成稳定、规范的地方政府债务的偿还资金来源。要强化风险约束，在财政纪律约束下，以地方政府的债务审计为契机，逐步建立包括跨年度资本预算在内的全口径预算制度，明确地方财政经常性和资本性收支的界限；在市场约束下，强化地方政府财务信息披露，完善评级制度，引入专业机构评估地方政府的资产负债状况；在民意

05
构建适应创新驱动发展模式的金融市场体系

约束下,加强民众对城市治理的参与,可借鉴国际经验,通过减免投资收益所得税等措施,鼓励当地居民向当地市政项目投资,这样一来,既能发挥当地居民熟悉当地市政项目信息的优势,又能增强地方政府的偿债责任和拓宽居民财产性收入的渠道。加快资源和公共品价格改革,探索城市基础设施建设领域的多种形式的公私合作,鼓励政府购买公共服务,吸引民间资本更多地进入交通、教育、医疗、水电气等公共服务领域投资,调动多方面积极性增强城市基础设施供给能力。

建议在国有建设用地供给之外,再造一个集体建设用地市场,推动土地要素供给的市场化、多元化。基本思路是:在确定农村居民宅基地成员权基础上,以现有宅基地实际占有土地为基准,允许农村集体集约用地,促进土地整理和建设用地转化为耕地;把建设用地的指标和权限进行市场化出让;有条件用集体建设用地建设新城镇的村集体,可以通过收储其他村集体出售的建设用地指标,在规划的集体建设用地上开展城镇化建设和产业化建设(也可以转为开放企业,统一收储指标)。形成全国统一的集体建设用地发展市场。土地发展权指标的出售收入和集体建设用地规划为开发用地的收入可以在基层地方政府(县、乡)、村集体和村民成员之间按比例分配,可以在地方公共服务供给基础上测算出合理比例。该项改革的好处有以下三个方面。一是在主要城市群地区形成小城镇发展的战略纵深,引导资金流向主要大城市周边地区,为乡村振兴战略供应资金和土地要素,引导在乡村产业、现代农业方面积累长期资本投资。二是推动土地要素竞争性供给的形成，寻求缓解房地产价格泡沫和中心城市过度拥挤的办法。三是调动基层地方政府的发展积极性，为大城市特别是东部沿海大城市群周边的乡村的发展提供发展权利的支撑，对于边远地区的乡村，可以通过出售土地发展权获得收益，避免城市发展与之无关的赤贫化，同时，推动农村集体建设用地的节约使用，扩展乡村产业的发展空间。

二、建立完善基于主体信用的风险定价机制

加强主体信用评价体系建设。加强商业信用体系的培育和建设，完善企业信用评价机制，厘清企业的信用边界，对把信用建立在真实财务绩效基础上的国有企业、民营企业进行平等评价，政府信用可以发挥一定的引导和支持作用，但要边界清晰、财务约束机制健全、信用评价合理。建立完善破产机制，倒逼企业强化信用约束、增强投资者信用风险定价的意识和能力。对于地方政府融资，建立健全"借用还"一体化的融资约束机制，强化地方政府的偿债责任。探索建立地方政府的破产机制和救助机制，减少或消除上级政府的隐性担保，降低地方政府过度融资以及逃废债务的道德风险，同时抓紧研究政府间事权财权不匹配等问题，赋予地方政府一定的财权独立性，适度增加地方政府财力。加强对二级市场流动性的引导和支持，增强二级市场对债券发行价格的验证作用，为信用风险价格的发现和形成提供外部环境。稳步推动债券市场对外开放，提高本土机构的市场化定价水平和风险识别能力。

05
构建适应创新驱动发展模式的金融市场体系

有序打破刚性兑付。刚性兑付的预期如果不改变，将持续扭曲全社会对风险的判断和投资者的风险偏好。对发生债务违约的，要按照股权先于债权承担偿债义务的原则，依法可控、稳妥有序地处置风险，提高违约处置效率。要解决刚性兑付问题，关键是要建立市场化的机制，宜疏堵结合，重新梳理投资者和所投风险问题。具体来说，进一步加强投资者适当性管理，鼓励金融机构用简明扼要的风险提示方式充分披露风险，比如像展示业绩那样展示风险，在这个基础上，可以以合适方式向潜在合格投资者多展示；在合格投资者基础上适度放开 200 人限制；不同机构之间的合作应该采取连通器机制，即一定水位之上部分相通，一定水位之下隔离，不宜采取严格的物理隔离。

解决刚性兑付问题还需要配套改革措施。要通过国有企业改革实现向管资本的转变，实现国有企业、民营企业等主体公平竞争，提高金融市场的定价效率，消除"歧视"现象；审慎实施金融自由化和金融开放步骤，构建宏观审慎与微观审慎相互补充与协调的金融管理体制，保持经济结构平衡与产业链完整，增强我国抵御外部风险冲击的能力。鼓励境内机构到境外发行本外币债券，向境内外投资者开放债市，吸引国外资金进入国内债市，拓宽离岸人民币资金的投资渠道。解决刚性兑付问题是一个系统工程，要注意各项政策之间的协调，特别是要注意与稳增长、防风险与促就业等问题之间的协调。

积极推进建立和发展我国高收益债券市场。一是继续完善债务清偿相关法律制度。2006 年颁布的《破产法》在实践中仍然存在破产案件审理时间长、抵押物强制执行困难等问题，一旦高收益债券发行人出现无法还本付息的情况，投资者通过破产清算弥补损失的不确定性很大。需要尽快建立健全涉及企业破产和债务清偿的相关法律制度，切实保障投资者的合法权益。二是完善信息披露约束机制。目前，我国对非金融企业债务融资工具、企业债券、上市公司债券等主要公司信用类债券的信息披露出台了相应的规定，但内容详略不一，操作上区别较大。特别是，要对债券发行人信息披露的内部控制做出明确的制度规范。三是加强债券契约对投资人的保护。目前，我国公司信用类债券在债券契约上对发行人后续借款、股东分红、资产出售等可能影响债券偿付的行为均无明确约束；在债券契约执行方面，尽管发行人已在发行文件中对一些保障措施做出承诺，但实践表明，该类承诺并不能得到有效执行。四是加大培育高风险债券投资者。逐步允许保险公司、社保基金等机构投资者投资信用级别在投资级以下的债券，并不断培育高风险偏好的投资者。五是建立风险转移与对冲机制。扩大利率衍生产品市场规模，扩大参与机构范围，增加衍生品种类，推动解决基准利率单一等问题，提高市场流动性。尽快推出信用违约互换等信用风险缓释工具，同时完善债券违约后的交易机制安排，转移、分散债券市场的信用风险，促进市场准确定价，熨平市场波动。

三、加强金融市场基础性制度建设和培育

第一，战略性推进资本市场改革发展，完善金融产品序列，

05
构建适应创新驱动发展模式的金融市场体系

推动资本市场成为长期资本形成的主要场所。在当前宏观杠杆风险较高的情况下,严监管和严调控是必要的,可以降低从土地信用创造到货币投放的循环效率,以时间换空间。另外,要着力为传统土地信用拉动经济增长和货币信用创造的动力减弱的问题提供新的解决方案。目前,央行通过再贷款形式创造自主货币投放渠道,实际存在效率识别和风险积累的约束。建议提升资本市场发展战略,拓宽金融市场发展渠道。

推动债券市场发展。加强国债收益率曲线建设,强化政府债券作为金融公共产品的功能,建立反映市场供求关系的基准收益率曲线。提高短期国债的发行比重,保持各期限国债相对均衡稳定的发行规模和频率,以促进国债的价格发现和提升国债基准利率的公信力。借鉴发达国家债券收益率曲线的编制方法,研究并实行符合我国国情的地方债收益率曲线。推进债券市场整合,统一基本规则,在适度竞争条件下推动各市场之间互联互通。改进以银行为主导的市场模式,设立以注册制为基础,发行准入和投资准入标准都比较低的垃圾债市场,推动实体企业和城乡居民个人直接进入债券市场投资,提高市场包容性,培育高风险市场投资者。

大力发展权益市场。加快推进注册制,完善退市制度及退市处置机制。鼓励企业通过二级市场并购与反并购,发挥股票市场对公司法人进行定价的作用。加快发展私募股权基金,培育长期资本的形成。强化金融机构在资产管理方面的转型,推动居民财富向长期资本转化。实现财政改革和金融改革的联动,优化中国

中国金融改革路线图：构建现代金融体系

的征税管理和税收结构，对养老金、高科技企业、长期投资的资本利得实行税收优惠政策，鼓励和稳定长期投资资本。优化金融结构，建立银行、证券、保险、养老金并重的金融四支柱。逐步推动资本市场整合，推动港市、深市与沪市资本市场的联动、错位发展。以粤港澳大湾区一体化发展为基础，强化金融市场体系的一体化。

加快衍生品市场建设。加快衍生品相关立法，推动《期货法》等相关法律的出台。完善衍生品产品序列，加快研究和推出利率期权、信用违约互换等衍生品，拓展风险定价边界，进一步满足实体经济风险管理等各方面需求。提高衍生品市场流动性和价格发现能力，通过优化投资者准入、提高交易基础设施联结等方式活跃衍生品市场。

第二，完善市场化、法制化债券违约处置机制。加强债务违约风险处置的法律基础，推动相关法律法规的完善或司法解释的出台，如在《证券法》中明确持有人会议决议的法律效力，以及债券受托管理人制度的相关权利义务，同时在司法层面探索明确债券持有人集体诉讼资格、受托代理人代表诉讼资格等。完善持有人会议制度和受托管理人制度，细化持有人会议的性质、职责、决议效力等规定，明确受托人资质、职责等相关事宜。加强投资者保护，债券发行时引入交叉违约、加速到期、集体行动条款，对涉及重大资产转让、资产置换、偿还关联方债务等行为进行约束，防范道德风险。强化信息披露，推动公司信用类债券发行准入和信息披露标准的统一，防止跨市场套信套利。加强部门之间

05
构建适应创新驱动发展模式的金融市场体系

的协调,提高违约处置的信息透明度和处罚力度,减少内幕交易,打击逃废债务。发挥资产管理公司等机构处置不良资产的优势,通过债转股等市场化方式,收购处置违约债券。

第三,强化资本市场的法治能力,加强投资者保护。创新资本市场立法路径,探索由全国人民代表大会组织的专家委员会的修法立法路径;完善资本市场法制体系,推动完善《企业破产法》《公司法》《证券法》等法律体系,增强金融执法能力,加强依法治市能力建设;设立金融法院、破产法院等机构,提高违约处置效率,强化执法保障。建立和完善投资者集体诉讼机制,建议在证券欺诈领域,包括内幕交易、欺诈市场、欺诈客户、虚假称述等,在行政调查上采用举证责任倒置。举证责任倒置,是指在由法律直接规定的侵权诉讼案件中,侵权人负责举证,在证明自己与损害结果之间不存在因果关系或受害人有过错或者第三人有过错过程中承担举证责任。证券市场是建立在有效市场假说基础上的,股价反映了市场的所有信息。反过来,如果市场存在欺诈,任何违法违规信息都会传导到股价,所有特定股票的投资者,都被视为受到了违法信息的影响。在内幕交易、欺诈市场、欺诈客户、虚假称述等领域广泛采用举证责任倒置,有利于形成对上市公司规范治理的威慑。

第四,完善国有资本运营管理。充分发挥银行在适应创新驱动发展模式的金融体系中的作用。继续加强商业银行的市场准入、退出与监管改革,形成多层次适度竞争的银行金融体系,加强规范化的市场准入机制,使新设立的银行金融机构的市场准入常态化；重点要以存款保险制度为基础，建立经营失败的银行金融机构的风险处置机制。完善商业银行法人治理，加强"三会一层"的治理机制建设；推进商业银行创新服务新经济模式，推进投贷联动、网络信贷、轻资产类企业贷款等金融服务创新。推动国有企业管理向国有资本管理转变，培育具有中国特点的长期资本稳定机制。除养老基金、社保基金和企业年金等社会保障性机构投资者外，推动国有企业分类管理改革，对多数国有企业要从直接管企业向管资本、管经营、管人才转变，发挥国有资本的更长期的周期属性和更广泛的社会属性，使其为稳定长期资本市场和引导战略产业投资的重要工具。

四、提高直接融资比重，优化发展路径选择

规范发展理财等资产管理产品的直接投资人。对资管产品运用"穿透式"方法，推动产品标准的统一，加强对底层资产的资本约束，推动同类业务的资本监管标准的协调一致，促进公平竞争。鉴于我国财富管理、直接融资仍然相当程度上依靠银行，建议逐步将银行理财与公募基金等性质及法律关系类似的产品同等管理，并动态协调不同监管制度及市场形态的关系，继续发挥好银行在扩大直接融资和稳定市场方面的作用。可采取依托银行但逐步脱离银行信用的方式来发展机构投资者，设立银行资产子公司和投资子公司，逐步实现其股权多元化，与投资银行业务、基金等的证券公司公平竞争，形成多元化的直接融资市场的投资者队伍，有效满足新经济的融资需求。

05
构建适应创新驱动发展模式的金融市场体系

建立支持中小企业创新的融资服务体系。一是完善促进中小企业发展的法规体系。政府从国家战略高度支持构建完备的创新政策体系以及营造良好的市场环境,这是创新型企业发展壮大的关键。明确借鉴英国、美国等国的强制信息共享、对接融资供需等措施。二是建立协同支持中小企业融资的综合服务模式。在国家融资担保基金等基础上,推进各地建立融资担保、中小企业信息共享、企业股权交易、政务服务以及培训辅导等一体化的中小企业服务中心。三是推动商业银行的产品与服务方式创新。例如,可以提供"股权+债权"的组合金融产品,以一定比例的认股权证作为获得银行贷款的组合产品,形成银行持有一个"债权+股权"的投资收益的金融综合服务;开展高新技术知识产权抵押担保;推进中小企业贷款证券化。

06
构建适应现代金融体系的货币政策框架

06
构建适应现代金融体系的货币政策框架

　　金融调控体系是金融体系的重要组成部分，而中央银行的货币政策又是金融调控体系的重要组成部分。在现代金融体系中，中央银行是整个金融体系的最后贷款人，金融体系的流动性最终来自中央银行。如果说实体经济是现代金融体系的地基，中央银行则是现代金融体系的上梁。作为流动性总闸门，中央银行的货币政策影响整个金融体系的流动性分配，进而影响实体经济的金融资源分配。金融体系要适应实体经济，货币政策也要适应金融体系。货币政策既需要科学制定，也需要切实执行，只有这样，才能实现金融体系与实体经济的良性互动，因此，构建适应现代金融体系的货币政策框架至关重要。

中国金融改革路线图：构建现代金融体系

金融体系与货币政策

一、金融体系的划分

从实践来看，由于各国经济的规模、复杂性，以及政治、文化习俗、历史背景方面存在差异，不同国家的金融机构与金融市场的形态千差万别。为了研究这一问题，可以从不同的角度对金融体系进行划分。目前普遍接受的做法是依据金融中介机构（主要是银行）和金融市场在各国金融体系中各自发挥的不同作用（企业融资模式、居民资产选择以及公司治理机制的差异等）进行划分：以德国、日本为代表的银行导向型金融体系和以美国、英国为代表的市场导向型金融体系。在德国，金融市场规模（相对于其国民经济规模以及银行信贷规模而言）较小，金融市场在资源配置中的作用似乎不那么明显，德意志银行、德国商业银行等几家大型全能银行在德国金融体系中占据主导地位。与德国的情况形成明显对照的是美国，美国的金融市场相当发达，而银行业力量相对较小。股票市场在美国的公司治理中发挥了重要的作用。美国独特的历史、法律以及文化因素导致国民对于银行高度集中有某种恐惧，因此美国的银行高度分散，同时从 20 世纪 30 年代的大萧条到 20 世纪末《格拉斯－斯蒂格尔法案》被取消之前，美国的商业银行一直被禁止从事投资银行业务，这种制度限制使美国的商业银行在整个金融体系中的作用进一步下降。其他

06
构建适应现代金融体系的货币政策框架

国家的金融体系处于德国与美国这两个极端之间。比如，英国的金融体系更接近美国，而日本和法国的金融体系更接近德国。发达国家的金融体系差异巨大的原因、哪种金融体系更优一直是经济学家和政策制定者高度关注的问题。但目前并没有一个规范的、全面的经济理论，能从社会整体福利的角度解释何种体系更优。

从历史上看，市场导向型金融体系和银行导向型金融体系的分化和形成的契机是18世纪的两次金融泡沫。艾伦和盖尔（Allen and Gale，2000）指出，18世纪初期两次大的金融风波——英国南海泡沫和法国密西西比泡沫——成为金融体系发展的分水岭。两个事件都导致了社会的巨大动荡，决策部门似乎第一次意识到不稳定的金融体系对社会经济所造成的巨大伤害。从经济学的角度看，金融体系的运行失败意味着市场失灵，而应对市场失灵有两种截然不同的方法：一种是政府代表公众利益，对金融体系加强监管；另一种是关闭金融市场，转而依靠银行和其他金融机构。两种不同的应对方法导致了两种类型的金融体系的出现：一种是以股票市场为主的盎格鲁-撒克逊模式，典型代表如美国和英国；另外一种是以银行为主导的欧洲大陆模式，典型代表如德国、日本和法国。

二、金融体系对货币政策的影响

在不同的金融体系、银行体系和金融开放程度下，货币政策的工具、传导渠道、实施效果都存在差异。一些学者对不同金融体系下货币政策的传导渠道、实施效果等问题做了一些研究。

中国金融改革路线图：构建现代金融体系

在市场导向型金融体系中，调整货币供应量效果有限，而利率工具却可以传导。艾德里安和申（Adrian and Hyun，2008）的实证检验表明，在市场导向型金融体系中，中央银行的利率工具可以通过金融机构的资产负债表进行传导，金融机构的资产增速和利率呈负相关，利率越低，金融机构资产增速越快。艾德里安和申也从资产负债表角度出发，认为央行调节货币供应量对市场导向型金融体系的影响有限。

银行体系内部的竞争程度会影响货币政策的实施效果。高索布、老苏提和里德（Ghossoub，Laosuthi and Reed，2012）发现银行体系内竞争越激烈，越有利于信用扩张、降低企业融资成本，而在寡头垄断的银行体系中，企业获得融资的能力有限、融资成本增加。塞巴尔·格什（Saibal Ghosh，2006）根据印度1992—2004年的数据发现，大银行更不容易受货币紧缩影响。坎佩洛（Campello，2002）发现，金融控股集团存在内部资本市场，这会降低美联储的货币政策对其旗下小银行信贷的影响。

金融开放程度的提高使中央银行更关注通胀，银行全球化经营程度的提高会削弱本国货币政策的效果。奥布斯特菲尔德（Obstfeld，1998）和若戈夫（Rogoff，2004）认为，金融开放程度的提高会降低政府通过通胀提高收入的可能性，因此中央银行相对于产出会更加关注通胀，这将压低国内的通胀水平。施皮格尔（Spiegel，2009）在国际清算银行的一篇工作论文中通过跨国面板数据证实了金融开放程度与国内通胀水平的负相关性，即开放程度越高的国家平均通胀水平越低。切托雷利和戈德伯格

06
构建适应现代金融体系的货币政策框架

（Cetorelli and Goldberg，2012）研究发现，随着银行全球化经营程度的提高，本国货币政策对它的影响会越来越小。

金融体系的不同可能导致统一的货币政策的执行效果存在地区差异。不少学者对统一货币政策在地区间的传导差异进行了实证研究，包括专门对拥有银行导向型金融体系的国家与拥有市场导向型金融体系的国家就某一货币政策的效果进行对比。最典型的例子是欧元区。卡波莱拉和索利里（Caporale and Soliman，2009）通过对奥地利、德国、法国、芬兰、意大利、丹麦6个欧盟成员国的货币政策的效果进行实证研究，发现统一的货币政策在各国的传导方式、对产出的影响都不一样，小型经济体对货币政策的反应更加迅速和强烈，而大型经济体不太容易受到统一货币政策的影响，并且小型经济体的实际汇率对货币政策的敏感度更高，对该国的产出有显著影响。作者认为这和各国不同的金融体系是相关的，如果欧元区的金融体系和金融监管能够趋于一致的话，那么货币政策对各国经济影响的非对称性可能会减弱。安德鲁·贝尼托（Andrew Benito，2004）根据英国和西班牙两国上市公司的面板数据，比较了两国货币政策在托宾Q值上的效果差异（英国是市场导向型金融体系，西班牙是银行导向型金融体系）。研究发现，英国的上市公司的投资成本对金融体系的流动性变化更加敏感，这与企业更依赖银行融资会对货币政策更加敏感的传统假设相矛盾，其可能的原因，一是西班牙的银行流动性充足，不会根据利率调整货币供应，二是西班牙存在企业持股银行的情况，因此企业的融资约束相对宽松。

国内也有部分学者研究了中国的货币政策在各省、各地区间的效果差异。焦瑾璞、孙天琦、刘向耘（2009），宋旺、钟正生（2006），蒋益民、陈璋（2009），曹永琴（2007）均通过实证研究证实了中国的货币政策对产出、物价等的影响在各省、各地区间存在明显差异，这种差异的产生一方面与不同的货币政策传导渠道有关，另一方面也与各地区的产业结构和金融结构差异有关。

06
构建适应现代金融体系的货币政策框架

市场导向型金融体系的货币政策框架未必适合中国

主要发达国家的货币政策框架从目标、工具上看大同小异，细节上略有差别（见表6.1）。最终目标都包括价格稳定，操作目标多为利率，常规工具主要包括公开市场操作（OMO）、常备借贷便利、再贴现等，非常规工具包括量化宽松、负利率等。

表6.1 各国货币政策框架一览

美国	美联储是美国的中央银行，包括美联储理事会和12家联邦储备银行。美联储公开市场委员会（FOMC）是制定货币政策的主要机构。 货币政策目标包括最大化就业、价格稳定。 操作目标是联邦基金利率。 常规工具主要包括公开市场操作、再贴现等。 非常规工具：量化宽松。
欧元区	欧洲中央银行（ECB）和欧盟成员国的中央银行构成了欧洲中央银行体系。欧洲中央银行理事会负责制定货币政策。 货币政策主要目标是保持价格稳定，在不损害价格稳定这一主要目标的前提下，支持欧元区总体经济政策。欧洲中央银行认为价格稳定意味着消费者价格调和指数（HICP）同比增长低于但接近2%。 操作目标：未公开确定，但实际以利率为目标。 常规工具主要有利率、公开市场操作、常备便利和法定存款准备金要求。 非常规工具：量化宽松、负利率。
英国	英格兰银行1997年开始实行通货膨胀目标制，主要通过调整利率实施。 货币政策目标是价格稳定，在服从这个目标的前提下，支持政府的经济增长和就业等目标。价格稳定被定义为2%的通货膨胀目标。 操作目标：短期利率。 工具：利率、公开市场操作。

资料来源：各央行网站。

中国金融改革路线图：构建现代金融体系

但在货币政策的操作框架、传导渠道上，因各国金融体系不同，各国央行还是存在一定的差异。比如，美国和欧元区（主要是德国）在金融体系上的区别使美联储的货币政策操作框架和传导渠道与欧洲中央银行存在明显差异。

一、美联储通过调节流动性来调节利率，这得益于其银行体系的流动性供求结构

在如何通过货币政策工具达到利率操作目标——货币政策的操作框架方面，美联储和欧洲中央银行存在明显差别：美联储通过改变流动性数量间接实现利率操作目标；而欧洲中央银行等其他央行直接以货币市场利率作为操作目标。美联储这种通过改变流动性数量间接实现利率操作目标的做法难度相对较大，因为流动性的变动难以预测，并且流动性数量与货币市场利率并不一一对应。

美国能够通过公开市场操作实现对联邦基金利率的调节，这得益于美国银行体系的特殊结构。美国银行体系发展至今，在高度分散的基础上也有所集中：一方面，仅纳入美联储统计的大型商业银行就达 1 800 多家，另一方面，美国形成了个别超大规模的商业银行，并且资产规模超过 1 万亿美元的大银行资产占商业银行总资产有相当的比例，这一比例在 2008 年金融危机后还因小银行的破产重组略有上升。同时，我们发现，美国大银行的资产占商业银行总资产的比例常年略低于其存款占商业银行总存款的比例，这意味着美国大银行为使资产与负债相匹配，需要在金融市场上主动负债以弥补存款负债的不足，这种资产负债结构使

06
构建适应现代金融体系的货币政策框架

美国大银行在货币市场上是流动性的净需求方。

2017年,按美联储标准统计的美国大型商业银行(资产规模3亿美元以上)共有1 827家,资产总规模为15.56万亿美元,占美国商业银行总资产的90%以上。但资产规模超过1万亿美元的真正的美国大银行仅4家(摩根大通、美国银行、富国银行、花旗银行),资产共计7.02万亿美元,约占同期美国商业银行总资产(16.78万亿美元)的42%。而这4家银行的存款规模约5.04万亿美元,约占同期美国商业银行总存款(12.21万亿美元)的41%,稍稍低于资产占比。在2008年金融危机前,2007年资产规模超过1万亿美元的美国商业银行仅3家(摩根大通、美国银行、花旗银行),这3家银行的资产共计占美国商业银行总资产的35.9%,其存款规模仅占美国商业银行存款的35.5%,大银行存款占比又恰恰比资产占比少了一点儿。假设每家银行的权益/资产相同,大银行资产占商业银行总资产的比例应和其负债占总负债的比例相匹配,而美国大银行存款占比却常年略小于资产占比,这意味着大银行为匹配其资产规模,还需要在金融市场上主动负债以弥补其长期存在的负债缺口。

大银行的相对负债短缺使得在美国的货币市场中,大银行是流动性的相对紧缺方,小银行是资金的相对富余方,小银行对货币市场利率有定价权,而在信贷市场中,大银行占据更多的信贷资产,对贷款利率有一定的定价权。

美联储主要与一级交易商(主要是大银行和投资银行)进行回购交易。如果美联储想要提高利率,可以减少对大银行的流动性支持，大银行面临流动性短缺时，会增加对货币市场的流动性需求，小银行会提高对大银行的回购或拆借利率，这样一来，美联储就通过公开市场操作间接提高了联邦基金利率。如果美联储想降低联邦基金利率，可以增加对大银行的流动性支持，当货币市场的流动性充裕时，利率就会下降。大银行由于资产规模较大，在存贷款市场是定价的引导者，其负债成本的变动会通过大银行的资产负债表直接传导至贷款利率（见图6.1）。

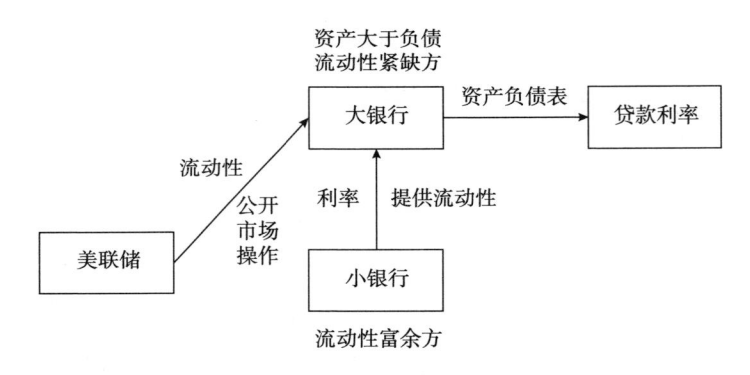

图6.1　美联储如何通过流动性工具调节联邦基金利率

可以看到，美联储能够通过公开市场操作影响联邦基金利率进而影响银行贷款利率，这得益于美国特殊的银行体系结构和相应的流动性供求结构。而在欧元区，比如德国，其银行是高度垄断的，流动性和资产都掌握在大银行手中，欧洲中央银行通过公开市场操作的流动性调节影响货币市场利率的难度较大，因此欧洲中央银行采用更直接更简单的方式，放弃明确的货币市场利率操作目标，通过常备借贷便利类工具直接调控货币市场利率，形

06
构建适应现代金融体系的货币政策框架

成利率走廊。

二、市场导向型金融体系特有的传导渠道

除了小银行外，美国的金融市场还有一个重要的资金富余方——共同基金。截至2018年6月底，美国共同基金的总规模达2.8万亿美元，同期银行资产中的证券资产规模共计3.4万亿美元，共同基金规模和银行证券投资规模不相上下。并且，美国商业银行的资产总规模远不及股票市场和债券市场的规模。2017年年底，美国所有商业银行资产总规模为16.78万亿美元，而同期美国上市公司总市值约32万亿美元，未偿还的国债余额达20万亿美元。发达的直接融资市场使美联储的货币政策多出了一条重要的传导渠道，这也是如美国、英国这样的拥有市场导向型金融体系的国家特有的货币政策传导渠道：通过股票价格影响消费和投资。

以美国为例（见图6.2）。如果联邦基金利率下调，那么它可以通过银行资产负债表传导至长期债券收益率（在极端情况下，如果长短期利率脱节，美联储还可以通过直接买卖债券的方式影响长期债券收益率）。如果长期债券收益率下降，在共同基金的资产组合中，国债的收益就可能低于股票，投资者相对增持股票，股票价格就会上涨，通过财富效应或者托宾Q效应传导至居民消费或企业投资，消费和投资随之增加，进而物价上涨、就业增加。

股票市场的市场容量和上市公司的数量决定了股票价格变动对实体经济的外溢效应，这也是为什么欧洲中央银行采用QE也能使各国股市有所上涨（不及美国的涨幅），但对经济增长和通

货膨胀的促进作用远不及美国的原因之一。

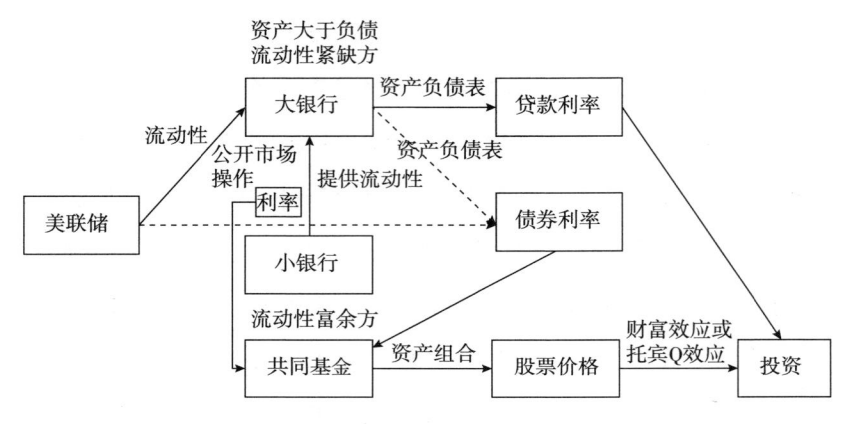

图 6.2 美联储货币政策传导渠道

三、美联储的货币政策框架不完全适用于中国

美国以市场为主导的金融体系、高度分散的银行体系以及大银行流动性相对短缺的银行间流动性结构决定了美联储可以通过流动性工具影响短期利率，通过资产负债表渠道和资产组合渠道传导至实体经济的货币政策框架，但这种货币政策框架未必适合中国。

一方面，我国股票市场在广度、深度和质量上都欠佳，货币政策通过影响股票价格未必能够服务实体经济。近两年，上市公司发行审批速度加快，A 股市场出现了一定的扩容，但与银行贷款的规模相比依然差距巨大。截至 2018 年第一季度，A 股上市公司总市值约 56 万亿元，而同期银行贷款余额 126 万亿元。值得注意的是，上市公司的市值还反映了股价变动，不等于上市公司的实际融资规模，从一级市场发行和增发的规模看，股票融资占

06
构建适应现代金融体系的货币政策框架

社会融资规模的比例目前不足 4%。

另一方面，在我国的货币市场中，大银行是流动性的相对富余方，这不利于中国人民银行仅通过流动性操作影响利率。2017 年，我国大型商业银行的资产约占银行总资产的 46%，而五大银行的存款总额占人民币存款余额的比重高达 59%，远超过其资产占商业银行总资产的比重，这使大银行需要从金融市场上补充负债的压力远小于中小银行，大银行是流动性的相对富余方。在货币市场中，大银行向中小银行提供流动性。如果中国人民银行只针对大银行进行公开市场操作，大银行可以将其对央行负债成本的提高通过同业渠道传导至小银行，导致小银行的负债成本提高，影响中小企业的融资利率，而大银行只要做好规模更庞大的零售负债（存款）业务即可，并不需要将货币市场利率的变化传导至贷款利率。当前中国利率"双轨制"的背后是利率传导的阻滞，中观上是信贷市场和其他金融市场的分割，微观上是银行内部两条线的利率定价，而这种阻滞和分割定价与中国银行体系内部的流动性结构相关。

四、可以借鉴发达国家货币政策的决策机制和操作机制

尽管我们不能简单照搬发达国家的货币政策操作框架，但也应注意到，其决策机制（见表 6.2）和操作机制（见表 6.3）有利于提高货币政策的透明度、加强与市场的沟通，可以借鉴。从美国、日本、英国等成熟市场经济国家的实践经验来看，央行货币政策的决策支持机制与操作机制的建立与市场化利率调控机制的建立是同步进行的。

表6.2 主要经济体中央银行货币政策决策机制

	决策支持部门	决策机构	成员数	成员构成	议息会议次数	决议方式
美联储	货币事务部	联邦公开市场委员会	12名	联邦储备委员会全部7名成员、纽约联邦储备银行行长以及其他4名轮值的地区联邦储备银行行长	8次/年	投票表决
欧洲中央银行	货币政策理事部	管理委员会	18名	欧洲中央银行执行理事会的6名成员和欧元区成员国的12名央行行长	每6周一次，2016年为8次	投票表决
日本央行	货币事务部	政策委员会	9名	1名行长、2名副行长以及其他6名委员	8次/年	投票表决
英格兰银行	货币市场部	货币政策委员会	9名	英格兰银行的5名和财政大臣指派的外部独立专家4名	8次/年	投票表决

资料来源：各中央银行官网。

表6.3 主要经济体中央银行货币政策操作机制

	操作部门	操作目标	操作频率	操作工具
美联储	纽约联储银行	联邦基金利率	每日	逆回购、隔夜逆回购、资产购买
欧洲中央银行	市场操作部	主要再融资利率目标	每周、每月或按需	主要再融资业务、长期融资业务、微调操作、长期再融资操作、定向长期再融资操作
日本央行	金融市场部	活期贷款目标利率区间	每日多次	回购交易、不附条件直接交易
英格兰银行	业务部	基准储备利率	每周	短期回购交易、不附条件直接交易和微调操作

资料来源：各中央银行官网。

06
构建适应现代金融体系的货币政策框架

1. 美联储

在 1993 年以前，美联储以货币供应量作为中介目标。在数量型调控机制下，由于货币供应量的内生性，美联储的决策机制和操作机制并不明晰。从 1993 年起，美联储实行以联邦基金利率作为政策调控目标的价格型调控机制，自此，时任美联储主席格林斯潘开始完善货币政策决策与操作机制。

美联储公开市场操作决策由公开市场委员会主导。美联储公开市场委员会由 12 名成员组成，其中包括联邦储备委员会全部 7 名成员、纽约联邦储备银行行长以及其他 4 名轮值的地区联邦储备银行行长。公开市场委员会开会讨论政策方案并通过投票的方式来选出最终方案。每年召开 8 次例行会议，每次会议一般持续一天到两天，主要讨论的内容包括经济运行状况、金融市场风险、货币政策利率决议。详细的会议记录于会议后几天内公开。会议后发表的政策声明内容包括货币政策调整和对未来经济发展的评论。美联储货币政策决策的支持部门是其货币事务部。

纽约联储银行负责具体实施公开市场操作。公开市场委员会做出决策后，纽约联储银行实施具体操作。参照公开市场委员会制定的联邦基金利率目标区间，纽约联储银行的交易柜台每日执行操作。美联储被授权交易的证券范围是受法律限制的，交易的券种包括承兑汇票、政府债券和政府机构债券。美联储公开市场操作包括两类：永久性和暂时性。永久性公开市场操作是指通过系统公开市场账户直接买卖证券，暂时性公开市场操作通常被用于满足短期变化带来的准备金需求，通过回购协议或者逆回购协议的形式进行。2015年12月，美国货币政策正常化以来，美联储把隔夜逆回购（ON-RRP）作为补充政策工具，调控联邦利率以确保其在公开市场委员会制定的目标区间内。

2. 欧洲中央银行

欧洲中央银行的公开市场操作决策由管理委员会主导。欧洲中央银行的公开市场操作决策由管理委员会制定。该委员会由欧洲中央银行执行理事会的6名成员和欧元区成员国的12名央行行长组成。管理委员会以投票的方式进行表决，表决时至少应达到2/3的规定人数，如不满足这一最低要求，可由欧洲央行行长召集特别会议来做出决定。欧洲中央银行管理委员会每6周召开一次议息会议。2015年1月起，欧洲中央银行在议息会议后公布会议纪要，包含对金融市场、经济和货币形势发展的概述以及一份不标明讲话人姓名的讨论总结，讨论内容涉及经济和货币形势分析和货币政策立场。欧洲中央银行货币政策决策的支持部门是其货币政策理事部。

根据管理委员会制定的主要再融资利率目标，欧洲中央银行执行委员会的市场操作部负责公开市场操作，并以统一的标准和条件在所有成员国内进行。公开市场业务有4种方式：一是主要再融资业务，成员国中央银行按照投标程序每周进行一次，两周到期，该业务是欧洲中央银行公开市场操作的主要工具；二是长期融资业务，每月进行1次，3个月到期；三是微调操作，由成员国中央银行在特定情况下按照投标程序和双边程序进行，主要以逆向交易的形式执行；四是结构操作，当欧洲中央银行需要调整资金结构时，可以由成员国中央银行按照投标程序和双边程序

06
构建适应现代金融体系的货币政策框架

进行。2008年金融危机以来,为了进一步鼓励银行借贷给私人部门,欧洲中央行推出了非常规公开市场操作工具:长期再融资操作和定向长期再融资操作。

3. 日本银行

1997年,日本国会通过了新的《日本银行法》,将货币政策操作目标设定为隔夜拆借利率。与此同时,日本银行将政策委员会成员增加至9人——成员必须是日本银行的专职人员,并指导相应部门实施业务操作,决策和操作机制由此建立。

日本银行的公开市场操作决策由政策委员会负责。政策委员会由1名行长、2名副行长以及6名委员共9人组成。每年召开8次货币政策会议,讨论国内外经济金融形势并做出相应的决策。议息会议结束当天,行长主持召开新闻发布会,对外公布政策委员会所做的决策并对其进行解释。议息会议的会议纪要将在1个月后的议息会议上审核并于其后3个工作日后对外披露,会议纪要刊载了议息会议讨论的主要内容、投票结果及最终决策。日本银行货币政策决策的支持部门是其货币事务部。

金融市场部负责实施公开市场操作。日本银行的公开市场操作目标是保持活期贷款利率在每周一确定的目标利率范围内。参照这一目标利率范围,日本银行通过公开市场操作来提供或吸收金融市场的资金。日本银行每天在公开市场上进行多次操作,操作方式主要包括回购交易和不附条件直接交易。回购交易的操作工具包括政府债券和商业票据等,不附条件直接交易的操作工具包括政府债券和贴现票据等。所有的操作都通过美国式招标(多个成交价格）进行。

4. 英格兰银行

从 1998 年起，英国不再以货币供应量为操作目标，而是以隔夜拆借利率、3 个月国债利率和 3 个月银行拆借利率等为操作目标，自此，英格兰银行成立了货币政策委员会，该委员会负责制定货币政策，并指导相应部门实施业务操作。

英国公开市场操作决策由货币政策委员会负责。货币政策委员会总共包括 9 名成员，其中 5 名来自英格兰银行，4 名为财政大臣指派的外部独立专家。2016 年 9 月之后，例行会议由每月召开改为一年 8 次，会期为两天。委员会以一人一票的方式投票表决决定。外部专家只以观察员的身份参加会议，在会议中发表自己的看法并提出建议，不具有实质性的投票表决权。决策结果在会议结束的第二天中午 12 点对外公布，会议纪要两周后对外公布。会议纪要记载货币政策委员会对于政策决策的讨论，也披露货币政策委员会的记名投票结果。货币政策决策的支持部门是英格兰银行货币市场部。

英格兰银行的公开市场操作以维持基准利率为目标。英格兰银行每周进行公开市场业务。公开市场操作方式主要包括三种，即短期回购交易、不附条件直接交易和微调操作。主要的操作工具包括国债、银行票据和欧盟委员会发行的票据等。短期公开市场操作的融出资金期限为 7 天，以货币政策委员会确定的官方回购利率计价。微调操作则是为了尽可能满足银行系统的流动性需求，英格兰银行在每个维持期的最后一天通过隔夜业务来进行微调。

06
构建适应现代金融体系的货币政策框架

当前中国金融体系对货币政策的影响

一、当前中国金融体系的特点

从机构上看，我国以中国人民银行为中心、以商业银行为主体、各银行和非银行金融机构分工协作的现代金融体系正在形成（见图6.3）。

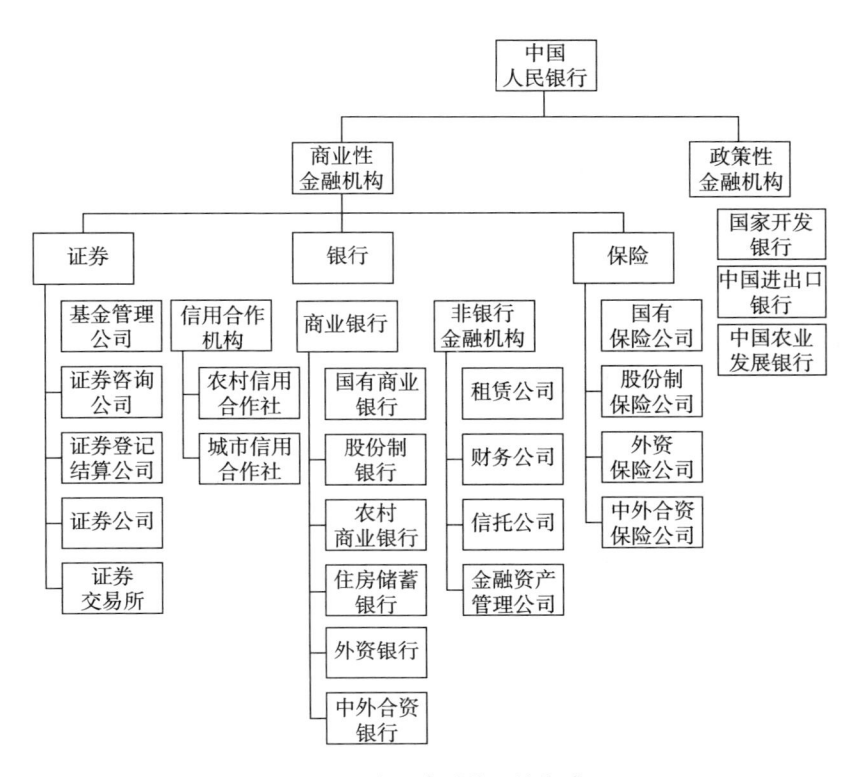

图6.3 中国金融体系的构成

中国金融改革路线图：构建现代金融体系

当前，中国的金融体系主要有以下三个特点。

第一，机构以银行为主，融资方式以间接融资为主。2017年年底，人民币贷款占社会融资规模的比例约为68%，企业债券和股票分别占10.5%和3.8%。商业银行是债券市场的主要投资者，2017年，商业银行在银行间债券市场的现券交易规模占银行间现券交易总规模的62%。

第二，银行构成以大银行为主，存款集中在大银行。按照银监会的统计，2017年我国大型商业银行资产总额占银行总资产的比例约为46%，存款总额占人民币存款余额的比重高达59%。考虑到部分股份制银行发展迅速，2017年年底资产超过或接近1万亿美元（按汇率6.2换算）的国内商业银行已有9家，资产规模合计117万亿元，占商业银行总资产的62%，而美国按同一口径计算的比例仅为42%左右。

第三，多个层面的政府隐性担保助长了银行的扩张冲动。在发达国家，"大而不能倒"的隐性担保使中等规模的银行有扩张为大银行的意愿。在中国，这种现象尤为突出：中央和地方财政部门普遍出现在各大小银行的控股股东名单里，大银行有中央政府的隐性担保，地方中小银行有地方政府的隐性担保，在政府隐性担保的庇护下，国内商业银行的扩张冲动远远超过风险意识。

二、中国金融体系对货币政策的影响

在以银行为主、以大银行为主导、存在政府隐性担保的金融体系和环境中，中国在制定货币政策框架时会考虑以下几点。

06
构建适应现代金融体系的货币政策框架

第一,货币政策主要通过银行体系传导。我国是以银行为主、以间接融资为主的金融体系,并且金融体系的这一特征在短期内难以改变。我国货币政策的有效传导应该也只能通过银行体系。在数量型的货币政策框架下,中央银行可以直接或间接地管理银行信贷规模,从而实现对货币供应量的调节;在货币政策框架从数量型向价格型的转型过程中,通过利率影响银行的资产负债表是货币政策有效传导的关键。

第二,货币政策的操作框架需要考虑到中国银行体系的结构性特征。美联储之所以能够通过流动性工具调节短期利率,得益于美国大银行的流动性相对短缺。而在我国,银行体系的流动性和资产均主要集中在大银行,大银行在货币市场、债券市场上均掌握了定价权,地方农信社虽然也是流动性的富余方,但其数量分散、规模较小,不足以获取货币市场利率的定价权。在这种银行体系结构下,中小银行成为银行间市场融资链条的末端,其服务的中小企业也成为社会融资链条的末端。大银行在资金市场上的强势、大企业在信贷市场上的强势影响了货币政策的传导效果,并且使货币政策的实施效果具有非对称性,即货币宽松导致信贷扩张的效果超过货币紧缩导致信贷收缩的效果。

第三,政府隐性担保的长期存在使央行的流动性调节必须保持紧平衡状态,以维持结构性流动性短缺的货币政策操作框架。政府隐性担保的存在以及各级政府对经济发展的需求使中国银行体系的信贷扩张冲动和必要性都异常强烈。正如上文所说,在这种情况下,中国人民银行通过货币政策调节信贷规模的效果会大打折扣。为保证货币政策的有效性，中国人民银行至少应能主动控制基础货币的投放力度，维持结构性流动性短缺的货币政策操作框架，保证货币政策的有效实施。

06
构建适应现代金融体系的货币政策框架

构建符合中国金融体系的货币政策框架

从实践层面，我们将中国的货币政策框架分为四个体系，分别是货币政策的决策体系、操作体系、传导体系和规则体系。

一、建立透明的货币政策决策体系

随着利率市场化改革的基本完成，我国货币政策框架正处在从数量型调控向价格型调控转型的过程中。在这一过渡期内，研究利率决策支持机制是必要且迫切的。从美国、日本、英国等成熟市场经济国家的实践经验来看，透明的央行货币政策决策机制与市场化利率调控机制的建立存在着紧密联系。借鉴成功经验，结合我国当前的经济金融环境，完善货币政策决策机制可以为向价格型调控机制转型奠定坚实的制度基础。

第一，透明的央行货币政策决策机制有助于缓解信息不对称。如果金融市场无法及时获知央行的决策信息，往往需要猜测央行的政策取向，而这种不确定性会影响金融市场的运行。央行决策机制的透明化可以解决央行和市场之间的信息不对称问题，即央行及时向市场公布货币政策决策，并就货币政策决策的考虑与市场进行沟通，这样一来，金融市场就能够分辨出央行的决策和操作信息，更有利于货币政策的实施与传导。

第二，健全的央行货币政策决策机制有助于增强操作的准确性。在市场化利率调控机制下，央行决策机制透明且规范，当利率决策做出后，即制定出确定的政策利率目标后，即可相应地回收或投放流动性，保证政策利率目标得以实现。

第三，决策机制的透明化有助于减少市场波动。当决策机制透明度不够高时，市场难以区分央行的决策和操作信息，会使金融机构由于市场的流动性冲击产生预防性需求，并造成不必要的市场扰动。在数量型调控框架下，决策信息和操作信息往往难以区分。而在价格型调控框架下，货币政策决策机制很透明，央行可以向市场传达清晰的政策信号，减少沟通成本，提升政策有效性。同时，央行公开宣布利率决议后，市场便会产生预期，相应调整其投融资决策，从而使市场利率自然向政策利率靠拢，这既减少了央行的操作成本，也使市场波动更为平滑。

主要成熟市场经济国家的经验和相关理论均表明，透明的央行决策机制是货币政策价格型调控框架的重要组成部分。从我国货币政策的实践来看，建立更透明的决策机制同样具有必要性和紧迫性。近年来，尽管我国市场化利率调控程度和水平不断提高，但是由于受到外汇占款、财政存款、金融创新、监管考核等各种因素影响，货币市场流动性及利率经常发生较大波动。加之我国利率体系复杂，货币政策操作工具及相应的信号释放也比较多，这些因素都可能导致货币政策的操作结果和决策目标之间产生偏差。在这一背景下，若央行不给出明确的决策信号，市场容易将市场波动或货币政策操作结果的变动误认为是决策目标的改变，不利于稳定预期。

06
构建适应现代金融体系的货币政策框架

二、完善货币政策操作体系

目前，中国人民银行已经形成多目标、多工具的货币政策框架。货币政策的最终目标包括经济增长、物价稳定、国际收支平衡和金融稳定，在不同时期的侧重点不同；货币政策调控框架正从以数量型为主向以价格型为主转变，M2和社会融资规模逐渐从中介目标转变为观测指标；货币政策和宏观审慎政策双支柱已经建立并逐渐完善；货币政策工具不断丰富，形成了包括法定存款准备金率、公开市场操作、流动性便利、存贷款基准利率、宏观审慎管理等在内的丰富的货币政策工具箱。

公开市场操作、法定存款准备金率、流动性便利等货币政策工具主要通过央行的交易行为改变央行资产负债表，然后影响商业银行资产负债表，间接影响公众收入支出表，最终实现货币政策目标。在传导过程中，准备金兼为央行负债和商业银行资产，是连接央行和商业银行资产负债表的桥梁，因此成为央行货币政策操作的标的，央行的货币政策操作直接体现为流动性管理。在流动性管理结构的设计中，要把握"结构性流动性短缺"的思路，即在流动性平衡的前提下，要确保央行主要为贷方。需要注意的是，这种结构性短缺并不表示市场流动性的松紧状态，而是指央行主要为银行间流动性的贷方。在2014年之前，中国人民银行资产负债表的主要特征就是长期存在结构性流动性盈余。从准备金的需求看，商业银行加强内部流动性管理，对用于清算的超额准备金的需求下降，而且由于货币市场和银行间债券市场的

中国金融改革路线图：构建现代金融体系

发展，商业银行持有的债券资产增加很快，高度竞争性的货币市场加速了准备金在银行体系中的再分配，大大降低了商业银行的超额准备金需求。从准备金的供给看，在 21 世纪初的双顺差背景下，外汇持续大量流入，增加了银行体系的准备金供给，使我国银行体系在 2014 年之前长期存在与发达经济体在 2008 年金融危机之前新常态下的"结构性流动性短缺"相反的"结构性流动性盈余"。庞大的结构性流动性盈余曾对货币政策操作产生了不利的影响。随着人民币汇率形成机制改革的推进和结构性改革的进行，中国国际收支趋于均衡，2014 年以来外汇流入开始减少，2015 年转为净流出，中国人民银行开始有条件作为资产方主动提供流动性，结构性流动性短缺的货币政策框架逐步形成。在此框架下，央行调控流动性和利率的能力大为提高，近年来，央行创新了很多流动性调节工具，和原有的货币政策工具一起构成了货币政策的工具箱。央行需要进一步梳理，将创新工具常态化，明确定位，增加规律性和透明度，加强货币政策工具的协调配合，提高调控市场利率的有效性。

三、建立市场化利率调控和传导机制

与发达经济体不同，我国金融市场处于发展改革过程中，特别是信贷市场和其他市场严重分割，在这种情况下，金融市场处于结构性的不完美状态，同样面临长短期利率脱节的共性问题。同时，作为新兴市场经济体，我国货币政策操作面临的外部冲击和不确定性较大，对短期利率的预期的变化不易平滑，加之转轨

经济体共有的货币政策多目标利益冲突，难以在稳定的一致性规则下有效实施前瞻性指引。受制于利率定价的"双轨制"以及市场分割等因素，仍然需要结合我国实际情况，逐步完善市场化利率调控和传导机制。其重点在于，应当发挥政策利率的"锚"作用，影响存贷款利率并逐步取代存贷款基准利率。在国际收支趋于自主平衡的背景下，央行通过各类工具提供不同期限的流动性，各期限央行政策利率组成的政策利率体系应协调配合，以有效影响信贷市场和其他市场的利率水平。目前，我国金融市场还不发达，信贷市场与货币市场和债券市场分割，需要包括短期政策利率和中期政策利率在内的整个央行政策利率体系来突破市场割裂的瓶颈。未来随着利率市场化和货币政策框架转型的完成，利率传导机制会被理顺，央行的政策利率体系可以向短端集中。同时，也应注意到，即便未来金融市场得以发展，从德国、日本的经验来看，我国以间接融资为主的资本市场格局也难以在短期内改变，一定时期内还要注重数量调控和传导机制的作用。

四、探索符合中国实际的利率规则

随着利率市场化的基本完成，我国货币政策框架也将逐步转向以利率为主的价格调控模式。探索符合中国实际的利率规则，科学合理确定政策利率目标水平，对顺利实现物价产出等货币政策的最终目标，促进经济平稳健康发展，具有非常重要的意义。虽然泰勒规则是各国利率决策的重要依据，但即使在金融市场发展得很成熟的发达国家，泰勒规则仍存在各种各样的问题。因而，

中国金融改革路线图：构建现代金融体系

各国中央银行只是以泰勒规则作为利率决策的指导性规则。虽然大量研究表明，我国货币市场利率基本符合泰勒规则情形，但也要认识到，我国经济金融的发展与发达国家存在一定的差异，这在一定程度上限制了泰勒规则在我国的适用性。

尽管传统的泰勒规则存在一定的问题，但经过一定的修订和扩展后，泰勒规则仍然可以具有广泛和稳健的应用。实践经验表明，美联储等发达国家的中央银行根据特定的经济情况，提出了经过扩展的泰勒规则，并以此作为重要的利率决策参考。因此，探索符合我国实际的泰勒规则对我国货币政策决策具有重要意义。

第一，加强对潜在产出、均衡实际利率等自然利率的估算，探索符合中国实际的政策利率目标规则。在泰勒规则中，名义利率水平取决于产出缺口和均衡实际利率等变量，这些变量属于无法通过观测得到的潜在的自然利率变量。理论上，均衡实际利率与潜在产出增速相符，泰勒在提出经典泰勒规则时，是根据样本期的美国长期2.2%的产出增速，将均衡实际利率水平设定为2%。一方面，我国潜在产出增速要远远大于美国等发达经济体；另一方面，目前我国正进入由高速增长向中高速增长转变的经济新常态，潜在产出增速将发生明显的变化。因而，如何估算均衡实际利率和潜在产出增速，对确定以泰勒规则为指导的符合中国实际的政策利率至关重要。同时，分析表明，中央银行需要在货币政策目标中考虑金融周期，金融周期在泰勒规则中体现为金融缺口。因而，在明确中央银行政策利率并加强对均衡实际利率等自然利率的估算的同时，逐步探索满足泰勒规则并符合中国经济金融平

06
构建适应现代金融体系的货币政策框架

稳发展的通胀缺口、产出缺口及金融缺口反应系数,构建符合中国实际的泰勒规则。

第二,完善人民币汇率市场化形成机制,为利率调控提供必要的政策空间。我国现有的多目标的货币政策,尤其是汇率稳定因素,增加了泰勒规则的实施难度。在应对国际形势变化的过程中,应进一步完善人民币汇率市场化形成机制,加大市场决定汇率的力度,增强人民币汇率双向浮动弹性,保持人民币汇率在合理、均衡水平上的基本稳定。在汇率稳定、国际收支平衡的基础上,中央银行才有足够的空间,根据泰勒规则灵活开展利率调控。

第三,加强以利率为主的货币政策与宏观审慎政策的协调配合。虽然随着利率市场化改革的基本完成,在金融创新和金融脱媒的推动下,我国向以利率为主的价格型调控方式转变的必要性和迫切性日趋上升,但也要认识到,货币数量调控对中国经济金融平稳发展发挥了重要的作用,很多研究也表明,货币供应量的数量工具和利率的价格工具对通胀和产出的稳定都起到了重要的作用,数量和价格混合型货币政策工具更符合中国当前的实际情况。因而,今后仍然需要有效发挥数量工具的作用,探索符合中国实际的混合型泰勒规则。同时,2008年全球金融危机表明,物价稳定并不一定能够完全实现金融稳定,宏观审慎政策与货币政策的协调配合至关重要。因此,应在完善宏观审慎政策框架、丰富宏观审慎政策工具的同时,加强以利率为主的货币政策与宏观审慎政策的协调配合,共同促进经济金融的平稳健康发展。

相关政策建议

从改革路径看，我国正处于由数量型货币政策框架向价格型货币政策框架转变的关键时期。从外部环境看，我国国际收支趋于平衡，外汇储备和央行外汇占款也从长期高速持续增长转为平稳态势，基础货币的投放渠道发生了关键性改变。从内部环境看，随着金融创新的不断涌现，存贷款基准利率的影响力不断下降。在此背景下，有必要提高政策利率调控的有效性，理顺政策利率的传导机制，完善市场化利率调控和传导机制。

一、确立我国的央行政策利率以锚定与引导预期

"名义锚"是一国货币政策框架的重要组成部分。尤其对发展中国家和转型国家而言，"名义锚"的确立有助于减弱外部冲击对公众预期的影响，维护整个经济和金融体系的稳定性。中央银行对政策利率的宣示和维护，就是确定和实现这个"锚"或基准的过程。合理的政策利率宣示及其操作，不仅能向市场及时传递中央银行的政策意图，降低市场预期不稳定带来的试错成本，而且在一定程度上能增强投资、消费对利率的敏感性。今后一段时期内，应坚定不移地确立政策利率调控框架的核心地位，着力构建和理顺政策利率传导机制，发挥包括短期和中期政策利率在内的政策利率的调控功能，逐渐取代存贷款基准利率，继续将

M2、社会融资规模等数量指标作为观测指标。

二、稳定央行流动性操作机制

为更好地发挥央行政策利率的锚定预期功能，应扩大借贷便利工具合格抵押品的范围，保证抵押品的可得性、规模性、便利性等。加快推进信贷资产质押和央行内部评级试点，增加金融机构合格抵押品，建立包括国债以及达到一定评级要求的地方政府债券、金融机构债券、公司类信用债和银行贷款等在内的抵押品体系。推进创新工具常态化，提高操作的规律性和透明度，稳定市场预期。

三、促进央行资产负债表从被动管理向主动管理的转型

随着外汇占款的逐渐稳定，我国基础货币的投放渠道发生了变化，这为央行资产负债表由被动管理向主动管理的转变提供了契机。应通过调整央行资产负债表结构，进一步提高调控市场利率的有效性。国际经验表明，随着利率市场化进程的加速和金融市场的不断发展完善，资产负债表管理为货币政策的有效实施提供了丰富的手段和工具。在利率市场化的背景下，主动调整央行资产负债表，有助于疏通货币政策传导机制，甚至在短期利率位于有效边界之下，也可以通过有效控制注入流动性的期限、范围，以及供求双方的资金成本，更好地达成货币政策目标。较之发达国家央行在2008年金融危机之后不断扩表且被动收购资产，我国央行在被动投放外汇占款的局面已经改变的情况下，调整和优

化资产负债表的空间相对较大，未来可结合流动性变化和结构调整需要，采取多种形式投放流动性。

四、进一步疏通利率传导渠道

首先，抓紧推进金融市场的发展，特别是打破信贷市场、债券市场、货币市场等金融市场之间的分割，使商业银行的资产负债部门和金融市场部门的"两部门决策机制"转变为统一的一次性决策，以疏通货币政策传导机制。通过大力发展资产证券化以及加快发展债券市场和资本市场来打破市场之间的分割，增强不同金融市场之间的可替代性。丰富央行流动性供给的抵押品机制，增加信贷资产质押比重，发挥政策利率对银行信贷定价的引导作用。其次，推进要素价格改革，推动国有企业改革和地方政府与中央政府的事权财权划分，进而消除财务软约束，为我国货币政策框架转型创造条件。最后，建立规范化、市场化的退出机制，顺应市场，适时适度处理个别金融机构的违约行为和破产事件，打破刚性兑付，促进银行间和产品间信用利差的形成。

五、完善货币政策决策机制和操作机制

一是完善货币政策决策机制，二是完善中央银行货币政策决策支持体系，三是建立健全货币政策决策信息公开制度，增加央行信息透明度。通过互联网、传统媒体等多种渠道向公众公开有关货币政策的信息以及相关的程序，规范信息披露的内容、方法、

06
构建适应现代金融体系的货币政策框架

时间与形式,加强中央银行与公众的信息交流,引导金融机构和公众的预期,使公众更好地把握货币政策的走向与宏观经济的金融趋势,提高货币政策的有效性。

07
推进资本市场改革

07
推进资本市场改革

创新资本形成能力是现代金融体系的基石

金融体系有两大基本类型：一是以金融中介提供间接融资为主导的金融体系，二是以资本市场提供直接融资为主导的金融体系。金融体系的现代性主要体现为与生产力发展相适应的组织、配置金融资源的能力。经历了漫长的农业革命和不断加速的工业革命，人类社会的生产力已经走到全面科技创新的前沿，科技创新驱动产业革命，进而引领经济进入新的增长周期。对我国而言，来自土地、资源、劳动力等生产要素的潜能基本得到了充分开发，生产要素的增长潜力面临资源、环境、社会等方面的约束，已经无法支撑高投入、数量型的经济增长，我们必须转向优化经济结构、加强科技创新的发展之路，通过提升全要素生产率来实现可持续增长。因此，现代金融体系的核心内涵就是适应结构优化和创新发展的要求，建设有利于创新资本形成的金融资源配置体系。

从国际经验看，无论是在以间接融资为主的金融体系中，还是在以直接融资为主的金融体系中，都存在创新能力极强的经济体，前者以日本、德国为代表，后者以美国为代表。但是在理论上，以金融中介为主导的金融体系以货币信贷创造为主，通过债权债务关系配置金融资本，具有低风险偏好、高杠杆偏好的典型特征，风险承担能力不足，无法为全社会提供足够的风险资本，无法支撑广泛的技术创新。而以资本市场为主导的金融体系以风险定价为基

中国金融改革路线图：构建现代金融体系

本原则，主要通过股权投资活动配置金融资本，这些股权投资活动可以为不同行业、规模、经营状况、盈利水平和发展阶段的企业提供其愿意承担相应风险的资本金，同时分享创新发展的成果。与以金融中介为主导的金融体系相比，以金融市场为主导的金融体系毫无疑问具有更强的风险资本形成能力和创新发展支持能力。

以金融市场为主的金融体系并不是创新发展的充分条件，甚至不是必要条件，但是，创新资本形成能力一定是创新发展的必要条件。在德国、日本以银行为主的金融体系下，企业的创新资本形成能力在金融体系的风险资本形成能力不足的情况下，仍保持很强的创新投入和产出水平，这与其创新发展的技术路径、市场生态以及制度环境密切相关。德国、日本分别于19世纪初和19世纪中叶开启现代化进程，到了20世纪初，两国均已步入工业化强国行列。第二次世界大战后，德国、日本迅速恢复了工业化生产能力，企业研发投入始终维持在较高水平。在先进的教育体系、市场体系和法律体系支持下，德国、日本在传统制造业领域形成了坚实的技术壁垒，巩固了两国在全球产业链中的优势地位。两国创新发展进程持续了150多年，其间尽管也存在学习、模仿、赶超，但整体而言是一个技术的自主积累和市场的自然演进过程，风险资本在这一过程中并没有发挥突出的作用。

以德国为例，2015年德国、意大利、法国、西班牙的4家政策性银行联合发布的报告表明，自有资金、贷款和政府补贴是德国中小企业创新融资的主要来源，在制造业、零售业、服务业中，中小企业融资超过50%为自有资金，包括风险投资、私募股权投资在内的其他融资仅占融资总额的3%~6%。而在日本，间接融资体系主宰了企业融资渠道，甚至形成所谓的"主银行制"，银行直接拥有众多企业股权，影响企业内部治理决策（佐藤孝弘，2009）。这种深度结合一方面为企业融资提供了便利，另一方面也强化了由间接融资主导的金融体系。经合组织（OECD）2018年发布的《中小企业与创新》报告显示，从2010年至2016年，日本中小企业获得的融资中，商业贷款远多于风险资本等股权投资，风险资本融资总额不足全社会商业贷款余额的0.1%，而中小企业获得的商业贷款余额占到了全社会商业贷款余额的65%以上（OECD，2018）。尽管日本的中小企业获得了商业贷款的有力支持，但日本产业经济省中小企业厅发布的《2017年度日本中小企业白皮书》显示，高成长性企业期望得到风险投资等股权资本支持的比例与期望得到信贷支持的比例不相上下（METI，2017），这在一定程度上表明，比例过高的信贷融资并非市场合意需求，有可能抑制企业创新。

尽管德国、日本的创新发展能力不俗，但与美国相比，两国已经明显落后。20世纪以来，美国领导了电气化革命、信息化革命、互联网革命，以及21世纪以来的能源革命和人工智能革命，在创新基础制度，创新的广度、深度与转化效率上远远超过了世界其他国家。社会风险资本与企业创新活动充分结合，从而推动各个领域、各个产业方向上的全面创新，这是美国创新能力超群的重要原因。美国从崛起到强大的过程就是美国企业与资本市场相互结合，在资本市场助推下高速发展、加速竞争、快速迭代的过程。

中国金融改革路线图：构建现代金融体系

在多层次资本市场的价值发现、价值提升和风险分担机制下，美国在信息技术、生物医药、先进材料、太空产业等主要领域不断推出新技术、新发明、新模式、新产业，形成了国家核心竞争力。

从微观层面看，我国具有持续创新能力的企业并不多，已经形成持续创新能力的企业，基本上也形成了自主技术创新路径和竞争优势，技术迭代投入更多依靠自我积累而非外部风险资本，例如华为和格力。我们真正的困难在于缺少足够多的原创技术积累，以及推动原创技术成果转化的制度环境。大量原创性思维无法转化为技术路线，大量有技术路线支撑的创新型企业因缺少风险资本而"死"在盈利拐点到来之前。从宏观层面看，我国还没有在主要产业类别上形成系统的技术创造能力，如农业、制造业、医药卫生、科学研究等，也没有形成充分的专业化分工，更缺少鼓励创新、支持创新的制度环境。

大国崛起，资本市场是突破口和第一块基石。只有发展以多层次资本市场为主导的金融体系，树立重长期价值、重国家利益、重共享共赢的资本文化，自内而外长效地改变资本的形成和运作方式，才能充分发挥金融在大国崛起中的战略支撑和根本保障作用。因此，在深化金融改革过程中，尤其应当注重创新资本形成能力的体制机制建设。我国的金融体系必须提高创新资本形成效率，从而最有效地提高产业的技术含量，培育新经济企业，形成有抗风险能力的制度性安排。我们有理由认为，发展以资本市场为主的金融体系，为全社会提供更加充分的风险资本，催生经济新动能，是我国现代金融体系的主要改革方向。

07
推进资本市场改革

发展以资本市场为主的现代金融体系

一、资本市场与银行系统的根本区别

资本市场与银行系统的根本区别就在于金融机构的功能属性和资金风险归属有本质不同。银行系统本质上是一种信用中介机构，以存款的方式从资金供给方获取资金，以贷款的方式为资金需求方提供资金，资产端的收益减去负债端的成本即为银行的利润。在这一过程中，资金供给方和资金需求方不需要直接交易，而是与商业银行分别建立债权债务关系，商业银行成为投融资活动信用的中枢。在商业银行层面，存款以一定的期限组合和成本形成资金池，再通过贷款形成另外一种期限组合和有收益的资产，从而实现信用转换、期限转换和流动性转换功能，完成由资金向资本的转化过程，资金运用风险也由资金供给方转移到了银行。由于大量资金的所有权和信用风险转移至银行并发生混同，极易产生风险外溢，因此，在间接融资体系中，监管机构必须对银行的资金投向和负债成本进行管制，对资产规模实施资本约束，实行风险资本监管，其核心就是用充足的资本补偿资产负债风险，管制资金的中介交易价格。资本市场作为直接融资系统，资金的供给方与需求方直接交易，资本市场中金融机构的身份不是资金中介，而是资金供需双方的代理或服务机构，提供保荐、承销、撮合、代理买卖、资产管理等专业服务，资金风险仍然由资金供

中国金融改革路线图：构建现代金融体系

给方承担，金融机构仅需对其各项代理服务承担较高的信义义务，因此资本市场的监管逻辑主要有两点：一是建立真实、准确、完整、及时的信息披露制度，防范资金供给方面临的资金风险；二是通过完备的行为监管体系，防止金融机构违反信义义务，损害客户利益。

二、现代资本市场运行机制的核心是信息披露和机构信义义务

信息披露和机构信义义务作为现代资本市场运行机制的核心，是通过长期的市场发展和监管改革逐步建立的。

以美国为例，1929年股灾之后，美国从1933年至1940年陆续制定了《证券法》、《证券交易法》、《投资公司法》和《投资顾问法》4部法律，构建了直接融资监管体系的法律框架。21世纪以来，美国在1999年《金融服务现代化法案》的基础上，相继推出2002年《萨班斯法案》、2010年《多德－弗兰克法案》和2012年《创业企业促进法案》，对直接融资监管体系予以改革完善。其中《证券法》是上述法律体系的基础，它从法律上将所有带有融资性质的合同确认为证券，直接融资市场即是以买卖证券为核心内容的资本市场。从大萧条的惨痛教训中，美国总结出两条基本理念：一是公开发行证券的发行人应当对投资者进行真实完整的信息披露；二是代理买卖交易证券的机构应当诚实守信，坚持投资者利益至上。美国依此构建了现代资本市场运行机制的核心。

07
推进资本市场改革

一方面，美国构建了以注册制和信息披露为核心的发行监管体系。公开发行的证券必须到美国证交会注册，目的是保证公众投资者能获取所有重要的投资信息，使投资者有能力做出恰当的投资决策。若信息披露不实给投资者造成损失，则投资者有权向发行人请求赔偿，同时监管机构也有权采取行政处罚，或者移交检察官提起刑事诉讼。注册制为投资者提供了追究发行人虚假信息披露责任的制度便利，对虚假信息披露形成了威慑，但是并没有对注册的证券进行政府增信，也没有为投资者的决策失误提供额外保障。注册制不是由政府保证信息披露的真实性，而是让发行人意识到信息披露的严肃性以及虚假信息披露的法律责任，让投资者认识到依据信息披露做出的投资决策风险自担。

另一方面，美国针对金融机构建立了以信义义务为核心的行为监管体系。美国对代理买卖、交易证券的机构实行注册制。代理发行人的机构一般为经纪商（类似我国的证券公司），代理投资者的机构为投资顾问（类似我国的基金管理公司）。与银行等资金中介不同，这些机构自身不是最终的买方与卖方，而是其代理人，致力于撮合交易，提升市场效率，它们与买方和卖方的关系实质是代理关系，而任何代理机制都存在利益冲突，这在资本市场上尤为明显。强调信义义务，就是从法律上强制规定代理人必须坚持委托人利益至上的原则。为了保证信义义务的切实履行，美国证交会对机构的监管也以行为监管为重点，并强调注册不是批准，不是对这些机构的资质和能力的认可，机构注册后，需要遵循法律规定的业务规则，接受相应监管机构的事中检查和事后查处。

三、现代资本市场对监管者的要求

现代资本市场的核心秩序是针对资金需求方的信息披露制度和针对金融机构的信义义务制度。监管机构必须在维护市场秩序的同时，充分尊重市场参与者的自主交易权，不干涉正常的市场行为，让市场机制在资源配置中发挥决定性作用。要想实现上述目标，监管者应首先满足以下基本条件。

第一，监管职责清晰、法定。法律应当明确规定监管部门的宗旨、职责范围、运作规则、主要负责人的任命程序和方式、决策流程等。这些规定的目的，一是使监管部门的行为具有可预测性，二是使监管部门相对独立于政府开展工作。在我国，政府、国有资本本身也是资本市场的参与者，赋予监管机构一定的独立地位，能够让各级政府及其控制的市场机构公平参与资本市场竞争。

第二，监管能力专业化。对资本市场进行监管是专业化程度极高的工作，与一般行政管理迥异，一是需要与此相匹配的专业人才，二是需要与此相适应的高效的管理机制。美国、英国等监管机构运作经费自收自支，人员不属于公务员队伍，直接从市场专业人士中任命和聘用。只有通过好的管理机制吸引优秀的专业人才进入监管队伍，监管机构才能胜任专业化程度日益提高的监管工作。

第三，监管政策透明。监管机构的决策流程应该透明科学，比如美国证交会制定政策时要遵循严格的程序性规范，各类反馈

07
推进资本市场改革

意见都会在网上公开展示,工作人员应当对反馈意见全部进行研究并给予回复,委员会的重要会议会在网上直播。这些举措的目的就是规范监管机构自身的运行,增加决策的科学性和市场的可预期性,防止监管机构的行为成为市场波动的诱导因素。

第四,监管体系分工明确。对资本市场进行监管需要交易所、行业协会等多主体的参与。在英美模式中,交易所和其他法定的自律监管组织是直接融资市场的管理中枢。美国金融业管理局负责美国交易商和经纪商的牌照发放和日常监管,英国负责金融机构行为监管的金融行为监管局本身就不是政府机构。这些机构虽然属性各有不同,但有一个共同点,就是都拥有法律赋予的一定范围内的监管职能,都在某种程度上属于"法定监管机构"。监管目标的达成,需要各个层面监管机构的有效协同。

中国金融改革路线图：构建现代金融体系

我国资本市场的现状与问题

一、市场功能不健全，导致市场与监管博弈而不是自我博弈

证券发行仍由行政主导，市场机制不足。目前，我国对资本市场的证券发行实行核准制，要求证券中介机构行使"保荐"功能，这在一定程度上赋予了市场推荐和选择的权利，但证券监管机构仍保留合规性和适销性的实质性审查，股票的投资价值必须满足监管机构所规定的实质性标准。从审核条件看，核准上市的核心条件之一是是否有持续盈利能力，这相当于监管部门代替投资者对证券的可投资价值做出了判断；同时，监管部门出于市场调控和发展偏好，对证券发行数量与节奏保有很强的控制力。从定价机制看，新股发行定价仍处于较强的管制之下，发行市盈率受到行业均值约束，并不是发行人与投资者经过充分博弈后形成的市场化定价，IPO高溢价使"炒新股"盛行，这加剧了股价波动。由于IPO成了稀缺资源，不能满足市场主体的融资和投资需求，获取稀缺资源成为资本市场投融资双方的"共同利益"，这客观上推动了市场主体由博弈转向合作，把监管机构当成了博弈对象，使市场信息揭示机制和估值定价机制失灵。在证券发行过程中，发行公司和中介机构表面上遵循了信息披露的真实性、准确性、完整性要求，实际上，发行公司和中介公司通常会花费很大精力粉饰报表，使其满足监管要求。在实践中，有大量欺诈发行、

07
推进资本市场改革

带病上市，保荐机构只荐不保，会计师、律师伙同造假，信息披露不真实、不及时、不准确等问题，这看似由监管规则漏洞和查处不严所致，更根本的原因是证券发行的行政主导导致市场功能弱化、退化，基于充分的信息披露和充分的市场博弈形成公允价格的市场化机制无法形成。

美国作为全球资本市场最发达高效的国家，其证券发行监管制度也经历了漫长的探索。作为奠定资本市场基础的重要法律之一，美国《证券法》没有赋予监管部门对某种证券投资资格做出判断的权力。罗斯福总统在该法案制定过程中发布的国会咨文中表达了这样一种理念：政府不可能也不应该采取任何可能会被理解为"批准或保证新发行证券具有可靠性并将保值或该证券所代表的财产将会盈利"的行为，但是，"政府有责任坚持每一种在州际商务活动中的新证券发售应该完全公开化，发行过程中任何实质性重要信息不应对有意购买的公众保密"。同时，投资者如果由于虚假或者遗漏陈述进行投资而遭受损失，可以向法院对发行者提起诉讼，美国证券发行制度强调"卖者有责、买者自负"，完善的民事诉讼机制又使投资者对证券市场的合规经营形成了有效制约。时至今日，美国证交会虽然也对发行证券注册申请进行严格的审核，包括历史沿革、发行人及董监高的守法情况、关联交易、财务真实性、募集资金投向等各方面，但不对发行人的持续盈利能力进行判断，因为对发行人的利润是否能持续增长进行判断，实际上远远超出了政府的判断能力和职责范围。

资本市场买方功能不健全，未形成资产管理的有机生态。在

中国金融改革路线图：构建现代金融体系

发达市场中，资产管理机构运用受托资产开展专业化投资，是资本市场最重要的买方力量。在我国资本市场中，资产管理行业存在诸多违背资产管理本质、削弱投资功能的现象，例如大量资产管理计划实为单一项目融资，沦为银行资金出表套利的通道；大量银行理财资金和保险资金通过信托计划、资管计划违规流入股市等，资产管理在很大程度上沦为金融套利的工具，扭曲了行业发展。公募基金投资工具属性弱化，价值投资、长期投资功能没有得到有效体现。2015—2017年，货币型基金份额规模增长了51.6%，相反，股票型基金份额规模下降了2.3%；同期公募基金换手率明显低于全市场平均换手率，但是有上升趋势；从主板看，公募基金换手率与全市场平均换手率从2015年的0.79上升到2017年的1.34，中小板换手率从2015年的0.55上升到2017年的0.78，创业板换手率从2015年的0.43上升到2017年的0.53；总体而言，公募基金股票换手率仍处于较高水平。上述问题的根源，一是资产管理业未能充分落实信托关系要求，导致合同关系冲击信托关系，融资活动冲击投资活动；二是资产管理行业缺少从大类资产配置到专业投资工具再到基础资产的多层次有机体系，无法满足养老金、理财资金、保险资金的跨期资产配置需求，也无法满足实体经济不断增长产生的持续融资需求。

  资产管理机构缺少有效的风险管理工具。境外成熟市场的经验表明，资产管理机构利用衍生品工具管理资产的方向性和波动性，在规避特定风险的同时，可以构建更加灵活的投资策略，增大同类型机构之间风险收益分布的差异性，避免面对同一冲击产

07
推进资本市场改革

生强烈的市场共振。与境外成熟市场相比，我国金融衍生品市场起步晚、发展慢、产品少、功能发挥不充分等问题仍然比较突出，还不能完全满足各类机构日益增长的多元化风险管理需求。从产品层面看，我国仅有三只股指期货、两只国债期货、一只股票期权，股指期权、外汇期货尚为空白，避险工具较为匮乏。在功能发挥方面，股指期货交易受到限制，流动性严重缺乏，功能发挥不充分；国债期货因银行、保险等大型机构不能参与，市场深度不够，功能也难以充分发挥。由于缺少衍生品风险管理工具的保护，长期资金不敢入市，长期资本难以形成，大量机构投资者面对市场波动只能选择追涨杀跌，交易行为"散户化"，加剧了市场"羊群效应"。

缺少有利于长期资本形成的合理税制。长期以来，我国资本市场中短期投机心理和"羊群效应"显著，资金快进快出，大量资金无法转化为长期资本，严重削弱了资本市场的直接融资功能，其根本原因之一是缺乏以鼓励长期资本形成为目的的税收体系。增值税在金融业全面实施后，资产管理产品的运营收益要交3%的增值税，资产管理产品向投资者分配收益时，还要由投资者缴纳所得税。增值税对投资工具施加了成本约束，不但增加了市场交易的摩擦系数，降低了市场交易效率，对长期资本的再投资活动也产生显著抑制作用。私募股权基金、养老金、保险资金、公益基金是长期资本的主要来源，其长期投资活动缺少中性税负的保护和长期投资税收优惠的支持，必然导致投资意愿降低，长期资本形成能力不足，进而伤害实体经济的创新能力，使我国在大国金融竞争中处于更加不利的地位。

二、市场信用机制不发达，过度依赖国家信用，市场信用约束不足

以国有产权为主导的市场结构透支了国家信用，市场主体信用治理机制缺失。从上市公司到证券期货经营机构，均以国有产权为主导，相关立法不可避免地以维护国有资产保值增值为出发点，忽视了所有者缺位和代理人风险，未能促进上市公司、证券期货经营机构通过有效的公司治理形成自身信用，承担完整的股东责任和社会责任。在我国 A 股上市公司中，近 30% 的上市公司为国有控股，市值约占全部上市公司总市值的 50%。以持股 25% 以上作为控股标准，有近七成上市公司存在单一控股股东；超过九成上市公司具有实际控制人（深交所公司治理研究中心，2017）。在金融机构方面，国有控股金融集团、地方政府主导的金融控股集团在金融领域占主导地位。目前，中央政府管理的国有资本控股及参股的信托公司有 49 家，基金管理公司 40 家，地方政府管理的国有资本控股及参股的信托公司有 68 家，证券公司 125 家，基金管理公司 79 家，保险公司 169 家。国有上市公司和国有金融机构作为政府落实发展政策、实现发展目标的重要工具，也就拥有了影响立法和监管政策的"筹码"，使金融立法和监管不得不优先考虑国有资本的诉求，从而使资本市场的金融立法和监管偏离了资源配置的最优化路径，给金融套利提供了合理合法的机会，而且，以国家信用为市场机构个体信用背书，带来了大量软

07
推进资本市场改革

约束问题。

以股东为核心的上市公司治理机制存在重大缺陷。在理论上，公司是股东投资的产物，公司治理应当以维护股东利益、体现股东意志为前提。但是在实践中，公司治理是一个复杂的课题，是股东、董事会、管理层多元目标相互牵制、平衡、竞合的结果。从《公司法》层面看，股东大会对上市公司拥有绝对的话语权，在上市公司普遍存在控股股东的情况下，"资本多数决定"原则使公司治理中的"股东中心主义"进一步演变为"控股股东中心主义"。大股东控制成为上市公司的显著特征。通过基于股权的"话语权"力量，大股东能轻易地实现对股东大会、董事会、监事会的完全控制。部分实际控制人集董事长和总经理两个角色于一身，公司决策往往集中体现了控股股东的核心利益，因此，我国上市公司的委托-代理问题主要出现在大股东与中小股东之间。在制衡机制方面，我国上市公司的平均独立董事人数为3人左右，基本上是为了满足独立董事比例的合规要求，并非出于优化决策的目的。这与美国标普500公司中独立董事与非独立董事的比例达到5.4∶1、公司治理制衡效用明显形成了鲜明对比。长期以来，上市公司更多的是将公司治理机制视为监管者对上市公司的合规性要求，并未充分认识到公司治理机制对公司长期价值的提升和各方利益主体的保护所起的作用。公司发展战略、重大投资、分红制度等事关上市公司长远发展和全体投资者利益的核心决策被大股东控制，董事会代表全体股东独立行使专业决策的权力被大大弱化，现代公司治理机制严重失灵，由此导致大股东清仓式减

中国金融改革路线图：构建现代金融体系

持、质押式减持、操纵式减持，通过"上市公司＋私募股权投资"、产融结合等花样翻新的手段侵占上市公司利益的做法得不到有效约束，上市公司对全体股东、对外部投资者的信用难以建立。

证券期货经营机构持有稀缺的牌照资源，天然带有政府许可的国家信用，历次危机和治理又强化了政府信用背书。金融机构的数量和竞争水平对市场配置资源功能的发挥具有重要影响。我国证券期货经营机构的设立需要行政审批。目前，全国只有131家证券公司、116家基金管理公司、149家期货公司。同期美国联邦层面有约4 000个注册证券期货经营机构，90%以上是人数在150人以下的中小型公司。历史上证券业发生过多次行业性危机，涉及乱设证券交易场所、非法发行交易证券、挪用客户保证金、过度加杠杆、无视投资者适当性原则发展场外配资等重大风险事件。证券期货经营牌照的稀缺性和国有资产背书的信用特征，使证券期货经营机构在开展业务过程中，有过度承担风险以获取超额回报的冲动，信用风险得不到有效管控，在混业经营不断扩大、风险传导日益复杂的环境下，资本市场由市场博弈建立的内生信用体系很不完备，不仅十分脆弱，还受到机构、产品持续创新和监管套利的冲击。

法制建构和监管规则对市场信用的建设维护能力严重不足。自20世纪90年代以来，证券市场法制建构的基本路径是以行政许可为基础。一方面，行政许可为上市公司及证券期货经营机构的证券发行交易活动提供了基本的公信力保证；另一方面，既然市场信用主要因行政许可产生，其持续和灭失也不可避免地取决

07
推进资本市场改革

于监管部门在何种程度上对市场主体的信用采取了持续有效监管。事实上，在市场规模日益扩大、市场活动日益复杂的环境下，由行政许可、行政检查、行政处罚等强制性力量形成的市场信用体系无法满足市场化博弈对商业信用的自然需求。在实践中，私募股权投资突击入股、利益输送、市场操纵、内幕交易案件往往呈高发态势，市场操纵已经由交易者的单独操纵向与大股东、上市公司相勾结的合谋操纵发展。这些严重侵害投资者、损害资本市场根基的行为得不到严厉惩处，其根源在于投资者与上市公司之间、证券期货经营机构与上市公司之间以及证券期货经营机构与其他市场中介服务机构之间，虽互为对手方，但缺少约束失信的市场选择机制和行政司法惩戒机制，包括制度化退市、严厉的行政制裁和对投资者的司法救助等。

在积极信用构建方面，我国《证券法》和监管规章侧重于通过严格的实质审查程序约束行业主体的诚信行为，通过法律和政府的强制力维护资本市场的信用秩序。与英国、美国的形式审查不同，我国的法律体系对证券发行与交易设定了详细的行政审批与监管的程序性规定，由此形成了以行政监管为主导的行业治理模式。此种模式的形成，一方面是由政府主导形成的路径依赖，另一方面也有保护我国"年轻"的资本市场以及维护中小投资者利益的合理考量。然而，在实质审查的审批模式下，投资者出于对公权力的信任与依赖，往往认为政府对发行申请的批准意味着对公开文件的真实性和证券的合格性做出了肯定的结论，将投资风险归责于政府，市场信用被政府信用取代。现今我国资本市场

中国金融改革路线图：构建现代金融体系

趋向成熟，投资工具更加多元，交易主体日益复杂，行政主导的治理模式固有的监管资源与监管者水平的局限性逐渐暴露出来，助长了大量违法机构及个人的侥幸心理，形成了一种恶性循环：行政机关疲于应对频生的行业乱象，在简政放权的同时又因加强监管而产生新的行政约束；投资者盲目依赖公权力，在无法得到有效救济时易对政府及资本市场产生不信任感。实践证明，我国《证券法》体系下的"行政中心"治理模式已显疲态，行政力量主导的资本市场信用体系亦非当下困境的最优解。国际证监会组织明确指出，基金治理以防止利益冲突为核心，关键在于对基金管理人信义义务的规制。由行政监管衍生的公权力背书弱化了受托人的信义义务约束，在行政监管力量相对不足的条件下，应当充分发挥行业自律的功能与作用，建立信义义务自律规范和市场化博弈机制，很好地协调金融市场的效率与安全、发展与稳定的关系。

在失信和道德风险管理方面，《刑法》《证券法》《基金法》的矫正机制严重不足。由于金融领域的创新日新月异，相关立法的滞后性更加突出，面对层出不穷的逃避监管的手段，即使事前进行了充分的信息披露，也是治标不治本（杨东，2018）。纵观我国金融类立法，其对证券行业违法违规行为的行政与刑事规制存在罚刑种类少、违法主体单一、量罚偏轻的问题（陈甦，2014）。相较于内幕交易、集资诈骗等传统违法行为，我国对新型违法违规行为如影子银行、无牌经营、非法商业推介、向不合格投资者募集等导致的重大风险情形，在行政和刑事层面缺少足够的处罚。

比如，对于未按法律规定募集基金份额的行为，仅能依照非法经营罪这一兜底性条款论处。

三、机构监管与功能监管均不到位，制约资本市场监管效能

20世纪90年代末，我国金融行业确立了分业经营、分业监管的体制。分业经营和分业监管的主要载体为银行、证券、保险等各类金融机构。金融监管在两个关系上存在较大问题，一是金融监管与金融发展的关系，二是机构监管与功能监管的关系。在目标与职责上，金融监管部门兼具监管与发展职能，二者有内在冲突。在高度集中的经济决策体制下，推动本金融部门快速发展，从而促进经济发展是金融监管部门的政治责任，而促进金融机构依法稳健经营、防范系统性金融风险则是金融监管部门的市场责任。随着经济形势和短期宏观经济目标的变化，金融监管部门的政治责任往往出现剧烈调整，从而影响市场责任的稳定性和一致性。在复杂的政治决策过程中，能推动市场发展的决策往往偏离市场中性原则，同时，监管政策不能做出相应调整，从而带来监管套利空间，加剧了市场投机行为。在机构监管与功能监管的关系方面，监管职能主要根据机构监管原则来划分，功能监管依附于机构监管，只能在机构监管的边界内发挥一定作用。从整个金融体系看，功能监管严重不足。例如，影子银行业务从传统银行体系内溢出，脱离了信贷业务的功能监管；证券发行业务（融资类业务）以资产管理的面目出现，脱离了融资业务的功能监管；投资类业务以保险产品的面目出现，脱离了资产管理业务的功能

中国金融改革路线图：构建现代金融体系

监管；等等。在原有监管体系下，监管部门和行业机构均产生了很强的机构本位主义和扩张冲动。20世纪90年代以来，全球混业经营趋势进一步加剧，"跨界"多元化发展战略推动了各类金融机构业务版图的扩张，也带来了金融业务脱离本质、金融监管脱离本质等问题，给法律和监管带来了巨大挑战。具体表现在以下几个方面。

第一，上位法金融概念内涵不清晰。美国《证券法》通过演绎和归纳的方法将所有融资性质的合同都从法律上界定为证券，这样一来，直接融资就是买卖证券，所有直接融资行为都受到以《证券法》为核心的法律体系的监管。我国《证券法》关于证券的定义并非证券的实质性定义，也未对非公开发行证券的行为进行界定，导致大量性质相同的证券发行业务无法适用统一规范。在分业监管体制下，由于监管部门对监管范围严防死守，证券的适用范围被严格限定为《证券法》所列举的股票和公司债券。即使已经被《基金法》定义为证券的基金份额，也不能被确认为《证券法》所定义的证券。"证券"这个概念，在部门利益纠葛的立法中，变成了仅仅指向股票和公司债券两种事物的代名词。

第二，上位法缺少统一逻辑，"部门法""机构法"色彩深厚。《银行法》《证券法》《保险法》的立法和执法，缺少按金融业务的实质来实施功能监管的统一逻辑。《信托法》未对经营性信托做出规定，导致本应是资管业务基本法律关系的信托关系无法得到落实；《基金法》规定了功能监管的条款，但由于分业监管体制一直未落实到位，银行、保险等金融机构开展资管业务无须遵守《基金法》规定。

第三，分业监管体制导致同类业务标准不一，监管套利和监管竞次现象严重，带来系统性风险隐患。银行、信托、保险等金融机构所从事的集合类资管业务符合基金的定义和基本特点，同时又不适用于基金的相关法律法规规定，长期法外运行，在低配的监管标准下发展迅猛、规模巨大。分业监管又导致资管产品层层嵌套，不但埋下跨机构、跨行业、跨市场的风险隐患，而且极大推高了资金成本，不利于服务实体经济。在上下游联动、风险交叉串联的情况下，风险监测工作被分割在不同部门，难以做到数据的快速整合和统一监测，不利于防范系统性风险。

第四，有关混业经营和分业监管的理念和制度有待澄清。目前我国金融业的混业经营，主要是金融机构出于套利动机所进行的自行"创新"。在三个监管体系下，交叉混业同时存在，相同的业务事实上遵循各自所属监管部门的不同规则。在英国、美国等发达国家的混业监管体系下，不同的业务牌照由谁发牌，如何监管，牌照之间的兼容和互斥关系已经形成了相对成熟的游戏规则，构成了一个精致复杂的体系。混业经营不是要求监管机构必须合一，事实上也有国家在分业经营到混业经营业态演变过程中，并未改变其分业监管体制，如美国的银行、证券、保险等经营机构，至今还是由不同的监管部门监管，但不同的金融业务的牌照管理规则却很清晰。目前，我国金融监管体系缺少内在逻辑统一的法律基础，没有形成机构监管和功能监管的清晰架构。

四、监管的行政化难以满足专业化的要求，行业自律不充分，制约资本市场发展活力

资本市场的活动日趋专业化、复杂化，这要求金融监管应当专业化运营，不宜采用过于官僚化和行政化的模式，以便灵活及时地应对资本市场瞬息万变的复杂形势。美国作为资本市场高度发达的国家，其证券交易委员会作为证券市场的监管部门，自1934年设立之初，就确定了其作为专业性、相对独立性监管机构的基本定位，而区别于联邦贸易委员会这样相对宏观综合的经济管理部门。即使如此，美国证交会仍然发挥着底线监管的行政监管作用，行业自律组织实际上发挥着一线监管的功能。例如，美国证交会有4 200人，预算14亿美元；负责管理证券公司的自律组织美国金融业监管局有3 400人，预算9.93亿美元；负责管理会计师事务所的美国公众公司会计监督委员会（PCAOB）有900人，预算3亿美元。在职责分工上，美国证交会以执法为主，美国金融业监管局和美国公众公司会计监督委员会则发挥自律优势，承担了本行业的日常管理工作。与我国自律组织相比，美国法定自律组织（SRO）具有以下两个特点：一是在美国证交会的严格监督之下，独立于行业运作，不代表行业利益；二是经费来自行业收费，不仅从总量上扩大了监管资源，建立了与行业发展相匹配的监管资源来源机制，而且因为其不是联邦机构，运作更加市场化，能够吸引到专业人才，从而保证更加专业的监管。例如，美国证交会主席年薪为16万美元，而美国金融业监管局

07
推进资本市场改革

主席年薪则高达 350 万美元。

我国证监会在设立之初也曾以建设专业化证券市场监管机构为目标，但在实际发展中，部委化趋势明显，缺乏专业灵活的决策机制，公务员管理模式也无法在监管部门和市场机构之间形成畅通的人才流动机制，吸引最优秀的人才到监管部门任职。虽然存在行业协会、交易所等众多自律组织，《证券法》《基金法》也赋予了其自律管理职责，但是行业协会规模普遍偏小，例如，中国证券投资基金业协会仅有 200 余人，但面临 2.3 万余家基金管理机构的自律管理工作，自律效能受到很大制约。相对而言，虽然中国证监会有 3 000 余人，但在"大政府、小社会"格局下，行政监管资源捉襟见肘，监管效能严重不足。要成功推进资本市场发展转型，必须首先推进监管转型和行业社会化治理进程，充分发挥行业协会、交易所等自律组织的市场功能，使其有足够条件和动力履行好法律赋予的自律管理职责。

中国金融改革路线图：构建现代金融体系

建设现代资本市场的政策建议

一、理顺行政监管与市场的关系，让市场对资源配置发挥决定性作用

党的十八届三中全会提出，要"使市场在资源配置中发挥决定性作用，更好发挥政府作用"。在资本市场上，就是"要改变重审批轻监管的行政管理方式，把更多行政资源从事前审批转到加强事中事后监管上来"。进一步明确行政监管底线，坚持原则监管、底线监管，监管规则要立足于改变各方市场主体依赖政府信用、与监管部门博弈的惯性，形成市场化博弈和信用约束机制，不对市场挥舞指挥棒，给市场留足自主调整和发展空间。

持续推进注册制公开发行制度，实现资源的市场化配置。IPO融资是证券市场的基础性功能，推进股票发行体制改革会直接影响市场融资功能的完善，是资本市场综合改革的关键一环。尽管我国证券市场的股票发行审核由过去的审批制改为核准制，但没有改变发行活动受行政控制的本质。相较于核准制，注册制更强调政府的有限权力和有限责任，只对注册文件进行形式审查，不做实质判断，从事前审批转向事后监管。在注册制下，上市企业数量将增加，壳资源价值将降低，过度投机炒作的行为将得到遏制。2013年11月15日，《中共中央关于全面深化改革若干重大问题的决定》明确提出要推进股票发行注册制改革。这一市场

07
推进资本市场改革

化的制度在中国经历了5年多的培育，尚未按期落地。2018年2月，全国人大常委会又决定，股票发行注册制授权决定期限延长至2020年。建议加快完善上市公司信息披露制度和投资者保护制度，为投资者甄别风险和事后维权做好制度保障，着力推进股票发行体制的市场化改革。

大力发展多层次股权交易市场，丰富资本形成机制。股权融资服务能够覆盖从技术、产品、企业到产业的整个链条。比较而言，我国交易所股权融资市场的体量已仅次于美国，初步形成了主板、中小板、创业板、新三板和区域股权交易市场的多层次市场结构，但服务种子期、起步期股权融资的基础功能明显不足。虽然具有持续经营能力和良好发展预期的中小企业也获得了创业板和新三板的支持，但这些企业基本上都走过了种子期或起步期，更多基于原创产品与技术的小微创新型企业还很难被资本市场覆盖。目前，新三板和区域股权交易市场都面临股权融资能力不强、流动性不高、挂牌和交易不活跃的问题。为夯实多层次资本市场的基础层，扩大对小微创新型企业的覆盖面，建议支持地方股权市场按产业集群优势申报专业特色板块，深耕本地优势资源，深化全产业链专业化金融服务。在地方股权市场的专业特色板块服务得到市场认可、达到一定成熟条件后，可允许其服务对象扩大至全国范围，形成某一领域的全国性股权交易市场。同时，坚持以做市商制度为主的挂牌制度，允许各类专业机构申请做市。随着做市商类型的丰富和数量的增加，好的标的容易形成更加密集的报价，报价密集到一定程度，将形成市场化的连续性收益曲线，如果适当降低参与者门槛，股权交易市场的活力和流动性自然提升，融资功能不断增强。

在《基金法》框架下制定大类资产配置管理办法，推动形成资产管理市场多层有机生态，激发长期投资活力。资产管理市场应当形成三层有机架构。从基础资产到组合投资，都交给普通公私募基金以及公私募REITs等专业化投资工具，由公私募基金从投资者利益出发，充分发挥买方对卖方的约束作用，关注科技动向、产业发展趋势、公司战略、企业家精神，跟踪经营成效，发现具有低成本、技术领先和细分市场竞争优势的企业，或者寻找有长期稳健现金流的基础资产，建立特定投资组合，打造适合不同市场周期的投资工具；从组合投资工具到大类资产配置，交给养老金、理财资金和保险资金等基金中的基金（FOF）的管理人，通过目标日期基金（TDFs）和目标风险基金（TRFs）等配置型工具，专注于长周期资产配置和风险管理，开发满足不同人群生命周期需求的全面解决方案。在这个有机生态中，通过投资工具的分散投资可以化解非系统性风险，通过大类资产配置可以化解系统性风险。为此，应当充分借鉴国际成熟的监管经验，积极回应现实诉求，在《基金法》中细化管理人、托管人职责，区分承担募集职责的管理人和承担投资管理功能的管理人，允许其各自独立存在并进行市场化分工合作，将各类主体的活动置于清晰的规则之下，消除监管套利机会。应当考虑在《基金法》框架下制定大类资产配置管理办法，允许机构投资者申请大类资产配置牌照并核准其发行相关产品，为银行、保险等机构投资者提供规范

07
推进资本市场改革

的资产管理与资金运用通道，为统一资产管理奠定制度基础。

深化金融衍生品市场改革，提供高效风险管理工具。有效管理风险、正确定价风险、合理配置风险是现代金融服务业和资本市场的核心能力。金融衍生品市场是资本市场发展深化的结果，是现代金融体系的有机组成部分，应加强顶层设计，支持其稳步发展。在产品供给方面，建议进一步丰富金融期货产品体系，完善避险工具。在市场功能方面，建议在严格控制风险的前提下，逐步放宽股指期货交易限制，实现股指期货市场常态化管理，降低投资者交易、持仓成本，恢复股指期货市场的基本功能；同时，积极推动银行、保险等大型机构投资者参与国债期货交易，健全反映市场供求的国债收益率曲线，增加国债期货市场深度，促进国债期货功能有效发挥。此外，建议积极稳妥推进金融衍生品市场对外开放，使其与资本市场整体对外开发的步伐协调一致。目前，"债券通"推出后，境外机构持有我国债券的比重迅速增加，建议先以国债期货为突破口，推动合格的境外机构投资者（QFII）、人民币合格境外机构投资者（RQFII）、获准参与银行间市场债券交易的境外机构投资者以及参与"债券通"的境外交易者参与国债期货市场。同时，配合股票现货市场对外开放进程，积极探索股指期货市场对外开放。

推动以董事会为中心的上市公司治理体系，完善上市公司治理机制。从形式上看，我国上市公司已形成了"三会四权"的制衡机制，即股东大会、董事会、监事会和经理层分别行使最终控制权、经营决策权、监督权和经营管理权（胡汝银，2008）。但实际上,"一股独大"和"内部人控制"现象并存,难以形成独立健全的经营决策机制。应在《公司法》层面对股东的最终控制权进行必要的限制,扩大董事会的经营决策权,强化监管会对董事会的监督权,将公司治理的重心由以股东大会为中心转向以董事会为中心,提高董事会运作的独立性。在董事会内部治理上,改善独立董事聘任规则,强化独立董事职责,赋予独立董事特别职权,形成可以制约内部董事的力量,减轻大股东操纵和内部人控制带来的问题。

二、提升立法站位,全面构建资本市场基础性法律规范

完善法律法规,立足于金融服务全貌和业务特征,在金融机构层面构建统一的信义义务规范,将信义义务落实到每一项金融服务活动中,通过"卖者尽责、买者自负",实现金融资产公平、合理定价,彻底摆脱在金融活动中对股东信用、原始权益人信用的过度依赖。根据金融改革相关方案,完善法律规定,明确机构监管和功能监管的相关法律授权和职责划分。首先,提升立法站位。提升《银行法》《证券法》《基金法》《信托法》《保险法》的立法站位,在建设资本市场强国的更高站位上,由脱离部门利益的更高层级组建立法小组,从统一金融市场、规范金融活动、明确监管职能、提升监管效能的要求出发,全面构建我国资本市场的基础性法律规范,对相关基本法律做出系统修订,构建与现代金融体系、现代资本市场相适应的银证保基本法体系。其次,统一立法逻辑。从金融业务的本质属性出发,科学界定信贷、证券、

基金、信托、保险的内涵，加强立法统合和概念衔接。《银行法》的基本目标是规范储蓄信贷服务，建立以资本充足率为核心的监管原则，防范储贷类金融机构的系统性风险。《证券法》的基本目标是规范证券发行与交易，建立以信息披露为核心的监管原则，防范证券类投融资机构的系统性风险。《基金法》的基本目标是规范募集、投顾行为，建立以受托人责任为核心的监管原则，防范资产管理机构的系统性风险。《保险法》的基本目标是规范保险产品与服务，建立以风险保障和偿付能力为核心的监管原则，防范保险类金融机构的系统性风险。最后，规范监管关系。厘清金融机构监管和金融业务监管的基本原则、职责归属及其相互关系，明确机构监管和功能监管的相关法律授权和职责划分。一方面要通过机构监管对金融机构实行全程纵向监管，提高金融机构稳健经营水平，防范金融风险；另一方面要通过功能监管实现对同类金融业务的统一监管，减少监管套利空间，维护市场效率与公平竞争秩序。

三、推动机构监管和功能监管协同，建设现代行业治理体系

2008年国际金融危机爆发以来，西方发达国家掀起了新一轮金融结构变革，以防范道德风险，促进公平竞争，强化市场约束，但从全球范围来看，金融机构混业经营的大趋势并未发生改变，在防范金融风险交叉传染和利益冲突的同时，规模经济和业务协同效应仍然是金融机构混业经营的持久动力。在这种形势下，要按照加强功能监管和"一件事情由一个部门负责"的机构改革精

中国金融改革路线图：构建现代金融体系

神，完善资本市场治理框架。

推动建立"一行一会多协会"监管制度框架，落实机构监管和功能监管。"一行"即中央银行，负责制定货币政策，履行宏观审慎职能，重点防范系统性风险；"一会"即将"三会"整合成为金融监管委员会，对银行、证券、保险、基金等不同金融机构实施机构监管，通过对金融机构的全程纵向监管，提高金融机构稳健经营水平；"多协会"即多个具有法律授权的行业协会作为行业自律组织，如银行业协会、证券业协会、基金业协会、期货业协会、保险业协会等，根据行业分工实施分业自律管理，履行功能监管职能，统一业务标准，减少监管套利空间，维护市场效率和公平竞争。

处理好行政和自律的关系，发挥行业组织的自律管理作用。从国际经验来看，自律监管组织大多在金融监管中发挥重要作用，如美国、英国、德国、日本等发达国家成立的自律组织，都在资本市场监管中发挥着重要作用。1938年，美国通过《马隆尼法案》(Maloney Act) 成立了美国证券交易商协会作为场外交易的自律组织（场内交易在证监会成立之前就由交易所自律管理），时任美国证交会主席道格拉斯坚持对场外柜台市场也实施自律管理，认为由证监会直接监管6 000多名柜台经纪人的行为（我国登记的私募基金管理人已达2.4万家）是"不实际、不明智、无法操作的"，并认为较之政府的强制执法，自律组织具有无可比拟的优势，并对行政监管做出了形象比喻："政府会将猎枪放在橱柜里，装上子弹，涂上油，擦干净，随时可以使用，但最好永

07
推进资本市场改革

远用不着"（乔尔·塞里格曼，2009）。正是由于自律管理成本低，具有专业性、灵活性等优势，美国一直在这种行政监管和自律管理关系框架内进行不断完善，基本保持了市场监管的专业、高效和良好运转（见图7.1）。当前，我国资本市场双向开放进程加快，资本市场监管将面临更加国际化、专业化和需要高效应对的复杂形势，在我国机构改革、简政放权和社团改革的关键时期，政府可以加强宏观审慎监管、底线监管，重点防范系统性风险，保持行政监管威慑性，充分发挥行业自律组织的一线自律管理作用。

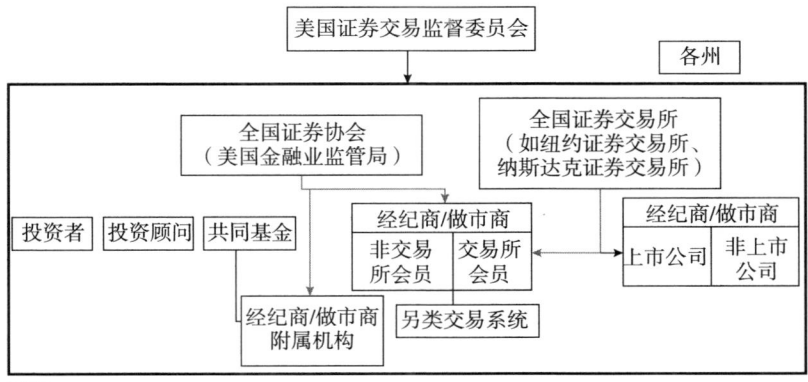

图例
⟶ 监管活动管辖权；
⟶ 请求信息及执行上市要求管辖权；
所有在粗线框中的主体均受证监会监管；证监会审查自律组织、共同基金及经纪商/做市商。

图 7.1 美国证券市场监管构架关系图

四、推进资本市场综合税制改革，营造有利于资本市场发展的环境

第一，在金融产品层面以资本利得税代替增值税，让各类投

中国金融改革路线图：构建现代金融体系

资工具享有税收中性便利，抑制短期投机行为，鼓励专业化投资机构的发展，增强资本市场的国际竞争力。

我国金融业自 2016 年 5 月 1 日实施"营改增"以来，关于对金融产品征收增值税存在诸多争议，这一改革对行业影响重大。一是对金融业是否应被视为增值税纳税主体存在争议。金融商品的转让行为不同于传统货物与劳务的生产、加工、销售、服务等行为，其本质上是投（融）资行为而非普通商品的生产与消费行为，在美国等以直接税为主的国家，不存在增值税，在欧洲等以流转税为主的国家，多对金融业实施增值税免税政策。二是对金融产品征收增值税难度较大。在操作层面，金融产品交易频繁，且一家金融机构往往发行多个产品，不同产品可由多个投资者多期投资参与。对税务部门而言，只需要合并计算征缴额即可，但对基金管理人而言，必须对每只产品、每个投资者做到公平分摊。由于投资组合换手率和投资者申赎十分频繁，实现公平税负在现实中几乎是不可能完成的任务。

金融业征税应遵循税收中性原则，鼓励专业化投资机构的发展，增强资本市场的国际竞争力。当前，世界各国税制的普遍特点是鼓励投资，多数国家对金融业实施增值税免税政策，或以征收较低税率的资本利得税鼓励专业化投资机构健康发展。我国对金融业征收增值税主要是基于营业税的历史，金融业曾构成营业税的主体税源，对我国财政收入做出了重要贡献。但是，"营改增"并不适合金融产品的运营特征。在财政赤字首次减少、宏观经济稳健发展的前提下，对金融业征收较低税率的资本利得税，

07
推进资本市场改革

有利于资产管理行业明确统一税收标准，各类投资工具享有税收中性。向"利得"取得者征税，并对长期投资者实行税收递延，有利于抑制短期投机行为，培育专业化投资机构力量，提升我国资本市场的国际竞争力。

第二，统筹推进资本市场递延纳税机制，鼓励理财资金、养老金转化为长期投资，增强长期价值投资力量，提升资本市场稳健性。

建立递延纳税机制，鼓励引导各类长期资金实质性转化为长期资本。递延纳税机制从制度建设上寻求突破，通过税收延迟的"减负"效应为长期资金注入活水，引导和培育专业机构投资者，逐步形成市场化、专业化和长期化的投资管理模式。随着居民物质文化生活水平的不断提高，我国个人储蓄存款、理财资金、社保资金、地方养老金、企业年金、职业年金及未来将要建立的第三支柱个人养老金等资金规模越来越大，亟待解决保值增值等问题。国内外经验表明，长期资金入市并转化为长期价值投资，能够带来较好的收益，是实现资金保值增值的有效形式，同时还能带动资本市场蓬勃发展，是资本市场的稳定器。

第三，研究推进遗产税、赠与税以及基于捐赠的税收豁免制度，鼓励社会闲余资金通过捐赠投资于天使基金、创投基金，推动早期创新资本形成。

营造良好的税收政策环境，鼓励天使基金、创投基金健康发展，推动创新资本有效形成。改革开放40年来，社会贫富差距逐渐加大，基尼系数已经较高，建立有助于资本形成和积累的税收体制对我国具有重要意义。课征遗产税和赠与税，实行区别税负，将拥有高额遗产者的一部分财产归为社会所有，用以扶持低收入者的生活及社会福利事业，形成社会分配的良性循环。允许对公益事业的捐赠从财产额外负担中扣除，鼓励大众通过社会捐赠投资于天使基金、创投基金，既有利于社会公益事业发展，又有利于推动创新资本形成，完善多层次资本市场体系。

附录　专家点评

点评 1　关于构建现代金融体系的三点思考

张晓慧[①]

在我国 40 年改革开放的进程中,市场化起到了非常大的作用。无论是经济的对外部门还是对内部门所取得的成就,都受益于市场化的推动。构建现代金融体系,最核心的部分就是在尊重和顺应经济发展客观规律的基础上,满足市场对金融服务的需求,这也是决定中国金融体系未来发展成败的最关键因素。但是,市场化不意味着放任自流,有效的金融监管必不可少,这就需要把握好政府和市场的边界。

能否有效服务实体经济是判断金融体系完善与否的重要依据

现代金融体系要从金融服务好实体经济的角度去构建和完善。金融作为中介,是为实体经济服务的。因此,判断一个金融

[①] 作者系 CF40 学术顾问、中国人民银行原行长助理。本文为作者在 2018 年 9 月 15 日的《2018·径山报告》闭门研讨会"强化市场机制 构建现代金融体系"上所做的点评,由中国金融四十人论坛秘书处整理,经作者审核。

中国金融改革路线图：构建现代金融体系

体系是否足够完善，首先要看它能否为实体经济提供比较好的服务。经过40年的改革开放，我国实体经济的所有制成分不断变化，从最初的计划经济体制下国有成分占主导发展至今，市场经济的程度或曰民营经济的比例已经非常之高了。因此，有效服务实体经济意味着金融体系不仅要给国有经济，也要为民营经济提供更多更好的优质服务。

最近关于经济领域"国进民退"现象的讨论很多。其实从某种意义上讲，对所有制成分的划分，可能也需要在理念上与时俱进。目前许多上市公司，确实包含不少国有成分，但既然是上市公司，理应属于混合所有制。在此次中美贸易摩擦当中，美国政府仍然把中国经济中的这样一些属于混合所有制的上市公司算作国有企业，并由此指责我国政府过多补贴国有企业。其实相关部门的统计数据已经显示，我国上市公司（包括在A股和H股上市以及在美国上市的公司）在我国整体经济中的占比已经接近47%，这个比例还是比较高的。由此来看，我国实体经济的市场化程度越来越高。

最近，刘鹤副总理在国务院促进中小企业发展工作领导小组第一次会议上总结指出，民营经济为我国经济社会发展做出了突出贡献，贡献了50%以上的税收，60%以上的GDP，70%以上的技术创新，80%以上的城镇劳动就业，90%以上的企业数量，是国民经济和社会发展的生力军，是建设现代化经济体系、推动经济实现高质量发展的重要基础，也是扩大就业、改善民生的重要支撑，是企业家精神的重要发源地。所以，想要让金融更好地服务实体经济，可能也需要根据不同服务对象进行服务分层，构建多层次的融资渠道，包括从过去单一的银行融资模式到目前的债权类融资与权益类融资并存，从以服务大型国企为主的大型银行到服务小微企业为主的社区金融机构。

之所以说我国还没有构建起现代金融体系，很大程度上是因为我国目前的金融服务供给还相当不足。2017年7月的全国金融工作会议指出，我国目前出现了许多金融乱象，习近平总书记、李克强总理也在多个场合对此提出批评。之所以出现这些金融乱象，是因为传统的金融服务供给远远无法满足实体经济对融资的需求，加之金融监管没有及时跟上，许多违规融资模式就打着创新的幌子出现了。想要从根本上解决这些金融乱象，就要想办法提供足够好的、合规的金融服务。在金融供求失衡的情况下，"补短板"就是构建现代金融体系所需要做的一项工作。

让市场机制在资源配置中发挥决定性作用

一个现代化的金融体系，应首先有利于提高资源配置的效率。近几年来，"使市场在资源配置中起决定性作用"的说法出现频率很高，不仅出现在十八大、十九大报告中，在金融工作会议和政府工作报告中也被多次强调。如何才能让市场机制在资源配置当中发挥决定性作用？从金融的角度来看，这涉及三个层面。

最具体、最直观的第一个层面，资金定价问题。资金如何定价？是采取市场化定价还是政府通过行政干预的方式来定价？这两种模式的差别非常大。资金的定价不仅涉及利率市场化、汇率市场化问题，也涉及货币政策调控框架从数量型向价格型转变的问题，必须综合考虑。具体说来，如何通过资金定价来更加合理地反映风险偏好和市场供求的失衡，也是非常重要的。

第二个层面，市场化不等于自由化。这意味着市场化改革应当和构建有效的金融监管框架有机结合起来，否则市场机制也无法发挥配置资源的决定性作用。

第三个层面，要把握好政府和市场的边界，这一点十分重要。党的十八大报告和十九大报告都提出，建设现代化经济体系，要让市场在资源配置中发挥决定性作用，同时也要更好地发挥政府的作用。后面这半句话意味着，在现行的政治架构和社会体制下，政府在资源配置中可以发挥更好的作用，这是中国的基本国情。但是也要明确政府和市场的边界，明确市场的决定性作用是什么。这就需要政府去营造良好的法制环境，即政府要发挥作用，首先应该依法合规；同理，市场要发挥决定性作用，也应该依法合规。

尊重经济发展的客观规律，提高专业化操作水平

构建现代金融体系，必须尊重和顺应经济发展的客观规律，提高专业化操作水平。例如，2018年以来，我国社会融资总量和广义货币供应量同比增速放缓较多，市场对此议论纷纷，认为央行货币政策有所收紧。情况是否真的如此，我们需要做一些具体

附录　专家点评

分析。我国的经济结构正在从过去对外依存度较高、靠进出口拉动经济的增长模式，向倚重消费和服务业的发展模式转型。与投资相比，发展服务业对货币供应的需求，在数量上和规模上肯定是不一样的。从许多发达国家的经验来看，靠消费和服务业拉动经济增长，对货币的需求会比依靠投资拉动经济增长的需求小很多。因此，我国 M2 增速放缓是正常的，社会融资增速在较高存量基础上有所放缓也是正常的。2002 年，我国银行贷款在社会融资总量当中的占比大概是 92% 左右。随着资本市场的发展，到 2012 年，Wind 数据显示这一比重已下降到 62% 左右。2013 年之后，由于种种原因，银行信贷在社会融资总量中的占比又开始上升，到 2017 年已经到了 71% 左右。从间接融资和直接融资在社会融资总量中的占比变化，我们可以看到经济结构和融资结构、融资方式之间的关系。

在经济结构转型过程中，如何解决因现行金融体系有缺陷而使金融服务不能满足实体经济需求的问题？我们要坚持的基本原则还是必须顺应和尊重经济发展的客观规律。以融资难、融资贵现象为例。小微企业融资难、融资贵在全世界范围内都是一个难题，这与小微企业本身存续期短、风险溢价高、财务管理薄弱、缺乏可以作为银行贷款的抵押物有关，尤其是那些依靠创新的高新技术产业，其拥有的主要是知识产权，很多时候更适合他们的是风险投资这类新的金融服务供给模式，银行贷款对其并不适用。要解决小微企业融资难的问题，起码需要在一定程度上放开融资的价格限制。也就是说，对小微企业而言，资金的可获得性较之

中国金融改革路线图：构建现代金融体系

资金成本的高低，前者肯定更重要一些。对金融机构而言，颇高的风险溢价只能通过价格去覆盖，这样的融资支持才是长期可持续的。如果强行用行政手段干预金融机构定价，违反价格规律，其结果很可能是金融机构与企业都无法在商业上做到可持续发展。由此可见，一个现代化的金融体系，不仅要发挥市场机制的作用，还需要在法律框架下尊重经济发展的客观规律，提高专业化操作水平。

附录　专家点评

点评2　金融市场化需迎接挑战

张晓朴[①]

《2018·径山报告》的主题有个非常强烈的、鲜明的特征，就是"市场化"。报告提到，经济主体的非市场化行为可能将长期存在，金融改革的方向应该是进一步市场化，同时强调市场化不会是放任自流。这使报告呈现出强烈的务实性、问题针对性。

我个人感觉，在总结2012年以来金融改革发展的成绩时，金融市场化的快速推进这样一个特征多多少少被忽略了。回过头来看，不管是资金对价格的敏感性、资金的效率、机构对市场的响应速度，还是人才的市场化和人才定价的市场化等方面都发生了深刻的变化，市场化推进速度之快超出想象。问题在于，中国金融体系的市场化走的并不是经典的金融脱媒道路，而是以表外业务、同业业务、影子银行为主要特征，金融监管不适应金融结构和合规风险频繁发生的市场化；与此同时，资本市场的发展仍然滞后。金融市场化之所以发生异化，很重要的一个原因是管制过度而监管过于宽松。

---

① 作者系中国金融四十人论坛成员。本文为作者在2018年9月15日的《2018·径山报告》闭门研讨会"强化市场机制 构建现代金融体系"上所做的点评，由中国金融四十人论坛秘书处整理，经作者审核。

中国金融改革路线图：构建现代金融体系

因此，问题不在于我们是否需要市场化，而是需要什么样的市场化。我认为，我们需要的是高质量的市场化。高质量的市场化有三大支柱：规范的市场主体、较少的管制和有效的金融监管。三者共同构成一个有机的市场化体系。最终的目的是提高金融服务供给的水平和质量，实现经济社会高质量发展。需要注意的是，我们既然要拥抱市场化，就必须做好迎接两方面挑战的准备。第一，金融机构的竞争会更加激烈，多数例子表明，金融改革会促进金融机构之间的竞争，短期内会带来收益率的下降。第二，由于竞争激烈，市场化过程中非常容易出现金融泡沫和大量违规行为，之前日本等很多国家的教训已经证明了这一点，所以监管必须跟上。

对中国的金融抑制水平进行量化很有必要，国际上很多研究引用黄益平教授的成果，建议相关量化指标的生产过程要可验证、更透明，确保严谨扎实。特别需要提醒的是，由于中国的制度性特征，很多管制看上去很严，实际上可能并没有那么严。10多年前，在量化研究中国资本项目可兑换的程度时，对于哪些项目可以兑换，哪些项目基本可以兑换，哪些项目基本不可以兑换，都进行过逐项梳理、逐项打分、逐项讨论。

银行主导的制度惯性是目前金融改革遇到的一个很棘手的问题。实践层面感受到的困难可能比理论中感知到的要大得多。以债券市场为例，当年中国允许银行发次级债以补充资本时，85%以上的银行次级债都被其他银行所持有，很难实现用市场分散风险的目的。如何破除制度惯性？未来需要更多的研究和思考。

附录　专家点评

目前,在关于金融抑制和经济增长的研究当中,可能缺少对企业内部融资重要性的研究。以德国为例,2006年到2010年,德国非金融企业的内部融资比重已经超过了100%,从整体上来说,德国非金融企业很少依赖外部融资。这是因为德国非金融企业的净资产收益率(ROE)很高,超过20%,自身有丰厚的利润。德国的杠杆率从1998年到2018年下降了3个百分点,这在全球债务快速积累的大背景下是非常令人称奇的。在研究金融抑制的时候,建议补充对企业内源性融资的研究,这会使研究结果更加科学。

研究改革问题,不能忽略工作到底应该怎么推进的问题。过去这些年中,毫无疑问有些改革推得非常成功,比如存贷款利率市场化。过去大家一直认为,存贷款利率市场化推出来之后"天就塌了",可是我们做得非常成功。但有些改革则明显有些滞后。这背后的约束条件到底是什么?是我们的认知问题、技术上的问题、外部改革条件不具备的问题,还是推动力度决心的问题、对时机把握的问题?这些值得我们认真梳理和总结。

在经济结构的战略性调整阶段,金融监管会面临很多挑战,保持战略忍耐性是极其重要的。要极力避免历史上反复出现过的一种现象——为了匆忙解决一些短期问题而留下了更难解决的长期问题,要把政策应对和制度的渐进改革有机结合起来。

中国金融改革路线图：构建现代金融体系

点评3　中国如何走好建设现代金融体系之路

张承惠[①]

经过40年的改革开放，中国发展出一个庞大的金融体系。无论是行业资产还是市场交易量，无论是金融机构数量还是盈利能力，中国的金融体系都进入了世界第一序列。在经济社会的发展进入新时代以后，中国的内外部环境都发生了巨大的变化，过去由规模速度型发展模式积累的问题和风险日益暴露。在这种情况下，下一步金融体制改革的方向和重点选择就成为不得不认真思考的问题了。

党的十九大报告将建设现代化经济体系作为改革开放的重要任务，而现代金融体系则是现代化经济体系的一个重要组成部分。那么什么是现代金融体系？适合中国的现代金融体系是什么？

我认为，第一，无论是哪种类型的国家，其金融体系的核心和根本使命都是相同的，即优化资源配置，提高资源使用的效率。金融体系对资源配置的效率应当高于政府分配的效率，否则金融体系就没有存在的必要。理想的现代金融体系下，资源会被以最

---

① 作者系CF40资深研究员、国务院发展研究中心金融研究所原所长。本文为作者对《2018·径山报告》的评论。

附录 专家点评

合适的价格配置给最有效的市场主体。第二，从中国的国情出发，现代金融体系应该是稳定、稳健的，较少发生重大的系统性金融风险，因为至少在较长的时间内，中国的经济社会基础还不够强韧，难以承受金融危机带来的破坏和损失。第三，现代金融体系应当具有较高的弹性，以适应经济和产业结构的变化，满足经济结构调整和产业升级、增长动能转换、社会结构变化所带来的新的金融服务需要。第四，现代金融体系应当是高技术含量的。到目前为止，人类已经经历了五次信息技术革命，从语言的创造、文字的发明、造纸和印刷术的发明，到电报、电话、电视等现代通讯技术的创造，每一次信息技术革命，都给人类生活和社会结构带来了巨大的影响。近年来快速发展的互联网、大数据、云计算和人工智能，正在从根本上改变人类加工信息的手段，突破人类大脑及感觉器官加工处理信息的局限性，并将以前所未有的方式影响经济和社会的发展方向。金融体系如果不能紧跟和适应这种变化，无疑就称不上"现代"。第五，现代金融体系应当是开放的。这种开放应该超越过去40年以吸引外部资金和技术为主要目的的模式，上升至更好地利用全球金融资源、与国际金融体系和国际金融市场竞合发展的层面。不仅要允许外资机构进入，还要真正开放国内市场，给外资机构以"国民待遇"；不仅要"引进来"，还要"走出去"，提升中资金融机构的国际竞争力；不仅要了解、适应国际金融市场的规则，还要参与规则的调整，争取更大的话语权和主动权。

基于上述对现代金融体系的描述，我们对中国如何建设现代

中国金融改革路线图：构建现代金融体系

金融体系这一命题，就需要重新思考。对金融体系中的一些要素，如政府、金融市场、金融机构、行业组织、第三方机构、投资者和金融服务消费者等的职能、地位等，就需要重新认识。对一些重要问题，如政府和市场的关系、间接融资和直接融资的关系、场内市场和场外市场的关系等，就需要重新研究。

关于中国如何建设现代金融体系，我很赞同黄益平教授的观点，即未来中国金融体系的"现代性"应该主要反映在"市场机制"如何发挥"决定性"作用上。这种作用，不仅反映在实现市场化的资金定价以充分反映风险偏好和市场供求，也反映在市场主体的行为模式和金融风险的处置方式上。现代金融体系应该以提升效率和竞争力作为发展方向，但是这种改革不会也不应该是"一场放任自流的市场化过程"，政府在其间应当发挥重要而正确的作用。就像《2018·径山报告》所指出的，要真正实现让市场机制在金融资源配置中发挥决定性的作用，把政府的功能限制在宏观调控、维持秩序、支持稳定和弥补市场失灵等方面；围绕信义义务发展功能健全的资本市场，丰富金融产品市场，完善价格发现和风险管理的功能；政府通过支持创新与产业升级的金融政策引导金融机构的行为，但决策权应该留给市场。货币政策要从数量型向价格型框架转变，更好地发挥宏观调控的作用，为金融市场的发展创造稳定、可预期的外部环境；进一步完善现代金融的法律体系，实现"科学立法、严格执法、公正司法、全民守法"；等等。我以为，其中最核心的改革，应当是促使金融机构真正成为"自主决策、自我经营、自负盈亏、自担风险、自我发展"的

附录　专家点评

市场主体，以及为市场化的金融体系营造一个良好的生态环境。

对于下一步金融改革如何推进，由黄益平教授带领的《径山报告》课题组做出了很有价值的研究，提出了一些很有见地的观点。但是有关讨论并没有结束，要解决的问题仍然很多。"如何走好建设现代金融体系之路"这个考题，需要中国人用改革开放的实践来回答。

点评 4　明确规则　放活市场

刘晓春[①]

构建中国现代金融体系，必须坚持市场化方向。这个市场当然应该是一个有效的市场，即有效或高效配置资源的市场。这样的市场应该建立在规则明确的基础上。一个规则不明确、无序的市场是一个无效的市场，也容易成为一个寻租的市场。金融体系是市场的重要组成部门，也是进行资源配置的重要部门。因此，建立现代金融体系，既是对金融体系的改革，也是对整个市场体系的重塑。所以，想要明确规则，就不能就金融论金融。

现在各方面都在呼吁开放市场、激活市场，并且简单地认为只要政府退出市场，市场就会发挥作用了。然而，现实中的市场面对的是复杂的"人"，政府（广义的政府）确立的各类规则是市场的重要组成部分，也可以说，是各类规则形塑着市场的面貌。正是在各类规则下，价格才发挥着调节供求的作用。比如，环境治理。当环保政策简单、宽松、执行不严时，则一定是"劣币驱逐良币"，不采取环保措施的企业以低成本把有环保能力的企业挤出市场；当环保政策要求明确、执法严格时，一定时期内会导

---

① 作者系浙商银行原行长。本文为作者对《2018·径山报告》的评论。

附录 专家点评

致许多无环保能力的企业倒闭，相关产品的供应减少、价格上升，这就为有环保能力的企业进入市场腾出了空间。再如，对于国有企业、地方政府融资平台，国家并没有政策文件要求银行将贷款重点投向它们，甚至在某些阶段还明文禁止对地方政府融资平台的信贷投放。但因为国家对国有企业、地方政府融资平台有明的、暗的兜底，银行一定愿意把贷款投向国有企业和地方政府融资平台，一是因为这样的贷款安全，风险评估和管理的成本低；二是因为这类贷款单笔额度大，营销成本和管理成本低；三是因为即使贷款出现风险，追究责任的风险也低。如果真的能从体制上、制度上明确"竞争中性"原则，并且按这样的原则严格执行，那么，银行的选择就会完全不同。如果"竞争中性"原则不能得到有效执行，则最近一轮出台的支持民营企业的政策就不会得到有效贯彻，虽然这些政策是明文规定的。由此可见，市场并不是自发的，而是由各类规则形塑的。

　　市场中的规则形形色色，有明文规定的，有约定俗成的。在现代经济中，首要的就是法律法规。在我国，还有各级政府的各类政策和文件。所以，建立现代金融体系，首先要贯彻"依法治国"理念。在这方面，建立和完善符合现代金融体系要求的法律体系固然重要，但我认为，更重要的是依法管理、依法发展金融行业的能力建设。依法管理、依法发展金融行业不仅是金融系统本身的事，也是金融监管部门的事，更是政府的事。就是说，要改变行政治理和管理的思维，消除行政治理和管理的行为，依法对金融市场进行管理，依法推动金融行业的发展。依法对市场进

中国金融改革路线图：构建现代金融体系

行管理和引导，是政府有效发挥作用的根本要义。支持民营企业发展，政府一方面应该在法规、政策、财税等方面为民营企业提供宽松的经营和创新环境，另一方面更应该在法规、政策、财税等方面对民营企业规范经营给予严格约束。在这样的市场环境中，由金融机构根据具体微观企业的风险、经营能力、企业前景、自身成本决定投向和价格，实现资源的有效配置。不能因为要支持，就放松必要的管制，更不能以行政手段强制规定金融机构的资金投向和价格。比如地方政府融资平台、财政出具担保问题，在 20 世纪 90 年代，国家就有过明确的规定，但为了熨平一时的经济波动，这些规则就不明不白地被打破了。这虽然在一定程度上对熨平经济波动起到了一些作用，但对市场造成了很大的扭曲，在形成金融抑制的同时，给下一阶段的经济发展带来了巨大的潜在风险。

充分重视和发挥监管中性原则在经济运行中的平衡作用，明确监管职责和目标。我们喜欢讲"集中力量办大事"。道理是对的，但要看这力量怎么集中，办什么样的大事。打仗的目的是消灭敌人，当然要集中优势兵力消灭敌人的有生力量。但是，要怎样集中兵力呢？炊事班就是要好好做饭，而不是拿起武器攻城拔寨，这样集中兵力是不对的。金融监管的职责和目标应该是确保市场的规范运行和安全运行，监督机构的经营和管理，但不直接参与和干预机构的经营和管理；监督市场的规范运行和安全运行，监督金融产品的安全性，但不承担对宏观经济波动进行调控的职能。宏观经济难免有波动，有时波动会带来很大的风险，在一定情况下，监管当然要有所配合，然而在这个过程中，监管的作用

附录　专家点评

应该是相对中性的。政府在宏观调控中，特别是在处理一些市场风险的过程中，难免会用力过猛，这时，中性的监管会起到很好的平衡作用。如果为了刺激经济而有意无意地放松监管，或者为了抑制某类过热现象而过度监管，就很容易使本来单向的波动变成钟摆式波动，给宏观经济带来更大的风险。所以，要严格区分宏观调控政策和监管政策，监管在宏观调控面前应保持相对中性。

宏观经济出现波动是市场的正常现象。有时波动比较大，需要通过宏观调控政策进行干预或调整。有时波动会形成大的风险，即所谓"黑天鹅""灰犀牛"事件，这时就需要进行必要的救助。救助是无奈之举，也是临时措施。救助中会出现一些影响久远的政策和措施，但总体上是一个临时事件。因此，救助中的一些政策、措施的出台，一方面要有法理基础，另一方面要明确出台的条件和退出的条件，避免临时政策和措施冲击长期政策和法律，并演变成下一个"灰犀牛"。

关于市场救助，还要区分宏观救助和微观救助。在应对风险的特殊时刻，有时需要对一些行业、特殊市场和机构进行不同程度的微观救助。针对微观个体的救助政策和措施应当有别于宏观救助，要有针对性。首先，必须明确救助的范围。面对一些风险，确实有一些"大而不能倒"的机构，但这应该是就宏观层面而言的，不能全国上下，层层都有"大而不能倒"的机构。其次，救助必须有进入条件和退出条件。再次，被救助者需要付出被救助的代价。最后，确保救助的整个过程依法合规，救助结果可审计。

与此相关的一个问题是，宏观市场的流动性管理与微观机构

中国金融改革路线图：构建现代金融体系

的流动性管理。宏观调控手段，比如货币政策等，管理、调控的是宏观市场的流动性，没有能力也没有必要满足微观机构的流动性需求。然而，最近几年，在一定程度上，一些微观机构的流动性需求绑架了宏观政策，出现了以微观流动性风险推高宏观流动性风险，形成机构、地方与中央博弈的现象。由于这种博弈的层层叠加，造成了一波一波的宏观风险。必须明确，微观机构的流动性管理是微观机构自身的责任。因自身流动性管理不善导致企业倒闭，无论是国有企业还是民营企业，这是企业自身必须承担的结果，也是市场进行资源有效配置的自然结果。

在现代金融体系中，还需要严格区分监管职责与金融机构自身的管理职责。除了为维护市场秩序、机构安全经营的基本监管政策和规定外，应该让金融机构自主选择经营战略和策略、资源投向、客户目标、业务重点、风险偏好、成本收益等，这样才能避免金融机构的同质化竞争，让金融机构在充分的市场竞争中，合规有序地创新，通过提供适合不同客户、不同市场需求的服务，形成各自的竞争特色和优势。

总而言之，建立现代金融体系，应当深刻认识到市场规则、政府行为是市场的重要组成部分，并且形塑着市场面貌。因此，完善金融法规体系非常重要，但更重要的是政府和监管机构的依法管理和依法监管的行为能力。区分国家战略、宏观调控手段、金融监管政策的定位和职能，各司其职，在规则明确、依法管理的前提下，充分放活市场，让金融机构自主经营、充分竞争。只有这样，建设一个现代金融体系才是可能的。

附录　专家点评

点评5　深化市场化进程，改革二元金融体系

朱　宁[①]

中国过去40年经济改革的一个核心和成功经验，就是不断深化的市场化改革。市场化改革，最直观的含义，就是将二元化的经济活动（市场化的经济活动和计划性的经济活动）逐渐统一成市场化的经济活动的过程。

在改革之初，中国经济领域出现过城市和农村、工业和农业这两大部类的二元经济体系。这种二元经济体系的核心，是政府对经济中重要生产要素(例如劳动力)和产品(例如农产品)、不同生产要素和不同产品之间价格的计划和扭曲。

在计划经济环境中，政府可以通过对价格信号的扭曲，倾斜资源配置，通过压制某些领域，达到保证和促进另外一些领域发展的目的。既然存在扭曲，就必然意味着某些经济部门要为扭曲承担成本，而其他一些经济部门会通过扭曲而获利。既然存在扭曲，就意味着某些经济部门劳动力的积极性特别高涨，而其他领域的劳动力的积极性受到了挫伤。

---

① 作者系清华大学五道口金融学院泛海金融学讲席教授。本文为作者对《2018·径山报告》的评论。

中国金融改革路线图：构建现代金融体系

随着中国经济增长速度的逐步放缓和中国经济增长模式转型的进一步深入，越来越多的人认识到，中国经济改革的下一个重中之重在于金融改革。而金融改革的重点，在于理顺日益强化的二元金融体系。

在目前中国的金融体系中，其实有两种利率。一种是银行的利率，或者是由以四大国有银行为首的银行体系所决定的SHIBOR。还有一种，是民间融资、信托产品、理财计划和众多互联网金融平台所传递的影子利率。一方面，我们看到，在传统的银行体系里，资金面相对比较宽松，而且传统银行的主要客户——广大央企和国企的融资利率仍然是比较低的。另一方面，与广大中小企业密切相关的，其实是中国的影子银行体系，而在这个金融体系里面，资金面仍然非常紧张，融资成本也比较高。

由于这两个金融体系之间未能贯通，不能很好地合作，不能很好地相互支持和疏导资金，中央银行实行的一系列宏观层面的宽松政策难以有效地传导到微观企业层面，中国经济和金融因此而出现的宏观领域流动性泛滥，微观层面中小企业融资难、融资贵的问题，也没能得到很好的解决。

与此类似，目前中国二元金融体系的核心，在于政府通过提供隐形担保的方式，利用管制数量而非利率价格，来配置资本这一重要生产要素。从目前二元金融体系的资金成本看来，显然是能够通过传统金融体系进行融资的企业在资本配置的扭曲过程中获利，而未能通过传统金融体系进行融资的企业为此分担社会成本。

附录 专家点评

但这里必须指出的是，传统金融系统里相对廉价的资本，在一定程度上是通过中央政府和地方政府提供的不同方式的隐性担保来实现的。基于中国政府对经济增长非常高的预期和要求，压低真实利率而鼓励投资就成为经济增长过程中一个自然而合理的政策选择。

金融的本源是关于风险的体系，涉及如何评价、定价、交易和分散风险。在这个体系中，最后能化解风险的是信用和信心。利率双轨制的核心，其实就是利用政府信用向经济中的某些部门提供额外的信用，注入额外的信心。这既是中国特定的优势，也可能是特定风险的来源；这既可能是促进中国经济短期内高速发展的催化剂，也可能成为引发长期系统性金融风险的定时炸弹。

《刚性泡沫》一书指出，由于中国的投资者相信，政府会对自己所投资的产品提供隐形担保，并且保证自己的投资本金和投资收益的安全，所以才会把资金投入这些原本风险相对比较高的信托产品和理财计划里。而这些影子银行产品，又要对前一段时间产能过剩、资产价格飙升、金融体系空转和中小企业融资难融资贵等中国经济金融领域的主要矛盾，提供主要的资金并负有直接的责任。而一旦失去了这种政府隐性担保，或者政府丧失了提供隐性担保的资源的话，那么，中国的影子银行、投资者的丰厚收益和过去很长一段时间里企业的廉价融资渠道，都将受到严重的冲击。这无疑将对中国经济增长速度和经济增长模式的转型带来巨大的压力。

由此可见，中国目前经济增长速度放缓、某些行业产能严重

中国金融改革路线图：构建现代金融体系

过剩、资产价格持续高涨、地方政府和企业债务水平攀升、金融市场波动的现状，在一定程度上是由过去一段时间政府隐性担保和刚性兑付所引发的某些局部经济领域刚性泡沫破裂所导致的。

政府推动经济增长的良苦用心，虽然在短期内达到了政策目标，但是却在不经意间扭曲了全社会对风险的判断和投资者的风险偏好，扭曲了投资收益和风险之间的平衡与对资本这一重要生产要素的合理配置。中国目前所面临的中小企业融资难、融资贵，新增货币供应难以流入和服务于实体经济，诸多投资领域里的投机和泡沫频现等问题，其实都是这种刚性泡沫在经济金融不同领域的不同反映。

一方面，经济增长速度对中国进一步深化改革、改善民生、提升国际地位具有重要的意义，因此，政府对稳定经济增长仍然给予高度的关注。另一方面，"使市场在资源配置中起决定性作用"的政策方针意味着，市场上的投资者和投机者必须对其所选择承担的风险负责，而政府应该逐渐取消自己为经济金融等领域所提供的各种隐性和显性的担保。只有投资者对经济增长速度和投资回报率形成了正确的、不受刚性担保的预期以后，市场才能行之有效地发挥其甄选、调整和淘汰的作用，才能帮助经济可持续地、有效地配置资源。反之，一旦市场形成刚性泡沫的预期，经济中的投机行为和资源配置中的扭曲问题只可能变得更加严重。

为了能够让市场在资源配置中发挥决定性的作用，化解刚性泡沫，政府需要逐渐退出对经济、金融、投资领域的显性和隐性担保，让投资者和企业在享受投资收益的时候，也对自己的投资

附录 专家点评

决策所面临的风险负责。化解刚性泡沫的过程，既是中国经济增长模式转型的过程，也是中国金融体系双轨制逐步并轨、市场真正对资本进行有效配置的过程。

随着中国经济金融领域里国家与市场、当下与未来、风险与收益之间的关系更加清晰，投资者和融资者之间的权利和责任更加明确，中国经济目前所面对的产能过剩、债务攀升、国有企业绩效下滑、民营企业融资困难、金融风险累积和加剧等问题，都将逐渐得到缓解和化解。

参考文献

[1] 斯坦利·布鲁，兰迪·格兰特. 经济思想史 [M]. 北京：北京大学出版社，2008.

[2] 池田信夫. 失去的二十年 [M]. 北京：机械工业出版社，2015.

[3] 高德步. 世界经济通史 [M]. 北京：高等教育出版社，2005.

[4] 雷蒙德·戈德斯密斯. 金融结构和金融发展 [M]. 上海：上海三联书店，1994.

[5] 罗纳德·多尔. 股票资本主义：福利资本主义 [M]. 北京：社会科学文献出版社，2001.

[5] 罗纳德·麦金农. 经济发展中的货币与资本 [M]. 上海：上海三联书店，1988.

[6] 奥村洋彦. 日本"泡沫经济"与金融改革 [M]. 北京：中国金融出版社，2000.

[7] 榊原英资. 日本反省：走向没落的经济大国 [M]. 北京：东方出版社，2013.

[8] 约翰·G.格利，爱德华·S.肖. 金融理论中的货币 [M]. 北京：三联书店，1988.

[9] 殷剑峰. 金融结构与经济增长 [M]. 北京：人民出版社，2006.

［10］殷剑峰.金融大变革［M］.北京：社会科学文献出版社，2014.

［11］殷剑峰.中国应对央行资产负债表实施切割手术［N/OL］.金融时报中文网，2017（3）.http://www.ftchinese.com/story/001071958?ccode=&archive.

［12］郑秉文.第三支柱商业养老保险顶层设计：税收的作用及其深远意义［J］.中国人民大学学报，2016（1）.

［13］陈冠华.英国监管沙盒项目对我国金融创新监管的启示［J］.中国物价，2017（08）：79-82.

［14］李善民，杨荣.韩国科技与金融的结合机制研究［J］.南方金融，2014（02）：40-45.

［15］李艳.金融支持科技创新的国际经验与政策建议［J］.西南金融，2017（04）：3-7.

［16］林敏.中小企业技术创新的国际镜鉴［J］.改革，2017（05）：114-123.

［17］尹艳林.金融支持技术创新国际经验比较及启示［J］.金融发展评论，2016（08）：19-33.

［18］中国人民银行广州分行课题组，李思敏.金融与科技融合模式：国际经验借鉴［J］.南方金融，2015（03）：4-20.

［19］陈甦.证券法律责任制度完善研究［J］.证券法苑，2014（10）.

［20］胡汝银.中国资本市场的发展与变迁［M］.上海：格致出版社，2008.

［21］乔尔·塞里格曼.华尔街的变迁：证券交易委员会及现代公司融资制度演进［M］.北京：中国财政经济出版社，2009.

［22］深交所公司治理研究中心.深圳市公司治理状况2016年报告［R］.2016.

［23］杨东.监管科技：金融科技的监管挑战与维度建构［J］.中国社会科学，

参考文献

2018（5）.

[24] 佐藤孝弘. 日本主银行制度的作用 [J]. 金融与经济，2009（8）.

[25] Allen, F., and D. Gale., Diversity of opinion and the financing of new technologies [J]. Journal of Financial Intermediation, 1999, 8: 68–89.

[26] Allen, F., and D. Gale. Comparing Financial System [M]. Massachusette:The MIT Press, 2000.

[27] IMF. Germany: Financial Sector Stability Assessment [R]. IMF Country Report No. 11/169, 2011.

[28] Hellmann, Murdock and Stiglitz. , "Financial restraint: towards a new paradigm", The Role of Government in East Asian Economic Development Comparative Institutional Analysis [M]. Oxford : Clarendon Press, 1997, pp. 163–207.

[29] Kindleberger, Charles P. , A Financial History of Western Europe [M]. Australia:George Allen & Unwin (Publishers) Ltd, 1984.

[30] Levine , R., Bank-based or Market-based financial system: Which is better? [J]. Journal of Financial Intermediation,2002（11）, 398–428.

[31] Merton R., D. B. Crane., K. A. Froot., Z. Bodie., S. P. Mason., E. R. Sirri., A. Perold. and P. Tufano., The Global Financial System [M]. Massachusette: Harvard Business School Press, 1995.

[32] Arturo Galindo, Fabio Schiantarelli, Andrew Weiss, Does Financial Liberalization Improve the Allocation of Investment? Micro Evidence from Developing Countries [J]. Journal of Development Economics, 2005, Vol. 83 (2), pp.562–587.

[33] Caprio G.Jr., Honohan P., Restoring banking stability: Beyond supervised capital requirements [J]. Journal of Economic Perspectives, 1999, Vol. 13(4), pp.43-64.

[34] Geert Bekaert, Campbell R. Harvey, Christian Lundblad, Does Financial Liberalization Spur Growth? [J]. NBER Working Paper No. 8245, 2001.

[35] Greenwood, J., Jovanovic, B., Financial development, growth, and the distribution of income [J]. Journal of Political Economy, 1990, Vol. 98, pp.1076-1107.

[36] Henry Peter Blair, Stock market liberalization, economic reform, and emerging market equity prices [J]. Journal of Finance, 2000, Vol. 55, pp.529-564.

[37] Herrera A.M., Minetti R., Informed Finance and Technological Change:Evidence from Credit Relationships [J]. Journal of Financial Economics, 2007(1).

[38] Imbs J., Wacziarg R., Stages of Diversification [J]. The American Economic Review, 2003, Vol. 93(1), pp.63-86.

[39] Jeffrey Wurgler, Financial markets and the allocation of capital [J]. Journal of Financial Economics, 1999, Vol. 58(1-2), pp.187-214.

[40] Levine Ross, Zervos Sara, Stock Market Development and Long-Run Growth [J]. World Bank Economic Review, 1996, Vol. 10(2), pp.323-339.

[41] Maurice Obstfeld, Risk-Taking, Global Diversification, and Growth [J]. American Economic Review, 1994, vol. 84(5), pp.1310-1329.

参考文献

[42] Maurice Obstfeld, The Global Capital Market: Benefactor or Menace? [J]. Journal of Economic Perspectives, 1998, Vol. 12(4), pp.9-30.

[43] Pete Klenow, A Rodriguez-Clare, The Neoclassical Revival: Has it gone too far? [J]. The Economic Journal, 1997, Vol. 113, pages 34-63.

[44] Pierre Olivier Gourinchas, Olivier Jeanne, The Elusive Gains from International Financial Integration [J]. NBER Working Papers No. 9684, 2003.

[45] Ronald McKinnon, Money and Capital in Economic Development [R]. The Brookings Institution, 1973.

[46] Shaw, E.S., Financial Deepening in Economic Development [M]. Oxford: Oxford University Press, 1973.

[47] Stulz R., Globalization of Equity Markets and the Cost of Capital [J]. NBER working paper, No. 7021, 1999.

[48] Stulz R.M., US Banks, Crises, and Bailouts:From Mexico to LTCM [R]. National Bureau of Economic Research, 2000.

[49] Abel-Koch, SME Investment and Innovation: France, Germany, Italy and Spain [R]. BPI, CDP, ICO and KfW Research, 2015.

[50] Ministry of Economy, Trade and Industry of Japan, National Association of Trade Promotion for Small and Medium Enterprises [R]. 2017 White Paper on Small and Medium Enterprises in Japan, 2017.

[51] OECD, Financing SMEs and Entrepreneurs 2018 [R].2018.

[52] Spencer Stuart, 2016 Spencer Stuart Board Index [R].2016.

后　记

黄益平

这是第二份《径山报告》。《2017·径山报告》聚焦中国金融开放问题，得益于天时、地利和人和，所产生的影响超出了课题组的预期。研究报告发布之时，正逢国务院制定新一轮金融开放政策之际，报告中提出的一些政策主张直接为决策部门提供了参考。同时，报告将对金融开放问题的公共政策讨论推向新的高度，区分金融服务业与跨境资本流动两个领域的开放的观点，逐步变成了共识。一些国际组织甚至通过仔细研读《径山报告》把握公共政策意向、判断金融政策走向。

《2018·径山报告》聚焦中国金融改革问题。在课题准备阶段，《径山报告》项目协调小组征求了许多专家的意见，张晓朴、徐忠和廖岷等都建议集中探讨一下金融体系改革的问题。决策部门提出要构建现代金融体系，但现代金融体系究竟应该是什么样子？它的现代性主要体现在哪些方面？建设这个新的体系需要从哪几个关键环节入手？认真地研究这些问题，不仅有助于厘清未来改革的方向，同时也可以勾画一张路线图，有助于把党的十八届三中全会和十九大提出的金融改革愿景转化为政策实践。

协调小组在确定了研究主题之后，很快组建了一个学术能力

中国金融改革路线图：构建现代金融体系

与政策经验兼备的课题小组，包括浙商银行的首席经济学家、中国社会科学院金融研究所原副所长殷剑峰，中国人民银行金融市场司司长纪志宏，中国人民银行研究局局长徐忠，中国人民银行货币政策司司长、时任中国人民银行金融研究所所长孙国峰和中国基金业协会会长洪磊，中国银行保险监督管理委员会创新部主任李文红对研究工作提出了许多意见和建议，中国金融四十人论坛高级研究员张斌也在后期加入了课题组并提供了十分重要的一章内容。

大部分的研究特别是写作是在2018年3月至9月之间完成的。在此期间，课题组组织了多次交流与评审会议。课题组秉承《径山报告》项目的一贯原则，即允许课题组成员在一些具体的问题上保留各自的观点与主张，但在大的方向上需要达成一致。在课题研究过程中，课题组成员之间在一些问题上也存在不同的意见甚至较大的争议，比如下一步改革的重点是增加金融市场的比重还是提升市场机制的重要性？金融业务是应该保持分业经营还是逐步走向混业经营？中国的监管体系应该实行"双峰模式"还是"大央行制"？综合报告所反映的是课题组的一些基本共识，但在一些具体问题上尽量求同存异。

《2018·径山报告》于2018年9月下旬在杭州发布，中国工商银行原董事长姜建清、中国人民银行原行长助理张晓慧、中央财经委员会办公室经济局局长张晓朴、国务院发展研究中心金融研究所原所长张承惠等数十名专家参加了课题的评审会，并提出了许多很好的意见和建议。同时，40余家中央和地方媒体的记

后　记

者参加了报告的发布会。报告也被作为重要政策建议送达重要决策部门。报告发布之后不久，国际货币基金组织亚太部主任李昌镛到北京大学拜访我时提到，他们已经再次组织力量在全文翻译《2018·径山报告》。另外，课题组也已于 2019 年 1 月 24 日在纽约的 CF40-PIIE 中国经济论坛上发布《2018·径山报告》英文版。

根据最初的计划，《径山报告》项目为期三年。第一年聚焦金融开放，第二年聚焦金融改革，第三年的初步打算是聚焦金融创新。2019 年元旦之后，协调小组已经开始确定主题并组建新的课题组。如果一切顺利的话，2019 年 9 月将在杭州发布第三年的《径山报告》。之后协调小组会广泛地征求各方的意见并对项目做一个总结。

与前一年的报告一样，《2018·径山报告》的研究比较仓促，不过《径山报告》项目的定位是智库研究，其学术分析与框架肯定还有很多需要进一步完善的地方，很多观点也可以仔细斟酌、推敲。但我们的目的是抓住当前金融改革中的一些重大问题，提出既至关重要又切合实际的政策建议。如果以这个宗旨来衡量，《2018·径山报告》应该说是比较好地达成了最初设定的目标。2018 年适逢中国改革开放四十周年，《2018·径山报告》以如何构建现代金融体系作为主题，也可以算是课题组为纪念改革开放四十周年所做的一项工作。

《2018·径山报告》能够顺利完成，除了要感谢各位课题组成员，也要感谢《径山报告》项目协调小组的几位成员，特别是王海明、徐忠、管涛、张斌、刘晓春等，他们在确定研究、组建课题组其他工作安排方面，付出了很多的努力。浙商银行为《径山报告》项目提供了为期三年的资助，使研究计划得以落地。中国金融四十人论坛秘书处的同事则承担了所有的会议组织和行政工作。因此，如果《径山报告》项目能够取得一点成绩，应该归功于所有为这个项目做出努力的个人和机构。

让我们一起期待 2019 年报告的发布。